Asthma bronchiale

Die Publikation entstand mit Unterstützung der
Bad Reichenhaller Forschungsanstalt für Erkrankungen
der Atmungsorgane.

Dr. med. Konrad Schultz
Dr. med. Heinz Jürgen Stark

Asthma bronchiale
Hilfe zur Selbsthilfe

unter Mitarbeit von
Professor Dr. med. Wolfgang Petro

M E D I C U S
Verlag Gesundheit

Zum Themenbereich Atemwegserkrankungen sind in der Reihe »Medicus« erschienen:
Wolfgang Petro, Die Sauerstoff-Langzeit-Therapie
Bernhard Lauber, Chronische Bronchitis

Die Deutsche Bibliothek – CIP-Einheitsaufnahme

Schultz, Konrad:
Asthma bronchiale : Hilfe zur Selbsthilfe / Konrad Schultz ;
Heinz Jürgen Stark. Unter Mitarb. von Wolfgang Petro. -
Berlin : Verl. Gesundheit, 1996
(Medicus)
ISBN 3-333-00754-1
NE: Stark, Heinz Jürgen:

ISBN 3-333-00754-1

Umschlaggestaltung: Theodor Bayer-Eynck
Titelbild: Anna Weise
Satz: R. Benens & Co., Berlin
Druck und Binden: Mohndruck Graphische Betriebe GmbH, Gütersloh
Printed in Germany

Gedruckt auf alterungsbeständigem Papier
mit chlorfrei gebleichtem Zellstoff

Inhaltsverzeichnis

Zum Geleit

Ich habe es immer wieder erlebt. Bei vielen, über hundert von mir moderierten Arzt-Patienten-Seminaren klagten Patienten, daß sie nicht gut über ihre Krankheit informiert waren. Manchmal kannten sie nicht einmal die Diagnose ihrer Krankheit genau. Oft wußten sie nicht, was ihre Medikamente bewirken sollten.
Das kann sehr verschiedene Ursachen haben. Eine beginnt sogar bei A wie Arzt. Nicht jeder Mediziner ist eben ein Spezialist für jede Krankheit. Nicht jeder ist Experte für Atemwegserkrankungen. So gilt tatsächlich die aktuelle Kritik einer namhaften deutschen Medizinischen Wochenschrift: »Asthmatiker-Versorgung notleidend.« Auch Patienten tragen dazu bei. Sie bieten dem Mediziner nicht immer die erforderlichen, notwendigen Angaben zur Krankheitsvorgeschichte, zu ihren Beschwerden. Viele nehmen die verschriebenen Arzneimittel nicht regelmäßig ein, machen darüber dem Arzt falsche Angaben. Durch all das kommt es immer wieder zu Fehldiagnosen, Irrwegen, Umwegen, Behandlungsproblemen. Vieles davon ist auf Informationsmängel zurückzuführen. Ich wußte schon, wenn ich fragte, wer ein Peakflowmeter hat, meldeten sich durchweg nur wenige. Und wenn die Anwendung von Dosieraerosolen kontrolliert wurde, konnten immer wieder wichtige Handhabungsfehler beobachtet werden oder waren neuere Geräte noch unbekannt. Und in den Fragestunden spürte man sehr viel Unsicherheit, ganz besonders etwa, wenn es um die Behandlung mit Kortison ging. Hier herrschte sogar nicht selten Angst vor. Immer wieder aber können die Folgen von Fehlverhalten dramatisch sein. Tatsächlich kommt es vor, daß junge Menschen an Asthma sterben, obwohl es medizinisch gesehen leichte Fälle gewesen wären. Ursache: tragische Mißverständnisse.
Dieser Leitfaden will Ihnen helfen, daß Sie oder Ihre Angehörigen, Ihre Kinder oder Partner, gar nicht erst in solche Sackgassen geraten. Hier wird jedes Kapitel zum Wegweiser, der Ihnen zeigt, wie Sie am besten und ohne Umwege zum Ziel

einer bestmöglichen Behandlung kommen. Klar wird, was Sie selbst tun können, sollten, müßten, was Sie zum besseren Partner für Ihren Arzt macht.

Alles, was Sie dafür zuallererst tun müssen, heißt: sich informieren. Genaues Wissen bewahrt vor vermeidbaren Komplikationen, Problemen, Versäumnissen, Fehlschlägen, macht Sie zum Spezialisten der eigenen Krankheit. Das, was gerade heute von chronisch Kranken oder bedingt Gesunden gefordert wird. Ein mündiger Patient, der über sein Schicksal mitentscheidet, kann nur ein aufgeklärter Patient sein. Je besser er informiert ist, desto größer sind auch seine Chancen, daß das Richtige getan wird – rechtzeitig, ohne Zeitverzug, in Übereinstimmung mit dem richtigen Arzt.

Das wird nicht nur von Patientenvertretern so gesehen. Diese Einstellung setzt sich in der Medizin immer mehr durch. Kürzlich wurde das auch wieder bei einem Patientenforum hervorgehoben. Da wurde wortwörtlich aufgrund jahrelanger Erfahrungen von namhaften Medizinern bestätigt: »Der kritische Patient ist der erfolgreichere Patient.« Und: »Aufgeklärte Patienten sind bessere Patienten.« Also versäumen Sie die Chancen nicht! Lesen Sie! Informieren Sie sich! Handeln Sie!

Dazu sagt Ihnen ein herzliches Glückauf
Ihr

Dr. med. h.c. Hans Mohl
30 Jahre Leiter/Moderator
des ZDF-Gesundheitsmagazins PRAXIS

Vorwort

Für wen ist dieses Buch? Was will dieses Buch?

Wir haben dieses Buch für Sie, die Betroffenen, also die Asthmakranken und ihre Angehörigen, geschrieben. Asthma ist sehr häufig, und die Krankheitszahlen steigen weltweit. Bei Kindern ist Asthma sogar die häufigste chronische Krankheit überhaupt. Aus unserer täglichen Praxis heraus wissen wir aber um die vielen offenen Fragen und Probleme, die sich als Folge dieser Erkrankung ergeben.

Bündnis gegen die Krankheit

Aber Sie haben gerade die Initiative ergriffen, denn mit dem Lesen dieser Zeilen begeben Sie sich auf einen guten Weg, Ihre Krankheit erfolgreich anzugehen. Als chronisches Leiden ist Asthma nur in einem Bündnis zwischen einem gut informierten Patienten und seinem Arzt erfolgreich zu behandeln. Wenn dieses »Bündnis gegen die Krankheit« aber funktioniert, dann sind die Therapiemöglichkeiten heute sehr gut. Und zwar um so besser, je früher und je konsequenter die richtige Behandlung erfolgt.

Die richtige Behandlung ist aber keineswegs ganz einfach, denn Asthma verläuft bei jedem anders. Daher ist die Asthmatherapie von Patient zu Patient unterschiedlich. Zudem ist der Krankheitsverlauf launisch und wechselhaft. Daher muß eine optimale Behandlung dem wechselnden Krankheitsverlauf immer wieder neu angepaßt werden.

Und wer soll dies tun? Sie! Sie – in enger Zusammenarbeit mit Ihrem Arzt! Dazu müssen Sie lernen, diese dauernden Änderungen des Krankheitsschweregrades richtig einzuschätzen und die richtigen Folgerungen für Ihre Behandlung zu ziehen. Sie müssen vor allem aber auch wissen, wann Sie selber handeln können und sollen und wann Sie Ihren Arzt brauchen.

Ärztlich begleitete Selbstkontrolle und Selbsttherapie

Diese »ärztlich begleitete Selbstkontrolle und Selbstbehandlung« funktioniert nämlich nur in engster Absprache mit dem Arzt. Das Buch will also die persönliche Beratung und Untersuchung durch Ihren behandelnden Arzt keinesfalls ersetzen! Im Gegenteil, dieses Gespräch soll unterstützt werden, eben

mit dem Ziel einer echten Partnerschaft. Der Arzt wird nicht überflüssig, aber die Rollen zwischen Patient und Arzt werden neu festgelegt. Das bedeutet für Sie: Mehr Freiheit – aber auch mehr Verantwortung! Diese Partnerschaft führt zu einer wesentlich wirkungsvolleren Behandlung, als dies mit starren und nicht verstandenen Therapieanweisungen möglich wäre.
Damit dieses Bündnis aber funktionieren kann, brauchen Sie fundiertes Wissen über Asthma und dessen Behandlung. Außerdem müssen einige notwendige Fertigkeiten sicher eingeübt sein. Solche Fertigkeiten sind z. B. das richtige Inhalieren, das Verhalten im Notfall oder bei einem Infekt und die Asthma-Selbstkontrolle.
All dies wird in den folgenden Kapiteln ausführlich, Schritt für Schritt, besprochen. Unser Ziel ist es, verständlich und praktisch umsetzbar über das zu berichten, was Sie zur Krankheitsbewältigung brauchen.
Kurzum: ein praktischer Leitfaden für interessierte und aktive Patienten.

Machen Sie also mit! Lernen Sie mit Ihrer Krankheit bestmöglich umzugehen, und nehmen Sie Ihr Asthma nicht einfach als unabänderliches Schicksal hin. Sie werden sehen: Auch mit Asthma ist meist ein weitgehend beschwerdefreies Leben möglich.

Bad Reichenhall im März 1996

Habe ich Asthma?

Überblick

Das werden Sie in diesem Kapitel erfahren:
- Was ist Asthma?
- Bei welchen Krankheitszeichen muß man an Asthma denken?
- Die verschiedenen Asthmaformen

Was ist Asthma?

Asthma bronchiale (kurz: Asthma) ist eine anfallsweise auftretende Atemwegsverkrampfung mit wechselnd starker Luftnot und Hustenreiz. Die Ursache der Atemwegsverkrampfung ist eine Entzündung und Überempfindlichkeit der Atemwegsschleimhaut.

Asthma hat viele Gesichter!
Vielleicht kommen Ihnen die folgenden Krankheitsgeschichten bekannt vor, Ähnlichkeiten sind nicht zufällig!
Erkennen Sie sich wieder?

Die verschiedenen Asthmaformen

Allergisches Asthma

Hans ist gerade 12 Jahre alt. Wie seine Mutter leidet er seit fünf Jahren unter Heuschnupfen: Im Frühsommer plagt ihn insbesondere an den schönen Tagen ein zunehmender Niesreiz, die Augen tränen und brennen. Ein Allergietest hatte eine »Allergie gegen Gräser« ergeben. Etwas Erleichterung brachte ein »antiallergisches« Nasenspray. Letztes Jahr war den Eltern im Sommer ein hartnäckiger Reizhusten, also ein quälender Husten ohne Auswurf, aufgefallen. Nicht einmal Fußball wollte der Bub mehr spielen. Dieses Jahr, Pfingstmontag nacht, mußten sie den hausärztlichen Notdienst rufen. Hans hatte nach einem erneuten Reizhustenanfall schließlich schwere

Luftnot entwickelt. Die Mutter war insbesondere über die keuchende und angestrengte Atmung beunruhigt.

Vom Heuschnupfen zum Asthma

Aus dem Heuschnupfen hatte sich ein allergisches Asthma entwickelt. Das ist häufig – und für den Betroffenen schlimm! Die Ärzte sprechen von Etagenwechsel. Mehr darüber können Sie im zweiten Kapitel Seite 27 nachlesen. Dort können Sie auch erfahren, was man dagegen tun kann, daß aus Heuschnupfen Asthma wird. Der Husten im letzten Frühjahr hätte übrigens schon an die Diagnose Asthma denken lassen können. Insbesondere nächtlicher trockener Reizhusten kann ein erstes Krankheitszeichen von Asthma sein. Husten bei Kindern muß immer ärztlich untersucht werden. Je früher nämlich die Krankheit erkannt wird und je früher eine entsprechende Behandlung beginnt, um so günstiger kann der Krankheitsverlauf beeinflußt werden. Manchmal kann man auch vorbeugen. So ist für Eltern, insbesondere wenn sie selber unter Allergien leiden, das Thema Allergievererbung wichtig. Was können Sie tun, damit Ihren Kindern dieses Schicksal erspart bleibt oder zumindest die schlimmsten Folgen verhindert werden können? Mehr dazu finden Sie auf Seite 38.

Berufsbedingte Allergie

Peter F., 24 Jahre, Sportler und Nichtraucher, mochte seinen Bäckerberuf gerne. Gesundheitliche Probleme hatte er bisher nicht gehabt, obwohl ihm wegen einer Häufung von allergischen Krankheiten in seiner Familie eigentlich von seiner Berufswahl abgeraten worden war. So litt der Vater an einem allergischen Ekzem, die Mutter an.einem allergischen Asthma. Seit einigen Monaten, nach dem Wechsel des Betriebs, hatte er Probleme mit einem zunehmenden Niesreiz. Zudem war die Nase dauernd verstopft, die Augen tränten. An den freien Tagen ließen die Beschwerden nach. Vor einem Jahr kam es während der Arbeit, nach einem heftigen Hustenanfall, erstmals zu anfallsweiser Atemnot. Schließlich wurde ein allergisches Asthma infolge Überempfindlichkeit gegen »Backhilfsstoffe« festgestellt, die Erkrankung wurde als Berufskrankheit anerkannt. Seit der Berufsaufgabe und dem Beginn der Umschulung zum technischen Zeichner waren keine Asthmaanfälle mehr aufgetreten.

Das »Bäckerasthma« ist das klassische Beispiel für eine berufsbedingte allergisch verursachte Asthmaerkrankung. Andere Beispiele sind Friseuse, Tierpfleger, OP-Schwester (Latexhandschuhe), Floristin. Mehr über berufsbedingtes Asthma erfahren Sie im Kapitel »Asthma und Beruf«. Dort finden Sie auch Hinweise zur Berufswahl bei allergisch vorbelasteten Personen. Die beste Asthmatherapie ist nämlich das Vermeiden von Asthma.

Nicht-allergisches Asthma

Frau F., eine 38jährige Hausfrau, Mutter zweier Kinder und Nichtraucherin, war bisher gesund. Jetzt machte ihr aber schon seit 3 Wochen eine Grippe zu schaffen. Insbesondere der hartnäckige morgendliche Reizhusten plagte sie. Letzte Nacht mußte sie ihren Hausarzt rufen. Sie hatte plötzlich ein beängstigendes Schweregefühl auf der Brust bemerkt und schwer Luft bekommen. Der Arzt diagnostizierte einen Asthmaanfall. Die sofort eingeleitete Behandlung führte rasch zu einer Besserung der akuten Beschwerden. Eine Allergie konnte bei Frau F. nicht festgestellt werden.

Ursache: Atemwegsinfekt

Gerade das nicht-allergische Asthma beginnt meist nach einem hartnäckigen Atemwegsinfekt. Oft wird auch vom »Infektasthma« gesprochen. Worin unterscheidet sich dieses nichtallergische Asthma vom allergischen Asthma? Mehr darüber erfahren Sie auf S. 30 im Kapitel »Warum habe ich Asthma?«
Im folgenden aber ein Beispiel dafür, daß es auch beim nichtallergischen Asthma Unverträglichkeitsreaktionen gibt:

Sonderformen

Asthmaauslösung durch Medikamente

Auslöser: Medikamente

Petra T., 44 Jahre, Nichtraucherin, leidet seit 5 Jahren unter Asthma bronchiale. Unter der regelmäßig durchgeführten Behandlung war es in den letzten 4 Jahren zu keinem Anfall gekommen. Beim Umzug ihrer Schwester hatte sie sich »verhoben«. Nach einer verabreichten Schmerzspritze war es wenige Minuten später zu einem schweren Asthmaanfall gekommen. Frau T. mußte notfallmäßig ins Krankenhaus eingeliefert werden. Schließlich wurde eine Unverträglichkeitsreaktion gegen verschiedene entzündungshemmende Schmerzmittel festgestellt. Dies, obwohl eine eigentliche Allergie nicht vorlag.

Ein Unglück kommt selten allein: Bei manchen Asthmakranken können Schmerz-, Fieber- und Rheumamittel schwere Asthmaanfälle auslösen. Hier sind auch bestimmte Bluthochdruckmedikamente und Augentropfen zu erwähnen. Einzelheiten dazu finden Sie im Kapitel »Warum habe ich Asthma?«.

Anstrengungsasthma

Bei Dieter, einem 7jährigen Jungen, war, trotz anhaltender Hustenanfälle, das Asthma zunächst lange nicht erkannt worden. Der Junge war ein begeisterter Fußballer und immer torgefährlich. Seit einigen Monaten aber war er nicht mehr der alte. Zwar startete er jedesmal vielversprechend, nach einigen Minuten aber war »die Kondition dahin«, und er verlor alle Zweikämpfe, erreichte keinen Paß mehr. Eher zufällig wurde schließlich die Diagnose Asthma bronchiale gestellt, seine Beschwerden wurden als »Anstrengungsasthma« erklärt. Seither nimmt Dieter vor jedem Spiel sein Asthmaspray, inzwischen ist er wieder torgefährlich und sprintstark.

Anstrengungsasthma hat mit »Konditionsschwäche« nichts zu tun. Vielmehr kommt es infolge einer körperlichen Anstrengung wenige Minuten nach einer körperlichen Belastung, also noch während der Erholungsphase, zu Atemnot und Brustkorbenge. Sehr häufig ist dies bei Asthmakindern, und gerade hier wird es leicht verkannt. Mehr dazu und was man dagegen machen kann steht auf S. 32.

Asthma ist nicht gleich Asthma

Bevor man eine Krankheit behandeln kann, muß man die Krankheit zuerst einmal erkennen. Die Ärzte sagen, die Diagnose muß gestellt werden. Außerdem müssen Krankheiten mit ähnlichen Beschwerden vom Arzt sicher ausgeschlossen werden. Das ist bei Asthma manchmal nicht einfach, denn Asthma hat verschiedene Gesichter.

Asthmasymptome

Asthma kann sein:

- anfallsweise Atemnot, insbesondere wenn beim Ausatmen pfeifende Geräusche zu hören sind,
- nächtlicher Husten,
- nichtmithalten können bei Freizeit, Sport und im Beruf,
- nächtliche Atemnot,
- Brustenge bei Kälte, Nebel, Zigarettenrauch oder Aufregung.

(Mehr zu den Krankheitszeichen bei Asthma finden Sie ab S. 40).

Nicht jede Atemnot ist Asthma – nicht immer fängt Asthma mit Atemnot an!

Der Asthmakranke leidet also unter rasch wechselnden Atembeschwerden, welche manchmal auch nur als Brustkorbschwere empfunden werden. Diese Atembeklemmungen können mit Phasen völligen Wohlbefindens wechseln. Zusätzlich, manchmal aber auch als einziges Krankheitszeichen, findet sich ein meist trockener Reizhusten (Husten ohne Auswurf). Oft stellt man bei sich auch »pfeifende«, »rasselnde« oder »keuchende« Atemgeräusche fest, vor allem beim Ausatmen.

Die gleichen Symptome (Krankheitszeichen) können aber durch verschiedene andere Krankheiten verursacht werden. Als Beispiele seien genannt: Herzschwäche, verschluckte Fremdkörper, chronische Raucherbronchitis (Hauptkrankheitszeichen: Husten mit Auswurf, später dann auch Atemnot, insbesondere bei Belastung), sogar Lungentumoren und viele andere Krankheiten. Sie sehen, am Anfang muß eine gründliche und fachgerechte Untersuchung durch einen Arzt erfolgen, der mit diesen Krankheiten bestens vertraut ist. Wie das im einzelnen geht, erfahren Sie im Kapitel »Wie stellt der Arzt Asthma fest?«. Wodurch sich eine chronische Bronchitis von Asthma unterscheidet, steht auf S. 24.

Gründliche Untersuchung notwendig

- Eine gründliche ärztliche Untersuchung ist vor der endgültigen Asthmadiagnosestellung erforderlich!
- Wenn die Diagnose Asthma aber einmal gestellt ist, so bedeutet dies oft eine lebenslange Erkrankung. Daraus folgt die Notwendigkeit einer lebenslangen Behandlung! Asthma, insbesondere beim Erwachsenen, ist nach heutigem Wissen meist nicht ausheilbar. Wer Ihnen das verspricht, ist unredlich!
- Asthma ist aber nach heutigem Wissen sehr gut behandelbar. Dies erfordert jedoch das oben erwähnte Bündnis von Arzt und mündigem Patient.

Asthma ist behandelbar – aber in der Regel nicht ausheilbar!

So muß der Kranke über Auslöser und Faktoren informiert sein, die zu Asthmaanfällen führen können. Diese gilt es zu vermeiden. Darüber informiert Sie das Kapitel »Warum habe ich Asthma?«. Wichtig ist dann die richtige Therapie. Diese muß langfristig und richtig durchgeführt werden. Worin diese besteht und was Sie darüber wissen müssen, steht in den Kapiteln »Meine Behandlung« und »Wie inhaliere ich richtig?«.

Ziele der Asthmabehandlung

Das Ziel der Asthmabehandlumg ist:
1. Vermeidung von Asthmaanfällen und Asthmakrankheitszeichen (Atemnot, Husten, nächtliches Erwachen wegen Atemnot u. a.)
2. Verhinderung von Spätschäden
3. Möglichst normale Funktion der Atmungsorgane

Das geht nur:
1. Wenn der Patient und seine Familie mitmachen.
2. Wenn Sie Ihre Krankheit und Ihre Behandlung verstehen.
3. Durch konsequente Behandlung der chronischen, asthmaverursachenden Entzündung der Atemwege, indem
   - alle Asthmaauslöser möglichst gemieden werden und
   - falls nötig, eine regelmäßige medikamentöse und nicht-medikamentöse Behandlung durchgeführt wird.

Internationaler Konsensus-Bericht zur Asthmabehandlung

Dies ist übrigens nicht nur unsere eigene Anschauung, dies ist die Zusammenfassung des modernen Asthmabehandlungskonzeptes der ganzen Welt. 1992 wurde von der amerikanischen Gesundheitsbehörde eine Gruppe von führenden Asthmaspezialisten aus vielen Ländern der Welt versammelt, die nach eingehenden Beratungen schließlich den sogenannten internationalen Konsensus-Bericht[1] zur Diagnose und Behandlung des Asthma bronchiale verabschiedeten. Das ist praktisch eine Anleitung zur Asthmabehandlung für Ärzte. Dieser Bericht liegt vielen der folgenden Seiten zugrunde, auch wenn das nicht jedesmal betont wird. Und raten Sie mal, was als Punkt Nr. 1 bei der Behandlung von Asthma genannt wird?

1. Schule den Patienten, um ein partnerschaftliches Konzept zur Behandlung des Asthmas zu entwickeln! Ein Schritt dazu ist das Lesen dieses Buches.

[1] Internationaler Konsensus-Bericht zur Diagnose und Behandlung des Asthma bronchiale, National Heart, Lung and Blood Institute, National Institutes of Health, Bethesda, Maryland, März 1992

2. Bestimme und kontrolliere den Schweregrad des Asthmas durch Lungenfunktionsmessungen! (vgl. Seite 50).
3. Vermeide und kontrolliere die Asthmaauslöser! (vgl. Seiten 29, 45).
4. Entwickle einen Behandlungsplan für die Dauertherapie! (vgl. Seite 63).
5. Erstelle einen Behandlungsplan für Verschlechterungsphasen! (vgl. Kapitel »Mein Arzt – Partner im Management« und »Infekt, Notfall, Rückfall«, ab Seite 164).
6. Sorge für eine regelmäßige Verlaufskontrolle. Das können Sie selber, vgl. Kapitel »Manager der eigenen Krankheit« (ab Seite 143).

Fangen wir an! Zuerst müssen Sie jedoch Ihre Krankheit verstehen lernen!

Warum habe ich Asthma?

Überblick

Das werden Sie in diesem Kapitel erfahren:

- Die normale Atmung, die Atmung bei Asthma
- Die verschiedenen Atemwegserkrankungen (Asthma, Bronchitis, Emphysem)
- Wodurch entsteht Asthma (Umwelt und Vererbung)
- Allergisches und nicht-allergisches Asthma
- Asthmasonderformen

Der Name »Asthma« leitet sich von dem griechischen Wort für Keuchen ab, und in der Tat, für den Erkrankten ist die anfallsweise Atemnot mit hörbaren, pfeifenden oder giemenden Atemgeräuschen das wichtigste Asthmazeichen.
Wie aber kommt es dazu?
Die Medizin konnte in den letzten Jahren viele neue Erkenntnisse über die Asthmaentstehung gewinnen. Unter Asthma bronchiale verstehen die Ärzte eine anfallsweise und wiederholt auftretende Behinderung des Luftstromes in den unteren Atemwegen infolge einer chronischen Entzündung der Atemwegsschleimhäute. Der Kranke bemerkt anfallsweise und stark wechselnde Atemnot oder Reizhusten. Was sind aber die unteren Atemwege, und wie wird die Atmung behindert? Was ist eigentlich »Atmung«?

Wie funktioniert die Atmung?

Zweck der Atmung ist die Versorgung des Körpers mit Sauerstoff. Sauerstoff wird ständig zur Energiegewinnung in den Körperzellen benötigt. Die Atmung besteht aus zwei Vorgängen:

Die äußere Atmung

Die äußere Atmung kennen Sie gut: Es handelt sich dabei um das Ein- und Ausströmen von Luft in die Lunge. In der Lunge wird Sauerstoff aus der eingeatmeten Atemluft in das Blutsystem hineingefiltert, gleichzeitig die im Körper entstehenden Verbrennungsgase an die Ausatemluft abgegeben. Wieso aber strömt die Luft in die Lunge? Die Einatmung erfolgt durch die Atemmuskulatur. Der wichtigste Atemmuskel ist das Zwerchfell. Bei der Einatmung tritt es nach unten, im Brustkorb entsteht so ein Unterdruck, und Luft strömt ein. Die Einatmung funktioniert also wie das Einsaugen von Wasser mit einer Spritze. Wie aber funktioniert die Ausatmung? Ganz einfach dadurch, daß Lunge und Brustkorb elastisch sind. Läßt nämlich die Zwerchfellanspannung nach, so zieht sich die Lunge wieder zusammen, die Luft muß über die Atemwege ausströmen (Abb. 1). Dies funktioniert bei Gesunden problemlos von selbst. Beim Asthmatiker ist aber gerade das Ausströmen der Atemluft infolge Verengung der Atemwege erschwert. Bei der Ausatmung – auch beim Gesunden – werden die Atemwege enger. Bei den krankhaft verengten Atemwegen des Asthmakranken wirkt sich das besonders nachteilig aus. Dadurch ist bei Asthma insbesondere die *Ausatmung erschwert.* Die Lunge wird sozusagen nicht mehr ausreichend »luftentleert«. Wegen dieser unzureichenden Ausatmung paßt bei der nächsten Einatmung weniger Luft in die noch überblähte Asthmatikerlunge. Die Menge der die Lunge durchströmenden frischen Atemluft nimmt also ab. Atemnot und Lufthunger sind die Folge.

Funktionen der Atmungsorgane

Bei Asthma insbesondere Ausatmung erschwert

Die äußere Atmung sehen und fühlen wir, anders ist das bei der inneren Atmung.

Die innere Atmung

Darunter verstehen wir die Verbrennung von Sauerstoff in den Körperzellen, z.B. im Gehirn, dem Herzen oder aber auch beim Bewegen unseres kleinen Zehs. Ohne diese innere Atmung ist Leben nicht möglich. Das Verbindungsglied zwischen äußerer und innerer Atmung ist der Blutkreislauf. Er transportiert den Sauerstoff von den Lungen in alle Körperteile. Vereinfachend kann man sich das so vorstellen: Die äußere Atmung funktioniert wie eine Pumpe, wodurch Luft in die Lungen strömt. In der Lunge erfolgt die Umladung des Sauerstoffs in das Blut, welches den Sauerstoff durch den ganzen Körper transportiert. In den Körperorganen wird der Sauerstoff für die einzelnen lebenswichtigen Aufgaben unserer Organe (Herz, Leber, Nieren usw.) verbraucht. Die dabei entstehenden Verbrennungsgase werden mit dem Blut wieder zu den Lungen transportiert und über die Atemwege ausgeatmet.

Lebenskette: Atmung und Blutkreislauf

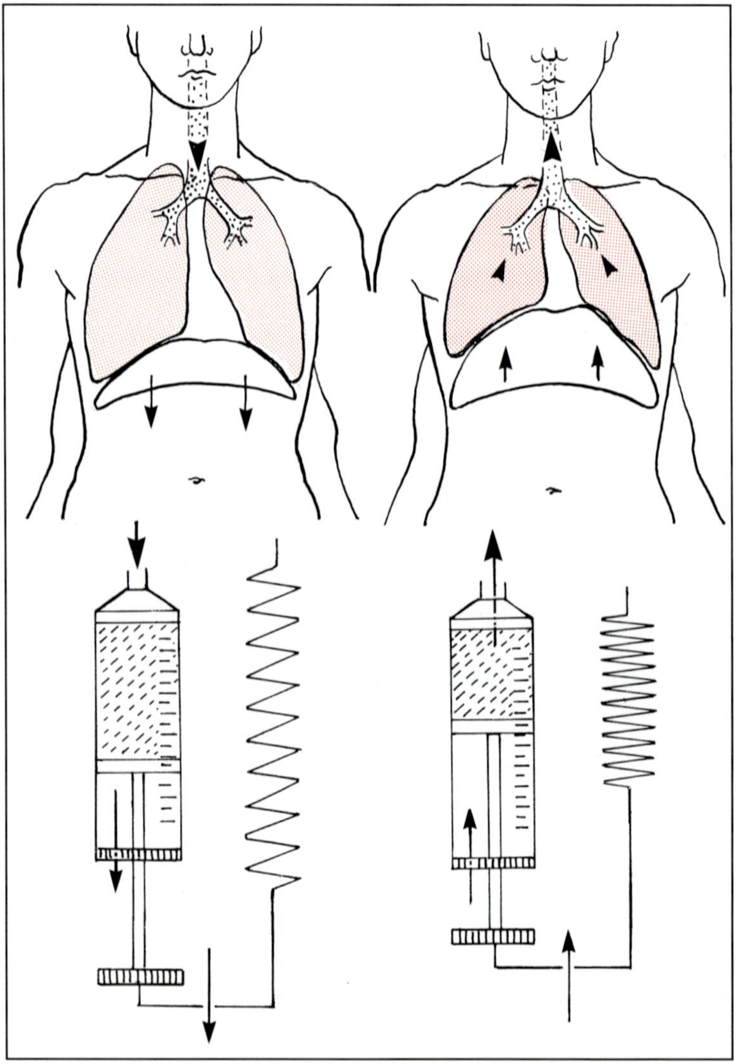

Abb. 1
Die Einatmung erfolgt aktiv durch Muskelkraft. Der wichtigste »Einatmungsmuskel« ist das Zwerchfell. Das Zusammenziehen des Zwerchfells bewirkt das Einströmen der Luft, vorstellbar wie das Aufziehen einer Spritze. Läßt die Zwerchfellanspannung nach, so erfolgt die Ausatmung passiv, durch die elastischen Rückstellkräfte der gedehnten Lunge.

Eine richtige Lebenskette also. Funktioniert auch nur ein Teil nicht, so werden wir krank.
Viele Faktoren können demnach die Atmung behindern. Natürlich alle Erkrankungen, die zu einer Beeinträchtigung der äußeren Atmung führen – z.B. Asthma bronchiale. Aber nicht nur Erkrankungen der eigentlichen Atmungsorgane verursachen eine Störung der Sauerstoffversorgung des Körpers. Ein Bei-

spiel ist eine stärkere Blutarmut, weil dadurch weniger Sauerstoff transportiert werden kann. Zu nennen ist auch das Rauchen, weil hierbei der Zigarettenrauch dem Sauerstoff die Transportplätze im Blut wegnimmt bzw. die entstehende Raucherbronchitis die Sauerstoffaufnahme erschwert. Oder die Herzschwäche, weil dann das Blut nicht mehr ausreichend durch den Körper gepumpt werden kann. Diese Liste könnte noch lange fortgesetzt werden.
Atmung ist also eine komplizierte Kette von verschiedenen Schritten, um den Körper mit dem lebensnotwendigen Sauerstoff zu versorgen. Sauerstoff ist Leben. Ohne Trinken können wir einige Tage überleben, ohne Essen sogar wenige Wochen, ohne Sauerstoff aber nur wenige Minuten.
Zurück zu den Atemwegen. Dies sind die »Luftleitungen« des Körpers von Mund und Nase in die Lunge. Zu den Atemwegen

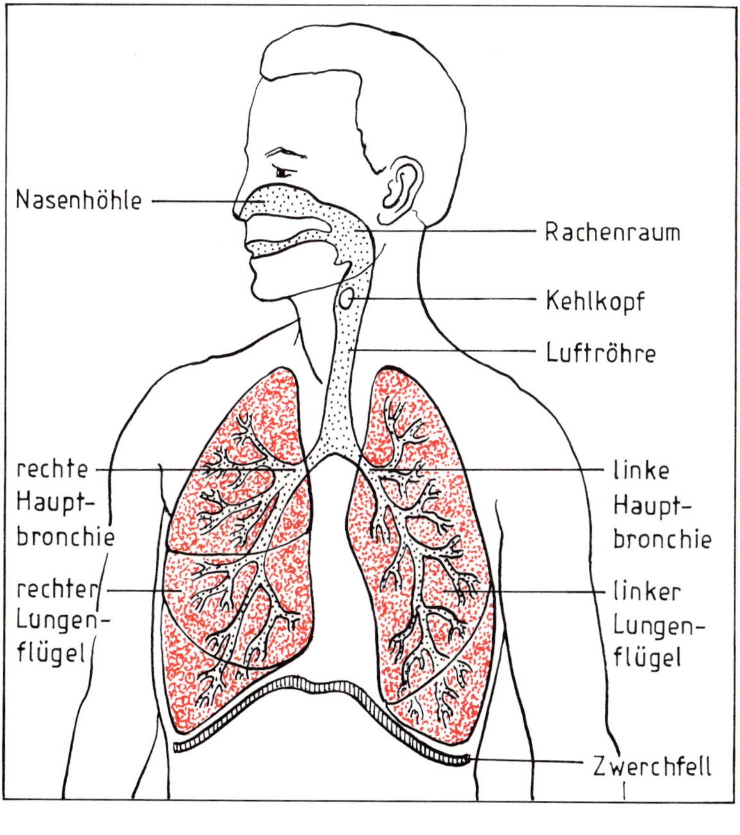

Abb. 2
Die Atemwege

gehören Mund, Nase, Rachenraum, Kehlkopf, Luftröhre und die Bronchien. Die Luftröhre und die Bronchien werden als *tiefe Atemwege* bezeichnet. Die Luftröhre verzweigt sich zunächst in zwei Hauptbronchien für den rechten und den linken Lungenflügel. Diese verzweigen sich dann in den beiden Lungenflügeln wie die Äste eines Baumes. Die Bronchien sind also das Röhrensystem, durch das die Atemluft aus der Luftröhre in der ganzen Lunge verteilt werden. Insgesamt sind diese Röhren 700 m lang. Luftröhre und Bronchien sehen aus wie ein blätterloser Baum im Herbst, der auf dem Kopf steht. Tatsächlich spricht man vom Bronchialbaum (Abb. 2).

Atemwege

Im Inneren sind diese Röhren mit einer Schleimhaut, der Bronchialschleimhaut, ausgekleidet. Diese Schleimhaut kennen Sie von der Nasenschleimhaut her. Die Atemwegsschleimhaut ist Teil unseres Schutzsystems vor Krankheitserregern und Luftschadstoffen. Zahlreiche Schleimzellen produzieren eine Schleimschicht, die die Luftwege innen wie eine dünne Tapete auskleiden. Zusätzlich besitzt die Bronchialschleimhaut zahllose winzige Flimmerhärchen, mit denen die Schleimschicht eingeatmete Fremdstoffe wie ein Fließband Richtung Kehlkopf transportiert. Der Schleim wird dann normalerweise unbemerkt verschluckt, Husten ist dazu nicht erforderlich.

Faszinierendes Schutzsystem

Dadurch werden eingeatmete Schadstoffe und Krankheitserreger aus den Atemwegen wieder entfernt. Außen werden die Bronchien von einer spiralförmigen Muskelschicht umgeben. Diese Muskelschicht ist wichtig und hat ihren Zweck, denn auch beim Gesunden sind die Bronchien nicht immer gleich weit. Je nach Bedarf werden diese weiter oder enger gestellt, allerdings geschieht dies nicht durch unseren Willen. Wie beim Herzmuskel oder bei den Darmmuskeln handelt es sich bei der Muskelschicht der Atemwege um »unwillkürliche« Muskeln,

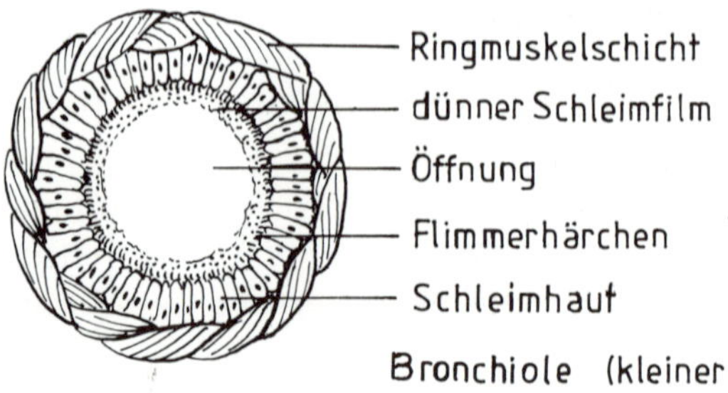

Abb. 3
Aufbau einer gesunden Bronchiole (kleiner Bronchus)

im Gegensatz zu den »willkürlichen« Muskeln z. B. an unseren Armen, die unserem Willen gehorchen. Infolge der Überempfindlichkeit der Bronchien bei Asthma kommt es beim Asthmakranken aber immer wieder zu einem krankhaften Zusammenkrampfen dieser »unwillkürlichen« Muskeln (Abb. 3).
Die Verengung der Atemwege spielt insbesondere bei der Ausatmung eine Rolle. Beim Einatmen vergrößert sich der Brustkorb, die Lunge wird gedehnt und dadurch größer. Auch die Bronchien werden dabei quasi aufgedehnt, sie erweitern sich. Genau das Umgekehrte geschieht bei der Ausatmung: Der Brustkorb senkt sich, die Lungen und die Bronchien ziehen sich zusammen. Deshalb ist beim Asthma die Ausatmung mehr als die Einatmung behindert. Man kann dies manchmal am pfeifenden Atemgeräusch bei der tiefen Ausatmung hören (Abb. 4).

Ausatmung behindert

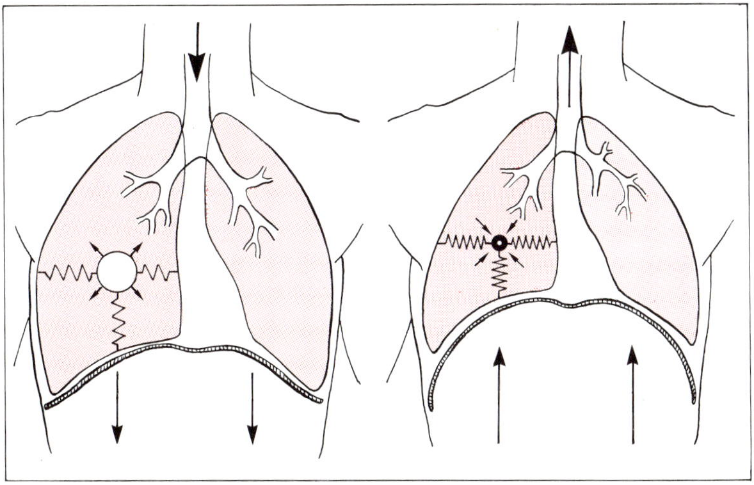

Abb. 4
Bei der Einatmung werden die Bronchien mit der Lunge aufgedehnt, werden also weiter. Bei der Ausatmung sind die Bronchien enger, auch beim Gesunden. Die Verengung der Atemwege bei Asthma wirkt sich daher besonders bei der Ausatmung aus.

Die Atemwegserkrankungen

An den drei häufigsten Atemwegskrankheiten

Asthma, Bronchitis und Emphysem

leiden in Deutschland viele Millionen Menschen. Leider werden diese drei Krankheiten oft in einen Topf geworfen. Aber Atemwegskrankheit ist nicht gleich Atemwegskrankheit! Neben Asthma sind vor allem die Bronchitis und das Lungenemphysem wichtig und müssen unterschieden werden.

Unter einer Bronchitis verstehen wir Husten mit Auswurf. Diese kann plötzlich auftreten, z.B. bei einem »grippalen Infekt«. Diese akute Bronchitis, also die neu aufgetretene und nicht dauernd anhaltende Bronchitisform, hat jeder schon mal durchgemacht (»Erkältung«). Normalerweise ist man nach einigen Tagen wieder gesund.

Akute Bronchitis

Chronische Bronchitis

Etwas anderes ist die chronische Bronchitis: Hierbei bleiben Husten und Auswurf in wechselnder Stärke wenigstens drei Monate in zwei aufeinanderfolgenden Jahren bestehen. Sehr oft ist das Zigarettenrauchen die Ursache, aber auch wiederholte Atemwegsinfekte und starke Luftverschmutzung können eine chronische Bronchitis verursachen. Das Heimtückische an dieser Krankheit ist, daß man sich daran gewöhnt und den chronischen Husten gar nicht mehr bemerkt. Aber: Husten und Auswurf sind immer krankhaft und müssen ärztlich untersucht werden.

Chronisch obstruktive Bronchitis

Erst nach vielen Jahren entsteht aus der chronischen Bronchitis die chronisch obstruktive Bronchitis (zu deutsch: anhaltende verengende Bronchienentzündung), die sich dann mit Atemnot bemerkbar macht. Häufig wird dann irrtümlich von Asthma gesprochen. Und oft sagt der Patient, ich habe seit zwei Jahren eine chronische Bronchitis. Korrekt wäre: *»Ich hatte 20 Jahre morgendlichen Raucherhusten mit etwas Auswurf, im Winter mehr als im Sommer, und seit zwei Jahren leide ich unter einer chronisch obstruktiven Bronchitis mit Atemnot beim Treppensteigen oder wenn ich mich erkälte.«* Noch besser wäre: *»Ich höre mit dem Rauchen auf, sonst wird aus meinem Raucherhusten eine chronisch obstruktive Bronchitis.«* Eine chronisch obstruktive Bronchitis ist keineswegs harmlos. In England z.B. ist diese Krankheit Todesursache Nr. 1.

Lungenemphysem

Ein Lungenemphysem besteht, wenn der normale Aufbau der kleinsten Bronchien und der Lungenbläschen zerstört ist und die Lunge eine nicht mehr rückbildungsfähige Überblähung zeigt. Auch hier leidet der Patient unter Atemnot, insbesondere bei Anstrengung.

Alle die genannten großen Gruppen von Atemwegserkrankungen, also 1. Asthma, 2. chronische (verengende) Bronchitis und 3. Emphysem, können zu Atemnot führen.

Warum muß man dann diese Krankheiten überhaupt unterscheiden?

1. Die Behandlung ist unterschiedlich.

2. Die Zukunftserwartung und damit die gesamte Lebensplanung ist ebenfalls verschieden.
Für Asthmatiker sind die Therapiemöglichkeiten und die Zukunftsaussichten besser als z.B. bei einem Patienten mit Lungenemphysem. Natürlich gibt es Übergangsformen, d.h., manchmal ist es auch für den Lungenfacharzt schwierig, Asthma und chronisch obstruktive Bronchitis zu unterscheiden.

Merke!

! Trotzdem sollten Sie Ihren Arzt konkret fragen: »Wie heißt denn meine Krankheit genau? Habe ich wirklich Asthma bronchiale oder liegt bei mir eine der anderen Atemwegserkrankungen vor?«
Schreiben Sie sich das ruhig auf!

Meine persönliche Zusammenfassung

Meine Krankheit heißt:

____

Wie entsteht Asthma?

Bei Asthma liegt eine Verengung der Bronchien vor. Dies hat drei Ursachen:

- Die Schleimhäute der Atemwege bei Asthma sind chronisch, d.h. meist lebenslang entzündet.
- Dies führt einerseits zu einer Überempfindlichkeit der Atemwege mit der Folge einer krankhaften Bereitschaft zur Muskelverkrampfung auf ganz verschiedene Atemwegsreize hin und
- andererseits zu einer vermehrten Schleimbildung und Schwellung der Schleimhaut.

Hyperreagibilität

Die übersteigerte Bereitschaft zur Bronchienverengung nennt man Überempfindlichkeit der Atemwege, die Ärzte sprechen von »bronchialer Hyperreagibilität«.

Obstruktion

Alle drei Faktoren, also **Schleim, Schleimhautschwellung** und **Muskelverkrampfung,** führen zu einer Verengung der Atemwege, die Ärzte sprechen von einer Obstruktion.

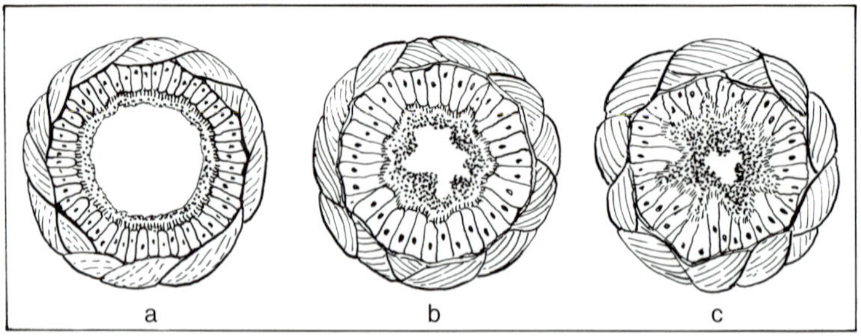

Abb. 5 Normaler Bronchus (a), durch Schleimhautschwellung, vermehrte Schleimbildung und Muskelverkrampfung verengter Bronchus (b, c).

Wechselndes Krankheitsgefühl

Diese Verengung ist typischerweise mal mehr, mal weniger ausgeprägt und löst sich auch wieder, meist von allein, manchmal aber nur mit Hilfe von Medikamenten. Diese wechselnde Verengung der Atemwege ist ein wichtiges Merkmal von Asthma. »Manchmal könnte man Bäume ausreißen, manchmal ringt man um jeden Atemzug.« Dies ist ein wesentlicher Unterschied zu den anderen Atemwegserkrankungen, nämlich einerseits der chronischen Bronchitis, hier ist das Hauptkrankheitszeichen der tägliche Husten mit Auswurf, und andererseits dem Lungenemphysem, dessen wichtigstes Krankheitszeichen die konstante Atemnot bei Belastung ist.

Merke!

! Die Ursache der wechselnden Atemwegsverengung bei Asthma ist letztlich diese chronische, d.h. über Jahre bestehende Entzündung der Atemwege. Diese Entzündung führt zu der Überempfindlichkeit der Bronchien. Diese Überempfindlichkeit bewirkt, daß sich die Bronchien auf ganz verschiedene Reize hin krankhaft verengen können.

Solche Reize können kalte Luft, Qualm oder Nebel oder aber Anstrengung, Freude oder Ärger sein. Das Resultat ist aber immer ähnlich: wechselnde Atemnot oder wechselnd starker Reizhusten.

Asthma ist nicht gleich Asthma – die verschiedenen Asthmaformen

Die chronische Entzündung der Atemwege (also die Grundlage des Asthma bronchiale, vergl. S. 25) kann verschiedene Ursachen haben: allergische und nicht-allergische.

Am besten merkt man sich die Einteilung in zwei große Gruppen von Asthma:

1. Allergisches Asthma
(Die Ärzte sprechen vom »exogen-allergischen« Asthma.)
2. Nicht-allergisches Asthma
(Die Ärzte sprechen vom »intrinsic Asthma«.)

Darüber hinaus gibt es weitere Asthmasonderformen, wie bereits in den Beispielen ab Seite 13 angeklungen, aber davon später.

Allergisches Asthma bronchiale

Asthma kann durch eine Allergie verursacht sein, man spricht in diesem Fall vom allergischen Asthma bronchiale[2]. Typische Beispiele für Allergene, so nennt man die allergieverursachenden Substanzen, sind Pollen (Blütenstaub von Bäumen, Gräsern und Kräutern), Tierhaare, Schimmelpilzsporen und Hausstaubmilben. Infolge eines Systemfehlers der körpereigenen Abwehr reagiert der Körper auf diese Stoffe wie auf gefährliche Krankheitserreger, er bildet im Blut Abwehrstoffe. Diese »fehlerhaften Abwehrstoffe« im Blut verursachen eine fehlgesteuerte entzündliche Abwehrreaktion: Infolge dieser fehlgesteuerten Abwehrreaktion kommt es zu einer allergischen Entzündung der Atemwegsschleimhäute.

Fehlgesteuerte entzündliche Abwehrreaktion

Bei der Infektionsabwehr ist die Entzündung eine wichtige Waffe unseres Immunsystems, also unseres körpereigenen Abwehrsystems, gegen Krankheitserreger. Beim allergischen Asthma liegt aber eine fehlgesteuerte Abwehrreaktion gegen Baumpollen oder Tierhaare vor, es wird sozusagen ein unnötiger Abwehrkampf geführt. Können die Allergene nicht umgangen werden, so wehrt sich der Körper »chronisch«. Beim allergischen Asthma liegt daher eine chronische Schleimhautentzündung der Atemwege vor.
Es ist nötig, ein allergisches Asthma rechtzeitig zu erkennen; weil sich dadurch die Möglichkeit einer ursächlichen Behand-

[2] Asthma und Asthma bronchiale bedeuten das gleiche. Asthma bronchiale ist der korrekte Begriff, aber auch Ärzte sagen nur selten Automobil, sondern meist nur Auto.

lung ergibt. Ist z.B. eine Katze die Ursache für die allergische Bronchialschleimhautentzündung, so besteht die Behandlung natürlich im Verzicht auf die Katze. Ist der Kontakt mit Mehl oder anderen Berufsstoffen die Ursache für ein allergisches Asthma, so besteht die Behandlung in der Aufgabe dieser Tätigkeit. Diese Allergenkarenz, also das Vermeiden der allergieverursachenden Stoffe, ist immer der erste Schritt bei der Behandlung des allergischen Asthmas. Darüber sind sich die Fachleute einig. Und weil das so ist, wird z.B. die Umschulung eines Bäckers bei einem »anerkannten Bäckerasthma« von der Berufsgenossenschaft bezahlt.

Allergenkarenz

Wenn aber die Allergene nicht weitgehend vermieden werden können, was dann? Dann ist eine medikamentöse Behandlung unumgänglich. Eine nicht ausreichend behandelte Atemwegsallergie kann über die Dauerentzündung irgendwann zu einer sogenannten Verselbständigung des Asthmas führen. Das bedeutet, daß ein Asthmaanfall nicht mehr ausschließlich durch den Kontakt mit den Allergenen verursacht wird, sondern daß es schließlich auch durch nicht-allergische Reize zu asthmatischen Beschwerden kommt. So kann beispielsweise Asthma anfangs allergisch durch Katzenhaare verursacht sein, später aber auch durch Nebel, Qualm oder kalte Luft ausgelöst werden. Daher ist es nötig, eine Allergie frühestmöglich zu erkennen und zu behandeln.

Das allergische Asthma wird also über das fehlgesteuerte Abwehrsystem verursacht. Die Folge ist eine Entzündung der Bronchialschleimhaut. Was eine solche chronische Schleimhautentzündung bei Asthma verursacht, wissen Sie bereits:

- Schwellung der Schleimhäute mit Atemwegsverengung,
- vermehrte Schleimbildung mit übermäßiger Produktion eines zähen, glasigen Schleims,
- Verkrampfen der Bronchialmuskulatur.

Asthmasymptome

Dadurch entstehen die Asthmakrankheitszeichen: anfallsweise Atemnot, trockener Reizhusten oder das Abhusten von zähem, glasigem Sekret und die pfeifenden oder rasselnden Atemgeräusche. Anfangs treten diese Krankheitszeichen nur auf, wenn die Entzündung durch die Allergie ausgelöst wird. Wiederholt sich das aber dauernd, so werden die Atemwege zunehmend überempfindlich. Jetzt treten die Krankheitszeichen auch ohne das Allergen auf. Das Asthma hat sich verselbständigt. Das gilt es möglichst zu vermeiden!

Allergikertraining

Für diejenigen, die mehr über Allergien als Ursache von Asthma bronchiale wissen wollen, folgen am Ende dieses

Buches (s. Anhang) Teile des »Allergikertrainingskurses der Fachklinik Bad Reichenhall«.
Hier, aber selbstverständlich auch in anderen Asthma- und Allergiekliniken, gibt es eine umfassende Patientenschulung, wobei natürlich das Thema Allergie und Asthma einen breiten Raum einnimmt.

Achtung!

Bedenken Sie: Liegt bei Ihnen tatsächlich ein »echtes« **allergisches Asthma** vor, und ist es möglich, den Allergieauslöser genau festzustellen und zu umgehen, so besteht **am Anfang** der Krankheit eine wirkliche Heilungschance. Das betrifft insbesondere Kinder!
Insofern ist das allergische Asthma – was die Behandlungsmöglichkeiten angeht – anfangs günstiger als das nicht-allergische Asthma. Dies gilt aber nur bei entschlossener Therapie. Aus diesem Grund sollten Sie sich eingehend mit Fragen zur Allergie beschäftigen (s. Anhang, Allergikertrainingsprogramm).

Wichtige Allergene

Eine Hilfe zum Erkennen einer möglichen allergischen Ursache Ihres Asthmas könnte die folgende Auflistung sein:

Einige wichtige, weit verbreitet vorkommende Allergene

- **Pollen** (Bäume, Gräser, Kräuter)
- **Tierallergene**
- **Hausstaubmilben**
- **Schimmelpilzsporen**

u.v.a.

Einige wichtige Berufsallergene (vergl. »Asthma und Beruf«)

- **Tierhaare** (Landwirt, Tierpfleger, Tierarzt)
- **Mehle und Backhilfsstoffe** (Bäcker, Konditor)
- **Isozyanate, ein chemisches Lösungsmittel, welches verbreitet eingesetzt wird** (Lackierer, Klebstoffe, Kunstharze, Polyurethan)
- **Holzstäube** (Schreiner, holzverarbeitende Industrie)

• **Arzneimittelstäube** (Pflegeberufe, Arzt, Apotheker, pharmazeutische Industrie)
• **Enzyme** (Bäcker, Waschmittelherstellung, Großküchen, Labors)
u.v.a.
(s. Anhang, Allergikertrainingsprogramm, S. 195)

Diese Liste ist keineswegs vollständig. Eine genaue Aufzählung von möglichen Allergenen müßte viele Seiten lang sein und wäre doch immer noch nicht vollständig.

Nicht-allergisches Asthma bronchiale

Ursache häufige Atemwegsinfekte

Beim **nicht-allergischen Asthma** liegt ebenfalls eine chronische Entzündung der Atemwegsschleimhäute vor. Die Entzündung wird bei dieser Asthmaform jedoch nicht durch allergieauslösende Abwehrstoffe verursacht. Die Ursache des nicht-allergischen Asthmas ist letztendlich noch nicht vollständig geklärt. Eingeatmete Reizstoffe in der Luft, insbesondere aber wiederholt auftretende Atemwegsinfekte, werden als Auslöser angeschuldigt. Diese dauernde Schleimhautentzündung verursacht eine Überempfindlichkeit der Atemwegsschleimhäute. Man kann sich das wie bei einer Bindehautentzündung der Augen vorstellen: Normales Sonnenlicht wird jetzt als schmerzhaft empfunden und führt zur vermehrten Tränenbildung. Die Bronchien reagieren aber nicht mit Schmerzen, sondern mit einer krankhaften Muskelverkrampfung. Deshalb

Überempfindliche Schleimhaut

verursachen beim nicht-allergischen Asthma verschiedene, eigentlich normale (Atemwegs-) Reize einen Asthmaanfall: Nebel, kalte Luft, körperliche Anstrengung, schnelles Atmen bei Aufregung, Freude oder Angst. Auch beim nicht-allergischen Asthma findet sich eine geschwollene Schleimhaut mit einer vermehrten glasigen Schleimbildung und eine Verkrampfung der die Bronchien umgebenden Muskeln. Folge ist eine Verengung der Atemwege mit Asthmabeschwerden.

! Asthma bronchiale und sein chronischer Verlauf sind also die Folge einer andauernden Entzündung der Atemwegsschleimhäute. Diese Entzündung ist auch dann vorhanden, wenn das Asthma gerade einmal keine Beschwerden macht: Auch dann ist gegen die Dauerentzündung eine Dauerbehandlung erforderlich. Dies ist der Schlüssel für eine erfolgreiche Behandlung!
Eine konsequente und langfristige Bekämpfung dieser Schleimhautentzündung, die letztlich die Ursache des Asthmas ist, führt zu einer langfristigen und spürbaren Rückbildung der bronchialen Überempfindlichkeit und im günstigsten Fall zu einer andauernden Beschwerdefreiheit.

Wichtig!

Dauerentzündung – Dauerbehandlung

Aber – zumindest bei Erwachsenen – kommt es leider nur selten zu einer dauernden Ausheilung der Bronchialschleimhautentzündung. Nach heutigem Wissen ist diese meist nicht dauerhaft ausheilbar. Wer Ihnen das sicher verspricht, ist unredlich. Die Entzündung ist aber mit den richtigen Medikamenten dauerhaft zu vermindern. Dadurch können die Krankheitszeichen und eine weitere Verschlechterung sowie Spätschäden meist vermieden werden. Auch durch eine Brille wird Kurzsichtigkeit nicht geheilt, wer seine Brille aber regelmäßig aufsetzt, kann trotz Kurzsichtigkeit normal sehen.
Es gibt jedoch eine Ausnahme von der Regel, daß Asthma nicht vollständig ausgeheilt werden kann: das allergische Asthma im Anfangsstadium, wenn das auslösende Allergen erkannt und dauerhaft vermieden wird. Deshalb muß eine Allergie bei Asthma unbedingt erkannt werden.
Sie sehen: Bei allen Arten von Asthma bronchiale steht die Entzündung der Atemwege im Mittelpunkt. Solange diese nicht gebessert ist, wird es immer wieder zu Asthmaanfällen kommen. Deshalb muß alles unternommen werden, um die chronische Entzündung der Atemwege zu behandeln und langfristig zu verringern.

Behandlungswege

Dazu sind zwei Wege wichtig:

- **Vermeidung aller Umstände, die zu einer Verstärkung der Entzündung führen,** z. B. Allergene, aber auch nicht-allergische Atemwegsreize wie Qualm, Staub, Abgase oder Infekte u.v.a.
- **Konsequente Behandlung** der Atemwegsentzündung **mit entzündungshemmenden Medikamenten.**

Asthmasonderformen

- Anstrengungsasthma
- Asthmaauslösung durch nicht-allergische Unverträglichkeitsreaktionen (Medikamente, Nahrungs- und Genußmittel)

Das Anstrengungsasthma

Im Kapitel »Habe ich Asthma?«, S. 14, haben Sie bereits ein typisches Beispiel für diese besondere Variante der Asthmaerkrankung kennengelernt. Das Anstrengungsasthma ist dadurch gekennzeichnet, daß Sie Atemnot einige Minuten nach einer körperlichen Anstrengung bemerken. Die Ursache ist eine durch die körperliche Belastung ausgelöste Verengung der Bronchien, also quasi ein belastungsbedingter Asthmaanfall. Häufig wird Anstrengungsasthma als Konditionsschwäche fehlgedeutet. Anstrengungsasthma kann sowohl beim allergischen als auch beim nicht-allergischen Asthma auftreten. Typisch ist auch, daß nicht alle Anstrengungen zu Atemnot oder Reizhusten führen. Bei manchen Patienten treten Beschwerden beim bzw. nach schnellem Laufen auf. Andere klagen über Brustkorbenge beim Fahrradfahren.

Anstrengungsasthma wird oft verkannt

Der Arzt kann das Anstrengungsasthma durch spezielle Lungenfunktionsuntersuchungen feststellen.

- Warum ist es wichtig, das Anstrengungsasthma zu erkennen? Weil man es gut behandeln kann.
- Diese Untersuchung wird der Arzt sicher nicht vergessen, wenn Sie als Patient danach fragen.

Vor körperlicher Anstrengung inhalieren

Die Anwendung spezieller inhalativer bronchialerweiternder Medikamente verhindert das Anstrengungsasthma meist sehr wirksam.[3] Dadurch ist eine normale sportliche Betätigung auch für Asthmakinder durchaus möglich und ärztlicherseits erwünscht. Körperliche Untätigkeit (Trainingsmangel) führt schon für sich alleine zu Kurzatmigkeit bei Anstrengung (Konditionsmangel).

[3] Hier sind die Bronchialerweiterer vom »Typ Adrenalin«, insbesondere in Kombination mit »DNCG«, zu nennen. Diese Medikamente werden ausführlich besprochen, siehe Seite 70ff.

mangel). Dem muß vorgebeugt werden, sonst kommt zu der Asthmaerkrankung noch unnötigerweise Belastungsatemnot durch körperliche Inaktivität. Ein unnötiger und relativ leicht zu durchbrechender Teufelskreis.

Asthmaauslösung durch nicht-allergische Unverträglichkeitsreaktionen
Auslöser können sein:

- Medikamente und
- Nahrungs- und Genußmittel.

Medikamente
Etwa einer von zehn Asthmakranken reagiert auf verschiedene Schmerz- und Entzündungsmedikamente mit Asthmasymptomen. Dies tritt insbesondere beim nicht-allergischen Asthma auf. Das Asthma bronchiale wird durch diese Medikamente zwar nicht verursacht, aber bei einigen Asthmakranken können durch bestimmte Medikamente Asthmaanfälle ausgelöst werden. Hierbei handelt es sich im streng wissenschaftlichen Sinne nicht um Allergien, denn es fehlen die krankhaften Abwehrstoffe, die normalerweise das allergische Asthma verursachen. Ihnen als Asthmakranker kann das aber egal sein. Denn wie bei einer echten Allergie müssen Sie, falls Sie unter einer solchen Medikamentenunverträglichkeit leiden, diese Medikamente vermeiden. Am bekanntesten ist Asthmaanfallsauslösung durch Schmerzmittel wie z.B. das Aspirin (»Schmerzmittelasthma«). Ein Asthmaanfall durch Medikamente kann sehr schnell entstehen und gefährlich verlaufen. Asthmatiker, die eine Schmerzmittelsorte nicht vertragen, müssen aber meistens auch andere Schmerz- und Rheumamittel meiden. Informieren Sie den Arzt, also beispielsweise den Orthopäden oder den Anästhesisten vor einer Operation oder auch den Zahnarzt, über diese Unverträglichkeiten, vor allem immer dann, wenn Ihnen Medikamente verschrieben werden. Dringend zu warnen sind solche Patienten vor frei verkäuflichen Kombinationspräparaten gegen Kopfschmerzen oder rheumatische Beschwerden. Fragen Sie im Zweifelsfall Ihren Arzt oder Apotheker! Sie sollten andererseits aber auch »sichere« Schmerzmittel kennen, also Medikamente, die Sie bisher gut vertragen haben. Als relativ unbedenklich gilt insbesondere der Wirkstoff Paracetamol. Präparatebeispiele sind Benuron®, Captin®, Contac®, Enelfa®, Larylin®, Treupel mono® u.a. Aber auch hier sind Unverträglichkeiten möglich.

Medikamentenunverträglichkeit

Ziemlich sicher: Paracetamol

Allergiepaß

Also: Besprechen Sie dieses Thema beim nächsten Termin mit Ihrem Arzt. Lassen Sie sich ggf. einen Allergiepaß ausstellen, in dem auch solche Medikamentenunverträglichkeiten eingetragen werden können.

Betablocker

Patienten, die an einem »Schmerzmittelasthma« leiden, sollten auch vorsichtig sein mit Nahrungsmitteln, die mit Benzoesäure oder Sorbinsäure konserviert sind. Asthma kann auch durch bestimmte Blutdruckmedikamente oder Augentropfen verstärkt werden, wenn diese sog. Betablocker enthalten. Schauen Sie sich die Beipackzettel an, falls Sie mit Medikamenten gegen Bluthochdruck oder grünen Star behandelt werden! Fragen Sie bei Ihrem Arzt nach, setzen Sie aber solche Medikamente nie ohne Rücksprache mit ihm ab! Dies könnte z.B. bei den erwähnten betablockerhaltigen Medikamenten gefährlich sein.

> Bei neu verschriebenen Medikamenten sollten Sie immer fragen: »Kann dadurch mein Asthma verschlechtert werden?«

Nahrungs- und Genußmittel

Unverträglichkeitsreaktionen

Bei manchen Menschen führt der Genuß verschiedener alkoholischer Getränke wie Wein, Sekt oder Bier zu Schnupfen und Asthma. Diese Reaktionen sind teilweise auf echte Allergien gegen Schimmelpilze zurückzuführen, überwiegend aber auf Intoleranzreaktionen[4] gegen Inhaltsstoffe wie z.B. Sulfite oder Histamin. Solche Reaktionen gibt es aber auch bei anderen Nahrungsmitteln.

Achten Sie auf solche Reaktionen und besprechen Sie diese mit Ihrem Arzt.

Unspezifische Auslöser

Häufige unspezifische Auslöser für Asthmaanfälle sind Körper-, Haar- und Ledersprays, desgleichen Farben, Lacke, Schutzanstriche. Und natürlich Rauchen, auch das Passiv-

[4] Neben der »echten« Allergie, bei der im Blut allergieauslösende Abwehrkörper gebildet werden, gibt es noch andere Überempfindlichkeitsreaktionen mit ähnlichen Symptomen. Diese Überempfindlichkeiten werden daher mit einer Allergie leicht verwechselt. Dazu gehören die Intoleranzreaktionen = Unverträglichkeitsreaktionen. Hierbei werden aber keine allergieauslösenden Abwehrstoffe im Blut gebildet.

rauchen (= Mitrauchen des Nichtrauchers). Hier können Sie, auch als Privatperson, sehr viel für sich tun!

Tatbestand: Rauchen

Durch wiederholten Kontakt mit solchen Atemwegsreizstoffen wird die chronische Atemwegsentzündung unterhalten und künstlich angeheizt. Zu gut deutsch: Das Asthma wird verschlimmert. Rauchen im Beisein von Asthmatikern ist in hohem Maße rücksichtslos, Rauchen im Auto im Beisein von asthmatischen Kindern grenzt an Kindesmißhandlung!

So! Jetzt haben Sie gelernt, welche verschiedenen Formen von Asthma wichtig sind. Außerdem haben Sie viele Auslösefaktoren kennengelernt. Wie ist es aber bei Ihnen ganz persönlich? Überlegen Sie und schreiben Sie auf:

Meine persönliche Zusammenfassung

Meine genaue Krankheitsbezeichnung lautet:

___

Wichtige Krankheitsauslöser für meine Krankheit sind:

___

___

___

___

___

Wie kann ich diese weitestmöglich vermeiden?

___

___

___

Richtige Antworten wären z. B.:

Ich habe ein nicht-allergisches Asthma. Verschlechterungen werden vor allem durch Erkältungen hervorgerufen. Ich muß mich darüber informieren, wie solche Erkältungen möglichst zu vermeiden sind.

Initiative ergreifen

Oder:

Ich habe ein allergisches Asthma auf Hausstaubmilben. Ich muß schauen, wie ich diesen weitestmöglich aus dem Wege gehen kann.

Oder:

Ich habe ein nicht-allergisches Asthma. Bei Erkältungen muß ich mit fiebersenkenden Medikamenten vorsichtig sein, weil bei mir ein sog. Schmerzmittelasthma vorliegt. Darüber muß ich auch meinen Orthopäden informieren, falls ich Schmerzmittel gegen meine Rückenbeschwerden brauche.

Ist Asthma angeboren oder erworben? Ist man selbst schuld?

Diese Fragen muß man mit »ja und nein« beantworten.

Vererbung

Die Veranlagung zu Asthma ist sicherlich vererbt. Tatsächlich kennt jeder Arzt richtige Asthmatikerfamilien. Ja, es soll sogar eine Insel im Atlantik geben, wo jeder dritte Einwohner an Asthma leidet. Der Grund: Unter den ersten 15 Besiedlern der Insel befanden sich drei Asthmatiker. Auch bei uns geben ca. 80% der Asthmatiker weitere Asthmaerkrankungen in ihrer Verwandtschaft an. Dabei wird nicht nur das allergische Asthma familiär gehäuft gefunden, auch beim nicht-allergischen Asthma kann in ca. 2/3 der Fälle eine familiäre Belastung aufgezeigt werden. Offenbar wird die Bereitschaft zur Entwicklung des überempfindlichen Bronchialsystems vererbt. Doch Asthma ist nicht nur Schicksal, denn auch bei eineiigen Zwillingen, also bei völlig gleichen Erbanlagen, erkranken längst nicht immer beide an Asthma. Neben der Vererbung müssen offenbar weitere Faktoren eine Rolle spielen. Genau das bestätigen auch zahlreiche Untersuchungen:

Familienkrankheit

Vererbung und Umwelt

Bei der Asthmaauslösung spielen einerseits Vererbungsfaktoren eine Rolle, andererseits sind sog. Umweltfaktoren nicht zu übersehen. Hier mag auch eine Ursache für die weltweite Zunahme der Asthmaerkrankungen liegen.

Umweltfaktoren

Als bekanntes Beispiel sei hier die Zunahme von Asthma bei den Ureinwohnern in Neuguinea, den Papuas, angeführt: Als die Papuas noch in ihren gut belüfteten Strohhütten wohnten, war Asthma dort eine sehr seltene Erkrankung. Mit der Umsiedlung in feste Steinhäuser und der Verwendung von Wolldecken nahm die Asthmahäufigkeit dort innerhalb weniger Jahre um das Fünfzigfache zu. Als Ursache fand sich eine starke Zunahme von Allergien gegen Hausstaubmilben. Hausstaubmilben, eine der wichtigsten Ursachen für allergisches Asthma, lieben es warm und feucht. Sie mögen es also auch, wenn unsere Wohnungen immer besser wärmegedämmt sind. Dadurch sinkt aber nicht nur der Energieverbrauch, bei

Raumklima

unverändertem Lüftungsverhalten steigt dadurch beispielsweise die Luftfeuchtigkeit im Raum. Diese Änderung des Innenraumklimas in unseren Wohnungen kann zu einer Zunahme von Hausstaubmilben und damit von allergischem Asthma führen. Dies als ein Beispiel für die Rolle des Innenraumklimas (Wohnklima) auf die Asthmaentstehung. Und Innenräume sind inzwischen unsere wichtigste Umwelt, z. B. hält sich ein Kind in den USA durchschnittlich nur noch 20 Minuten pro Tag im Freien auf. Ein anderes wichtiges Beispiel wäre die zunehmende Kleintierhaltung in unseren Wohnungen. Das wichtigste Wohngift aber produzieren wir selber: Das Rauchen, insbesondere das Passivrauchen der Kinder! Dazu später mehr.

Kleintierhaltung

Rauchen

Aber auch Veränderungen unserer **Außenluft** werden mit der zunehmenden Asthmahäufigkeit in Verbindung gebracht. Hier bleiben auch für die Forscher noch viele offene Fragen. Noch nicht letztlich geklärt ist beispielsweise, warum Asthma in den alten Ländern der Bundesrepublik häufiger vorkommt als in den neuen Bundesländern, obwohl die Luftverschmutzung gerade in Städten wie Chemnitz, Leipzig oder Magdeburg ganz erhebliche Ausmaße angenommen hatte, die die der alten Bundesländer bei weitem überstieg. Offenbar wirken aber nicht alle Luftschadstoffe im gleichen Maße asthmaauslösend. So fand sich beispielsweise in den ostdeutschen Städten (Braunkohleverbrennung) eine Häufung von kindlichen Atemwegsinfekten und bronchitischen Erkrankungen, aber »echtes Asthma« war beispielsweise in Leipzig seltener als in München. Die Frage, warum das so ist, beschäftigt viele Forscher. Eine recht plausible Erklärung ist die folgende: In München und anderen westdeutschen Großstädten fand sich eine Allergiehäufung insbesondere entlang besonders befahrener Straßen. Tatsächlich gibt es Anzeichen dafür, daß Autoabgase Atemwegsallergien begünstigen können. In den neuen Bundesländern gab es zwar eine stärkere Luftverschmutzung durch Fabriken und Heizungsanlagen, aber eben deutlich weniger Autos. Bewiesen ist dies letztlich aber noch nicht, und viele Fragen sind noch offen.

Luftverschmutzung

Autoabgase

Die höchsten Autoabgaskonzentrationen finden sich übrigens im Auto selber. Schon das sollte ein Grund sein, seine Freizeit nicht jedes Wochenende auf der Autobahn zu verbringen.

Vorbeugung von Asthma

Für die Asthmaentstehung ist eine vererbbare Anlage bedeutsam, aber zusätzlich sind Umweltfaktoren von entscheidender Bedeutung. An Ihrer Erbanlage können Sie nichts ändern, Ihre Umwelt können Sie aber zumindest teilweise beeinflussen.

Welche praktischen Schlüsse können Sie daraus für sich und Ihre Kinder ableiten?
Nun, wenn Sie wissen, daß Ihre Kinder vermehrt gefährdet sind, an Asthma und Allergie zu erkranken, dann sollten Sie von vornherein alles unterlassen, was diese Bereitschaft noch stärkt.

Tips zur Vorbeugung

- Das fängt damit an, daß Allergiekranke oder Allergiegefährdete keine Haustiere mit Fell halten sollten. Es gibt in Deutschlands Wohnungen mehr Katzen als Kinder, dies ist sicher auch eine wesentliche Ursache für die Zunahme von Allergien.
- Atemwegsinfekte bei asthma- bzw. allergiegefährdeten Kindern müssen schnell und konsequent behandelt werden.
- Die Schlafzimmer sollten gut gelüftet, kühl und trocken sein, unnötige Staubfänger sind von vornherein zu meiden (Wachstum von Hausstaubmilben und Schimmelpilzen).
- Und natürlich darf in Ihrer Wohnung, insbesondere im Beisein von Kindern, nicht geraucht werden. Kinder rauchender Eltern erkranken nämlich häufiger an Allergien als Kinder von Nichtrauchern. Dies gilt offenbar auch für die Schwangerschaft. Wäre das nicht ein triftiger Grund, tatsächlich mit dem Rauchen aufzuhören? Selbstverständlich ist das Zigarettenrauchen auch für den Asthmatiker selbst schädlich, weil dadurch die chronische Schleimhautentzündung der Bronchien unterhalten und angeheizt wird.

Schutzfaktor: Stillen

- Stillen! Gestillte Kinder von Allergikern erkranken weniger häufig an allergischen Krankheiten: »Schutzeffekt des Stillens«.
- Es gibt auch spezielle Diäten in der Schwangerschaft und für das Kleinkind, welche eine gewisse Schutzwirkung haben sollen. Einzelheiten sollten Sie mit dem Kinderarzt besprechen.

Bei der Berufswahl ist unbedingt ein entsprechend qualifizierter Arzt als Berater hinzuzuziehen.
Es ist für allergiegefährdete Jugendliche ungünstig, Berufe mit einem hohen Allergierisiko oder einer starken Staubbelastung zu ergreifen:
Bäcker, Friseuse, Floristin, Schweißer, Steinmetz, Chemiearbeiter, Maler und Lackierer, aber auch Krankenschwester/Arzt oder Tiermediziner sind sicher nicht die geeigneten Berufe.
Alternativen liegen z.B. in kaufmännischen Berufen, Tätigkeiten im Büro und in der Datenverarbeitung, pädagogischen Berufe u.a.

Generelle Anweisungen sind aber im Einzelfall nicht hilfreich. Deshalb lassen Sie sich von einem Arzt beraten, der mit Asthma und Allergien spezielle Erfahrungen hat. Adressen können Sie z.B. über die Selbsthilfeverbände erfahren (s. Anhang). Schließlich kann Sie natürlich auch Ihr Hausarzt beraten, entweder selbst oder aber er verweist Sie an einen entsprechenden Kollegen.

Allergie auf Wespen- und Bienengift

Haben Sie einmal nach einem Bienen-/Wespenstich Atemnot, Schweißausbruch oder Schwindelgefühl bemerkt? Dann könnte bei Ihnen eine Insektengiftallergie vorliegen. Diese Krankheit ist durchaus gefährlich und muß unbedingt ärztlicherseits genau untersucht werden. Informieren Sie ggf. unbedingt Ihren Arzt! Er wird in diesem Falle eine spezielle Behandlung, Hyposensibilisierung, in die Wege leiten. Zusätzlich sollten Sie bei einer solchen Allergie ein entsprechendes Notfall-Set (Fastject®) mit einer Adrenalinspritze bei sich führen.

Meine Krankheitszeichen

Überblick

Das werden Sie in diesem Kapitel erfahren:
- Die Asthmakrankheitszeichen (Symptome)
- Die Selbstkontrolle der Asthmakrankheitszeichen
- Asthmaauslösefaktoren

Die typischen Asthmasymptome

Sie wissen bereits: Asthma kann verschiedene Gesichter haben. Deshalb denken viele Kranke auch trotz typischer Beschwerden gar nicht an die Möglichkeit, daß sie Asthma haben könnten.

Typische Krankheitszeichen

- **Atemnot**
  auch die »Asthmaatemnot« hat verschiedene Gesichter:
  - anfallsweise Atemnot (dies ist die klassische Atemnot bei Asthma, aber nicht die einzige)
  - nächtliche/morgendliche Atemnot (die Nacht und der frühe Morgen sind die kritischen Tageszeiten für den Asthmatiker)
  - Belastungsatemnot (und zwar oft erst einige Minuten, nachdem die Anstrengung bereits vorüber ist)
  - Daueratemnot (insbesondere bei schwerem Asthma und in fortgeschrittenem Erkrankungsstadium)
- **Husten**
  und zwar in der Regel ohne Auswurf
  - insbesondere nächtlicher Husten
  - Reizhusten
  - allgemeine Überempfindlichkeit der Atemwege:
  - z. B. Husten und Atemnot bei Nebel, Qualm, Zigarettenrauch, Autoabgasen u. a.

- **Engegefühl in der Brust**
- **»Pfeifen« und andere Atemgeräusche,** insbesondere bei der Ausatmung
- **zäher, glasiger Auswurf**
- **Leistungsschwäche**
- **Unruhe und Angst**

Letztlich sind die Symptome Folge der chronischen Schleimhautentzündung der Atemwege, die zu einer Überempfindlichkeit der Bronchien (bronchiale Hyperreagibilität) führt. Diese Entzündung ist zwar schmerzfrei, führt aber z.B. über vermehrte Schleimbildung oder Schleimhautschwellung zur Verengung der Atemwege und damit zu Atemnot oder Husten. Zusätzlich bewirkt die Überempfindlichkeit der Bronchien vermehrt Symptome auf oft ganz alltägliche Reize, d.h., Sie könnten Atembeklemmungen und Luftnot haben, z.B. wenn

- Sie Betten machen,
- Sie sich freuen, ärgern, aufregen,
- die Gräser oder Bäume blühen, Sie mit Ihren Haustieren spielen,
- Sie Atemwegsreizstoffe wie Abgase, Qualm, Nebel oder kalte Luft einatmen,
- Sie eine Erkältung haben,
- Sie Schmerz- oder Fiebermittel einnehmen oder
- ein Glas Wein trinken.

Die Liste könnte weitergeführt werden.

Asthma ist launisch: Krankheitszeichen und Verschlechterungsphasen

Neben den Krankheitszeichen, die insbesondere unter einer richtigen Therapie oft nur sehr milde sein können, sind die sogenannten Exazerbationen, also die Verschlechterungsphasen des Asthmas, ein typischer Bestandteil der Krankheit. Wer Asthma hat muß wissen: Die Krankheit verläuft wechselnd, es wird bessere Phasen geben, aber ich muß auch mit schlechteren Zeiten rechnen. Diese gehören sozusagen zum Asthma. Rechtzeitig erkannt, können aber auch diese Exazerbationen sehr gut in den Griff bekommen werden. Bei optimaler Therapie können solche Verschlechterungsphasen meist rechtzeitig abgefangen werden.

Wie zeigen sich die Verschlechterungsphasen?

Zeichen der Verschlechterungsphasen

Die Zeichen der bronchialen Überempfindlichkeit nehmen deutlich zu, d.h., Atemwegsreize bewirken deutlich stärkere und länger anhaltende Symptome als zuvor: Jetzt sind die oben geschilderten Krankheitszeichen sehr viel stärker ausgeprägt, oder aber sie haben sich im Charakter verändert. Sie leiden z.B. unter deutlich vermehrt und länger anhaltendem Husten (mit oder ohne Auswurf) oder Atemnot. Sie benötigen mehr Hübe Ihres »Asthmasprays«. Vielleicht liegt ein Atemwegsinfekt vor, vielleicht eine unerkannte Allergenbelastung. Die Peak-Flow-Werte sind »schlecht«. Das Peak-Flow-Meter ist ein Meßgerät zur Dauerüberwachung Ihrer Lungenfunktion. Darüber werden Sie noch ausführlich informiert.

Merke!

> **!** Das Wichtigste – Sie sind jetzt gefährdet. Ohne rasche und richtige Therapie laufen Sie Gefahr, in einen schweren Dauerasthmazustand zu geraten.

Das sind die Phasen der Asthmakrankheit, die zu einem Krankenhausaufenthalt und (wenn auch glücklicherweise sehr selten) zu – vermeidbaren – Asthmatodesfällen führen können.
Viele Asthmakranke registrieren nur diese Phasen als eigentliches Kranksein. Dabei sind sie nur die Spitze des Eisberges der chronischen Krankheit Asthma. Denn diese Exazerbationen sind Ausdruck der bronchialen Überempfindlichkeit, d.h., sie können so lange auftreten, solange die Atemwege chronisch entzündet sind.

Dauernde Behandlung ist nötig

Will man diese gefährlichen Phasen vermeiden oder zumindest abschwächen, ist eine entzündungshemmende Therapie auch dann anzuraten, wenn wenig oder keine Symptome zu spüren sind. Die Symptome alleine können also nicht Ziel der Asthmabehandlung sein.
Solche Verschlechterungsphasen werden typischerweise durch bestimmte Auslöser herbeigeführt, z.B. Infektionen, Atemwegsreizstoffe wie Zigarettenrauch, Luftschadstoffe, Abgase, Nebel, Inversionswetterlagen oder aber Allergene (über diese Auslöser werden Sie auf S. 45 in diesem Kapitel noch mehr erfahren).
Natürlich gilt es, solche Auslöser möglichst zu meiden, das bedeutet z.B. Verzicht auf das Rauchen, richtige Verhaltensweisen in Haus, Hobby und Beruf (vgl. Seite 189).
Bei allergischem Asthma ist ggf. eine Wohnungssanierung

erforderlich, z.B. bei Hausstaubmilbenallergie (vgl. Allergikertrainingsprogramm).
Leider ist das Vermeiden von Auslösern bzw. Allergenen aber oft schwierig bzw. nur teilweise möglich.

Verschlechterungsphasen (Exazerbationen) müssen möglichst frühzeitig erkannt werden. Sie sind die gefährlichen Phasen der Asthmaerkrankung! Nicht rechtzeitig erkannt bzw. zu spät behandelt, können sie zu schweren Krankheitsschüben, im schlimmsten Fall sogar zum Asthmatod führen.

Selbstbeobachtung ist lebensnotwendig!

Die Gefahr der Asthmaexazerbation kann aber für Asthmatiker das ganze Leben bestehen. Sie müssen also lernen, eine drohende Exazerbation zu erkennen und rasch und entschieden zu reagieren. Die Behandlung, die für eine Beschwerdefreiheit während einer stabilen Krankheitsphase notwendig ist, nennen wir die **Basistherapie**. Sie als Asthmakranker müssen also lernen, wann diese Basistherapie nicht mehr ausreichend ist und welche zusätzlichen Maßnahmen dann zu ergreifen sind. Das wird auf den Seiten 63ff. ausführlich behandelt werden.
Je früher eine Exazerbation erkannt wird, desto besser kann sie behandelt werden. Für die Früherkennung einer drohenden Exazerbation gibt es drei Warnsignale:

- **Krankheitszeichen** (Husten, Auswurf, nächtliches Erwachen wegen Husten oder Atemnot u.a.)
- **Peak-Flow-Messung** (s. Seite 146ff.)
- wenn Sie mehr Hübe von Ihrem bronchienerweiternden Dosieraerosol (Asthmamedikament zum Einatmen) brauchen als normalerweise, d.h. in der Regel mehr als 4 × 2 Hübe/Atemzüge. Dies nennen die Ärzte einen **erhöhten Dosieraerosolbedarf.**

Diese drei Warnsignale sollten von Ihnen sozusagen täglich überprüft werden, das muß Ihnen in Fleisch und Blut übergehen:

1. tägliche Überprüfung des Peak-Flow-Wertes,
2. täglicher Check up bezüglich neu auftretender Krankheitszeichen,
3. reichen (z.B.) meine 4 × 2 Hübe vom »Asthma-Spray«?

Wenn diese 4 × 2 Hübe aber nicht ausreichen, sollten Sie dies Ihrem Arzt keinesfalls verheimlichen. Ihre bisherige Therapie reicht nicht mehr aus. Es muß also etwas geschehen, sonst rutschen Sie immer tiefer in die »Exazerbation«. Eine heimliche Dosissteigerung auf mehr als 10, 20 oder mehr Hübe ist meist nicht nur wirkungslos, sondern kann auch gefährlich sein.

Das gleiche gilt, wenn Sie plötzlich fast jede Nacht wegen Husten oder wegen Atemnot aufwachen. Sagen Sie das Ihrem Arzt, denn das sind Warnsignale. Ihr Asthma ist nicht mehr stabil. Man kann es aber wieder stabilisieren! So gesehen haben Symptome auch ihr Gutes, richtig verstanden und erkannt sind Sie wichtige Wegweiser in der Asthmatherapie. Deshalb sollen Sie lernen, solche Krankheitszeichen als Frühwarnzeichen einer drohenden Asthmaverschlechterung rasch zu erkennen und rechtzeitig darauf zu reagieren, damit die drohende Exazerbation gar nicht erst auftritt. Unter dieser Voraussetzung können Sie Ihre Krankheit für den Rest des Tages vergessen. Doch zuvor tragen Sie (als Grundlage für das nächste Arztgespräch) den Peak-Flow-Wert, die Zahl der nötigen Bedarfshübe des Dosieraerosols und den »Gesundheitszeichen-Check-up« in Ihr Patiententagebuch ein (Patiententagebücher können Sie gegen einen geringen Unkostenbeitrag bei der Deutschen Atemwegsliga anfordern [Adresse s. Anhang], oder aber Sie fragen Ihren Arzt danach).

Symptome als Warnzeichen erkennen

! Die Krankheitszeichen (= Symptome) entstehen durch Atemwegsüberempfindlichkeit und verengte Atemwege infolge einer chronischen Bronchialschleimhautentzündung.
Ein Ziel der Behandlung ist weitestmögliche Symptomfreiheit. Dazu wird die Basistherapie durchgeführt. Auftreten von Symptomen unter dieser Basistherapie kann Ausdruck einer drohenden Exazerbation (Verschlechterungsphase der Asthmakrankheit) sein. Hier sind die Symptome also wichtige Warnsignale, um die Therapie an die neue Situation anzupassen.

Merke!

Mögliche Auslöser von Verschlechterungsphasen

Infolge der Überempfindlichkeit der Bronchien beim Asthma bronchiale können sowohl kurzfristige Krankheitszeichen als auch längere Asthmaverschlechterungsphasen durch bestimmte Auslöser gefördert werden. Diese gilt es natürlich zu vermeiden. Eine Übersicht über mögliche Auslöser gibt die folgende (natürlich nicht vollständige) Auflistung.

- **Irritativ toxische Auslöser** (nicht-allergische Atemwegsreizstoffe)   **Auslöser**

Haushalt	*Freizeit Hobby*	*Verkehr*	*Berufsbelastungen*
»scharfe« Putzmittel, Bratendunst, Staubsaugen, aktives und passives Zigarettenrauchen	Kleber Lötdämpfe, Farben, Lacke, Staub	Abgase	Staub, Qualm, Nebel, Dämpfe, Zugluft u. v. a.

- **Allergene** (s. Seite 29 und Allergikertrainingsprogramm)
- **Intoleranzreaktionen** (s. Seite 29)
- **Infektbelastung**
  - Alle Infekte der oberen und tiefen Atemwege können Asthma verschlechtern.
- **Medikamente**
  - Schmerz-, Rheuma-, Fiebermedikamente
  - Betablocker (werden eingesetzt bei: Bluthochdruck, Herzrhythmusstörungen oder Herzdurchblutungsstörungen, in manchen Augentropfen gegen grünen Star und als Medikament gegen Zittern)

> **!** Bei jedem neuen Medikament fragen: Kann dadurch mein Asthma verschlechtert werden?
> Dies kann auch Ihr Apotheker beantworten.

Merke!

Wie stellt der Arzt Asthma fest?

Überblick

Das werden Sie in diesem Kapitel erfahren:
- Die verschiedenen Untersuchungsmethoden bei Asthma
- Warum ist eine sichere Diagnose so wichtig?
- Was kann ich selber zur sicheren Diagnosefindung beitragen?

Das Leben auf Asthma einstellen

Asthma ist eine wechselnde Verengung der tiefen Atemwege infolge einer Überempfindlichkeit der Atemwegsschleimhaut. Die Überempfindlichkeit entsteht infolge einer chronischen Entzündung der Bronchialschleimhäute (vgl. Seite 25). Diese Entzündung ist chronisch, d.h. eventuell lebenslang vorhanden. Das bedeutet, daß sich an die Diagnosestellung Asthma bronchiale eine langfristige, meist sogar lebenslange Behandlung anschließen muß. Diese Behandlung umfaßt die Vermeidung bestimmter Auslöser und die regelmäßige Durchführung einer medikamentösen Therapie. Darüber hinaus müssen Sie viele praktische Fertigkeiten wie das richtige Inhalieren, die Krankheitsverlaufsbeobachtung, die selbständige Therapieanpassung und die Selbsthilfetechniken beim akuten Asthmaanfall lernen. Bei allergischen Ursachen müssen eventuell liebe Gewohnheiten verändert werden (z.B. Wohnungssanierung bei Hausstaubmilbenallergikern), eventuell auf Haustiere verzichtet werden. Möglicherweise muß sogar der Beruf gewechselt werden. Kurz: Die Diagnose Asthma bronchiale kann Ihr ganzes Leben verändern.
Solche einschneidenden Veränderungen werden Sie aber nur dann akzeptieren, wenn die Diagnose Asthma ganz sicher ist. Und das ist manchmal gar nicht so einfach. Zwar haben Sie die Krankheitszeichen des Asthma bronchiale im letzten Kapitel kennengelernt, diese Krankheitszeichen kommen aber keineswegs ausschließlich bei Asthma vor. Man könnte viele Krank-

heiten mit Husten und Atemnot aufzählen, als häufigste seien hier nur Herzerkrankungen, die akute und die chronische Bronchitis und viele andere Lungenerkrankungen genannt. Auch Fremdkörper, z.B. »verschluckte« Knochensplitter, Murmeln, oder sogar Tumoren in den Atemwegen können asthmaähnliche Krankheitszeichen verursachen. Die Diagnose Asthma bronchiale kann nicht zwischen »Tür und Angel« durch einmaliges Abhorchen gestellt werden. All die oben geschilderten Konsequenzen erfordern eine sichere Diagnosestellung, d.h. eine gründliche Untersuchung durch einen Arzt, der mit dieser Krankheit wirklich vertraut ist. Im Zweifelsfall wenden Sie sich am besten an einen »Fachmann«, also einen Facharzt mit der Bezeichnung Lungen- und Bronchialheilkunde (Pneumologe).

Gründliche Diagnostik erforderlich

Zweck der ärztlichen Untersuchung:
- Haben Sie wirklich Asthma (oder eine andere Krankheit)?
- Was sind die Ursachen und die Auslöser? (Kann man sie vermeiden?)
- Wie schwer ist Ihr Asthma? (Davon hängt entscheidend die notwendige Therapie ab.)
- Ist die derzeitige Therapie richtig?

Ziele der ärztlichen Untersuchung

»Diagnose – Dreisprung«

Der Arzt wird folgendes tun:
1. Erhebung der Krankenvorgeschichte
2. Körperliche Untersuchung
3. Apparative Untersuchungen

Erhebung der Krankheitsgeschichte

Zunächst einmal wird der Arzt Sie gezielt befragen:

Die folgenden Aspekte einer solchen Befragung sind nur ausgewählte Hinweise, damit Sie sich auf diese Untersuchung gut vorbereiten können. Es gilt nämlich: Je besser ich dem Arzt bei der Erhebung meiner Krankengeschichte hilfreich sein kann, um so sicherer und schneller gelangt er zu der richtigen Diagnose. Ideal ist es also, wenn ich mir vorher ein paar Notizen zu den folgenden Punkten mache.

Krankheitsbeginn und Krankheitsverlauf	Wann haben Ihre Beschwerden begonnen? Mit welchen Krankheitszeichen? Sind Allergien bekannt? Hatten Sie zuvor einen Infekt? (»Grippe«) Neigen Sie zu Infekten? Haben Sie häufig Schnupfen oder Kieferhöhlenentzündungen?
Familie	Gibt es in Ihrer Familie, d. h. bei Eltern, Geschwistern oder Kindern, Asthmaerkrankungen oder Allergien?
Kindheit	Hatten Sie als Kind ein Ekzem, Milchschorf oder Heuschnupfen? War eine Allergie bekannt? Hatten Sie als Kind Asthma oder Bronchitis (Husten)?
Allergiehinweise	Wann treten Ihre Beschwerden auf, d. h. zu welcher Jahreszeit, bei welchen Tätigkeiten? Bessern sie sich im Urlaub oder am Wochenende?
Auslöser (Medikamente)	Gibt es Umstände oder Faktoren (Beruf, Freizeit), die Ihre Beschwerden verschlimmern (z. B. Infekte) oder verbessern (z. B. Urlaub an der See, im Hochgebirge, im Mittelmeerraum)? Vertragen Sie Schmerz-, Rheuma- oder Fiebermedikamente? Haben Sie einen Zusammenhang mit Nahrungs- oder Genußmitteln bemerkt (z. B. alkoholische Getränke, Fisch, Nüsse)?
Auslöser (Beruf/Hobby)	Was machen Sie beruflich? Haben Sie Haustiere? Vogelhaltung? Ist Ihre Wohnung feucht? Haben Sie viele Pflanzen in der Wohnung?
Rauchen	Rauchen Sie? Wie lange? Wieviel?
Kontakt mit Atemwegsreizstoffen	

Diese (und eventuell auch weitere) Fragen helfen dem Arzt, die Ursache des Asthmas besser einzugrenzen.
Und damit er ein Bild vom Schweregrad Ihrer Erkrankung hat, sollte er von Ihnen erfahren:

- Wie oft treten die Beschwerden auf?
  täglich? – wie oft pro Woche?
- Gibt es beschwerdefreie Phasen oder leiden Sie unter dauernden asthmatischen Beschwerden?
- Wachen Sie nachts wegen Atemnot oder Husten auf?
  Wie oft?
  täglich – wie oft pro Woche?
- Haben Sie Atemnot/Husten bei oder nach einer Belastung?
- Haben Sie Atemnot/Husten bei Nebel, kalter Luft, Staub, Qualm?

Dieser Fragenkatalog, selbst wenn er Ihnen lang erscheint, ist nicht vollständig. Wenn auch auf den ersten Blick etwas langweilig, so ist doch die Krankheitsvorgeschichte für die richtige Asthmabehandlung unentbehrlich. Ein erfahrener Arzt kann allein aufgrund dieser Befragung mit hoher Sicherheit die Verdachtsdiagnose Asthma stellen oder verwerfen. Und mehr noch: Er bekommt wesentliche Informationen über Ursachen und Auslöser der Beschwerden. Zudem erfährt er Entscheidendes über den Schweregrad Ihrer Krankheit. Ohne diese Informationen kann es keine richtige Behandlung geben! »Vor die Behandlung haben die Götter die Diagnose gestellt!« Und bei keinem Schritt der Diagnosestellung, d.h. dem Auffinden der zutreffenden Erkrankung, ist der Arzt so sehr auf Ihre Mitarbeit angewiesen, wie bei der Erhebung der Krankheitsvorgeschichte.

Je besser die Informationen, desto sicherer die Diagnose, desto besser die Therapie

Der praktische Tip

Scheuen Sie also nicht den Aufwand, eine kleine handgeschriebene Liste für Ihren Arzt vorzubereiten. Denken Sie auch an eventuelle Vorbefunde wie Röntgenbilder, Laborwerte und Allergietestbefunde. Notieren Sie sich ggf. Ihre Medikamente. Wenn Sie bereits eine Peak-Flow-Meter-Kurve führen, dann bringen Sie diese zur Untersuchung mit.

Körperliche Untersuchung

Körperliche Untersuchung
Als nächster Schritt der ärztlichen Untersuchung folgt in der Regel eine ausführliche körperliche Untersuchung. Diese umfaßt neben dem Anschauen des Patienten vor allem das Abklopfen und Abhorchen der Lunge. Spezielle Vorbereitungen Ihrerseits sind hier nicht erforderlich.

Apparative Untersuchungen

Apparative Untersuchungen
Dann erfolgen die apparativen Untersuchungen. Welche Untersuchungsmethode für sie erforderlich ist, muß der Arzt im Einzelfall entscheiden. Auch hier gilt die Eingangsfrage: Haben Sie wirklich Asthma, oder verbirgt sich hinter der Atemnot oder dem Husten eine ganz andere Erkrankung. So kann z.B. ein Röntgenbild, ein EKG oder im Einzelfall auch eine Bronchienspiegelung erforderlich sein. Hier können und müssen Sie sich auf Ihren Arzt verlassen, Patentrezepte über die erforderlichen apparativen Untersuchungen sind nicht sinnvoll.

Lungenfunktionsuntersuchungen

Etwas näher eingehen möchten wir aber auf die sog. Lungenfunktionsdiagnostik, damit Sie wissen, warum diese Untersuchungen erforderlich sind. Da gibt es zunächst die sogenannte Ruhe-Lungenfunktionsuntersuchung. Dabei müssen Sie, nach genauen Anweisungen durch die technische Assistentin, über ein Mundstück in einen »Atemstrommesser« hineinatmen. Es gibt dafür zahlreiche Untersuchungsgeräte. Teilweise sitzen Sie in einer Glaskammer, teilweise handelt es sich bei dem Lungenfunktionsgerät auch nur um einen kleinen Tischapparat (Abb. 6 a, b).
Wichtig für Sie: Der Arzt kann mit diesen Geräten feststellen, ob eine Atemwegsverengung vorliegt oder nicht.

Bei Atembeschwerden oder Husten ist diese sogenannte Ruhe-Lungenfunktionsprüfung ein Muß. Sollte dies bei Ihnen noch nicht durchgeführt sein, so fragen Sie nach einer solchen Untersuchung.

Neben der Ruhe-Lungenfunktionsprüfung sind für Sie noch weitere spezielle Lungenfunktionsuntersuchungen von Interesse:
1. der »unspezifische Provokationstest«
2. der »Bronchospasmolysetest«
3. das »Peak-Flow-Meter«.

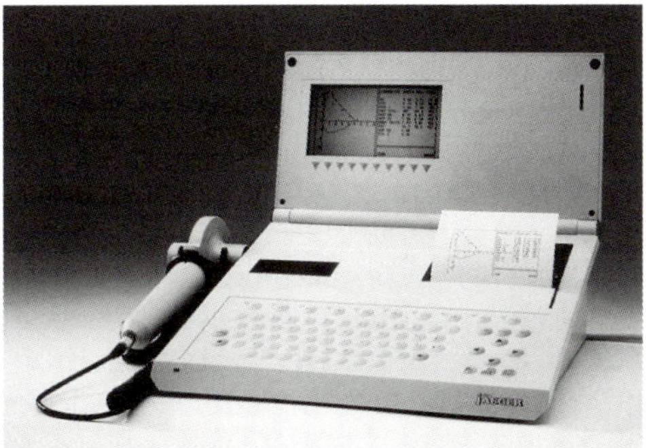

a) Spirometer

Abb. 6 a, b
Lungenfunktionsmessung.
Es gibt verschiedene Methoden und verschiedene Geräte zur Messung der Lungenfunktion. Zweck ist die Bestimmung des Atemwegswiderstandes und des Luftgehaltes der Lunge.

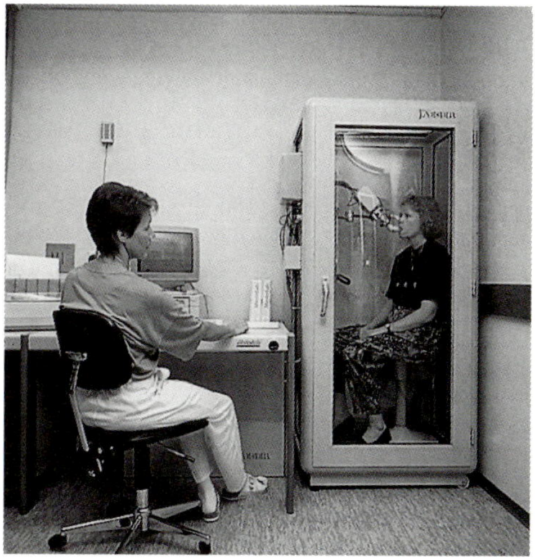

b) Bodyplethysmograph

1. Unspezifischer Provokationstest

Das Typische an Asthma ist die Variabilität der Beschwerden: Mal hat man schwere Atemnot, und pfeifende Atemgeräusche sind deutlich zu hören, mal ist man beschwerdefrei, und der Arzt findet völlig normale Atemgeräusche. Hier kann der unspezifische, d. h. nicht auf spezielle allergische Ursachen prüfende Provokationstest weiterhelfen. Asthma ist eine Überempfindlichkeit der Bronchien infolge einer chronischen Atemwegsentzündung. Diese Überempfindlichkeit kann man messen. Beim Einatmen bestimmter Testsubstanzen (Acetylcholin, Carbachol, Histamin, kalte Luft u. a.) reagieren Gesunde anders als Menschen mit einem überempfindlichen Bronchialsystem. Beim unspezifischen bronchialen Provokationstest werden wiederholte Lungenfunktionsmessungen durchgeführt, nachdem sie eine solche Testsubstanz in steigender Dosis eingeatmet haben. Dabei wird jedesmal der Atemwegswiderstand gemessen. Steigt der Atemwegswiderstand bei Ihnen nach dem Einatmen dieser Testsubstanzen deutlich schneller an als bei einem Gesunden, dann nennt der Arzt dies »überempfindliches Bronchialsystem«. Findet sich kein überempfindliches Bronchialsystem, so ist die Diagnose Asthma unwahrscheinlich, der Arzt muß nach anderen Ursachen Ihrer

Überprüfung der Empfindlichkeit des Bronchialsystems

Beschwerden suchen. Andererseits: Ein überempfindliches Bronchialsystem allein, d. h. ohne die typischen Asthmakrankheitszeichen, beweist die Diagnose Asthma bronchiale noch nicht. Und auch bei anderen Krankheiten kann ein überempfindliches Bronchialsystem vorkommen, ja selbst bei »Gesunden«.

Findet sich jedoch bei chronischem morgendlichen Reizhusten oder wiederholten Atembeklemmungen der Befund eines überempfindlichen Bronchialsystems, so ist ein Asthma bronchiale sehr wahrscheinlich. Eine Behandlung sollte eingeleitet werden.

Nebenwirkungen nicht relevant

Dieser Test ist ein wichtiger Mosaikstein bei der Diagnosefindung. Es kann also durchaus erforderlich sein, Ihre Bronchien etwas zu reizen, auch wenn das auf den ersten Blick eher unnötig erscheint. Unter ärztlicher Aufsicht sind bei diesem Provokationstest relevante Nebenwirkungen nicht zu befürchten.

2. Bronchospasmolysetest

Ist die Atemwegsverengung rückbildbar?

Ist bereits in der Ruhe-Lungenfunktionsprüfung (s. o.) eine Atemwegsverengung vorhanden, dann ist ein unspezifischer Provokationstest nicht sinnvoll. Vielmehr muß der Arzt dann feststellen, ob dieser erhöhte Atemwegswiderstand sich auch wieder normalisieren kann. Er wird Sie daher ein bronchialerweiterndes Medikament einatmen lassen und anschließend die Lungenfunktionsmessung wiederholen: Ist die Atemwegsverengung rückbildbar? Diesen Test nennt der Arzt Bronchospasmolysetest.

3. Peak-Flow-Meter

Das ist die Methode, mit welcher der Patient seine Lungenfunktion selber kontrollieren kann. Dies kann einerseits dem Arzt bei der Diagnose helfen, andererseits ermöglicht diese

Eigene Kontrolle möglich

Methode Ihnen eine fortlaufende selbständige Kontrolle Ihrer Erkrankung. Das ist für Sie von entscheidender Bedeutung, und weil dies so ist, haben wir dem Peak-Flow-Meter ein eigenes Kapitel eingeräumt.)

Blutgasanalyse

Der »Sauerstoffgehalt« im Blut kann heute mittels einer Blutentnahme am Ohrläppchen rasch bestimmt werden. Dies hat bei Asthma vor allem bei den schweren Verlaufsformen oder aber bei einem akuten Asthmaanfall eine Bedeutung für die dann notwendige Behandlung.

Einige Worte noch zur **Allergiediagnostik**: Entscheidend ist auch hier die Krankenvorgeschichte. Ein Allergologe (Arzt für allergische Erkrankungen) wird Sie ausführlich befragen: »Wann und wo treten die Beschwerden auf, wodurch wird es schlechter, wann wird es besser, Familie, Beruf, Hobbies usw.« Erst dann erfolgen Hauttestungen und ggf. Blutuntersuchungen. Bei diesen »Allergietestungen« werden die allergietypischen krankhaften Abwehrstoffe nachgewiesen. Wieso diese bei einer Allergie entstehen, haben Sie auf S. 27 f. gelernt, weitere Einzelheiten finden Sie im Anhang (Allergikertrainingsprogramm). Da es aber unzählige mögliche Allergene (Allergiestoffe) gibt, muß in der zuvor erfolgten Befragung schon eine gewisse Eingrenzung der verdächtigen Stoffe erfolgt sein. Bei den sog. **Hauttestungen** werden verschiedene Methoden unterschieden, u. a.:

Allergiediagnostik

Reibetest: z.B. mit Tierhaaren (bei einer hochgradigen Allergie entsteht ca. 10 Min. später eine umschriebene Quaddel, also eine Hautrötung mit Blasenbildung). Ein negativer Ausfall dieses Testes (= kein Auftreten einer solchen Reaktion) schließt aber eine Allergie nicht aus!

Pricktest: Der gelöste Allergiestoff wird auf die Haut getropft. Diese wird dann mit einer feinen Nadel angestochen, damit gelangt das Allergen in die Hautschicht. Finden sich hier die

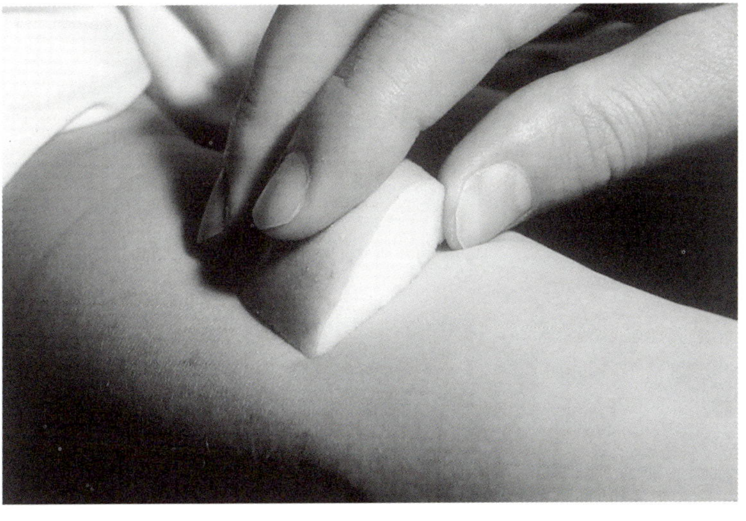

Abb. 7 Verschiedene Formen der Hauttestungen bei der Allergiediagnostik. a) Reibetest: fällt nur bei sehr starker Sensibilisierung positiv (d.h. mit krankhafter Reaktion) aus

krankhaften Abwehrstoffe gegen das Allergen, so entsteht eine örtliche Entzündungsreaktion. Die Folge ist eine Hautrötung und Quaddelbildung innerhalb weniger Minuten. (Abb. 7 b).

Abb. 7 b) Pricktest

Intracutan-Test: Diese Allergenlösung wird direkt in die Haut eingespritzt, daher ist dieser Test viel empfindlicher als der Pricktest. Dieser Test ist aber aufwendiger und nicht völlig risikolos.

Abb. 7 c) Intracutan-Test

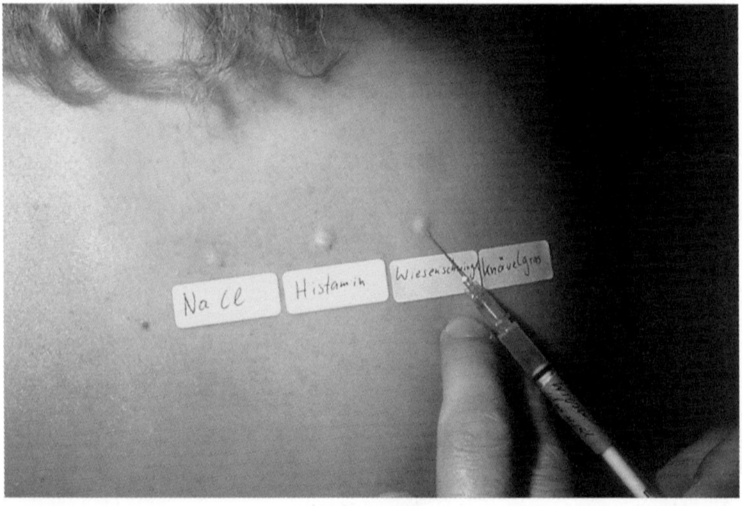

Im Blut werden die krankhaften Abwehrstoffe (Ig E Antikörper) mit dem sog. **RAST-Test** nachgewiesen.

Wichtig!

- **Haut- und Bluttestungen** sind nur Mosaiksteine bei der Diagnosestellung eines allergischen Asthmas. Alleine besagen sie wenig. Zudem können sie falsche oder irreführende Ergebnisse erbringen. Viel wichtiger ist in der Regel die Krankheitsvorgeschichte. Und da sind Sie wieder gefordert! Wann, wo, wodurch? Ggf. ist das Führen eines Allergietagebuches erforderlich, um Indizien zu sammeln. Allergiediagnostik ist oft eine Art Detektivarbeit. Und dabei müssen beide mittun: Arzt und Patient. Hilfreich kann hier auch die Peak-Flow-Meter-Messung sein.
- Finden sich krankhafte Haut- oder Bluttests, so beweisen diese noch keinesfalls, daß Ihr Asthma dadurch ausgelöst wird. So können beispielsweise diese Tests »positiv auf Hausstaubmilben oder Schimmelpilzsporen« ausfallen, ohne daß hier wirklich ein Zusammenhang besteht. Vor Durchführung langwieriger, komplizierter und auch kostspieliger Therapiemaßnahmen wie Wohnungssanierungen und Hyposensibilisierungsbehandlungen sind hier sog. **spezifische Provokationstestungen** erforderlich. Dabei werden die fraglichen Allergene entweder auf die Nasenschleimhaut gebracht oder aber direkt eingeatmet. Nur wenn diese Testungen »positiv«, d.h. mit krankhaftem Resultat, ausfallen, ist die Bedeutsamkeit der Sensibilisierung für das Asthma gesichert. Dann aber müssen ggf. alle Register der Allergiebehandlung gezogen werden – aber eben nur dann (vgl. Allergikertrainingsprogramm im Anhang).

Wie wird eine Atemwegsallergie sicher festgestellt?

Spezifische Tests nur beim Spezialisten

Aber: Diese spezifischen Provokationstestungen (nicht zu verwechseln mit der allgemeinen Allergietestung und dem unspez. Provokationstest) sind durchaus nicht ungefährlich und sollten nur von erfahrenen, allergologisch ausgebildeten Ärzten durchgeführt werden. Am besten geschieht dies in einer Klinik.

»Bei mir wurde viel weniger und kürzer untersucht«, so mag der eine oder andere jetzt sicher denken. Gut, der

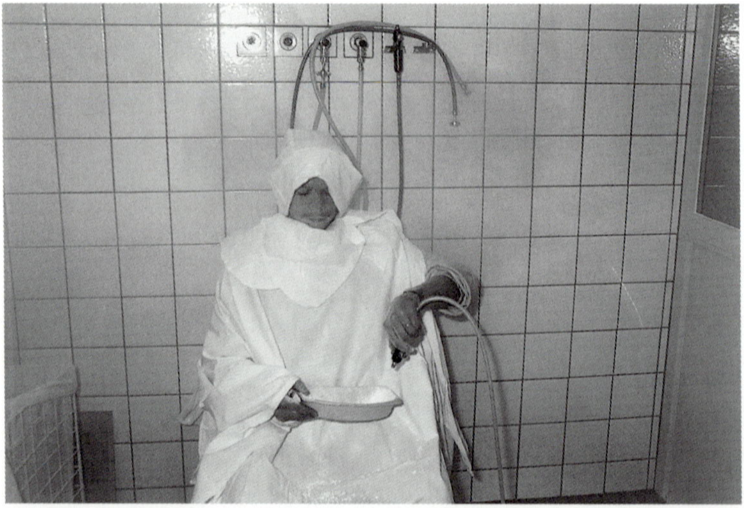

Abb. 8 Spezifischer Provokationstest bei Verdacht auf Bäckerasthma

erfahrene Arzt kann dieses Programm im Einzelfall sicher auf den einzelnen Patienten maßgeschneidert kürzen und straffen. Aber – manchmal fehlt eben tatsächlich Zeit. Helfen Sie daher Ihrem Arzt durch eigene Informationen und Fragen. Je besser Sie über den Untersuchungsgang beim Asthma informiert sind, um so mehr können Sie als Partner bei der Diagnose und Therapiekontrolle mitarbeiten. Die Behandlung wird dadurch besser. Nur Mut – fragen Sie, ergänzen Sie. Machen Sie sich zu den einzelnen Punkten Notizen. Fragen Sie ggf. auch Ihre Eltern, z.B. nach Allergien in der Familie oder ob bei Ihnen als Kleinkind Milchschorf oder ein Ekzem aufgefallen ist. Überlegen Sie, wann (Jahreszeit, Tageszeit, Tätigkeiten usw.) Ihre Asthmaanfälle auftreten. Führen Sie ein Symptomtagebuch.

Der mündige Patient: Partner des Arztes

Schreiben Sie sich auch die ärztlichen Untersuchungsergebnisse auf, oder lassen Sie sich Befundkopien aushändigen und bewahren Sie diese sorgfältig auf: »Vor 5 Jahren bin ich allergiegetestet worden – aber das Ergebnis der Allergiediagnostik kenne ich nicht«, das sollten Sie als mündiger Patient nicht sagen müssen.

Meine Behandlung

Wissen und Verhalten

Das Behandlungsprinzip – Was ist das Entscheidende?

Asthma ist in der Regel eine lebenslange Erkrankung, daher muß auch die Behandlung lebenslang erfolgen.

Überblick

Die drei Behandlungsziele

- **Vermeidung von Asthmakrankheitszeichen,** d. h.
  - keine Asthmaanfälle, insbesondere keine schweren oder bedrohlichen Anfälle
  - kein Erwachen wegen Husten oder Atemnot
  - normale körperliche Belastbarkeit, z.B. sollte Sporttreiben möglich sein
- **bestmögliche Befunde bei der Lungenfunktionsprüfung**
  - Ihre Peak-Flow-Meter-Kurve ist optimal
  - möglichst normale Lungenfunktionswerte (regelmäßige Arztkontrolle)
- **Vermeidung von Dauer- und Spätschäden**
  Kurzum: Ziel der Asthmatherapie ist weitgehende Beschwerdefreiheit, jetzt und in Zukunft.

Ziel der Asthmatherapie:
– keine Krankheitszeichen
– normale Lungenfunktionswerte
– keine Spätschäden

Dieses Ziel ist nur über die konsequente und langfristige Behandlung der chronischen Entzündung der Bronchialschleimhaut zu erreichen. Dazu sind

- **Verhaltensmaßnahmen** erforderlich, z.B. die weitestmögliche Meidung von Tätigkeiten und Situationen, welche zu Atemwegsreizungen führen. Das kann z.B. Allergenvermeidung bedeuten, aber auch richtige Berufswahl und die bestmögliche Gestaltung der Wohn- und Lebenssituation.
- meist zusätzlich noch dauerhafte medikamentöse Behandlungen notwendig.

Wichtiges Konzept

- Ergänzt wird dieses Konzept durch die nichtmedikamentöse Therapie, z. B. atemtherapeutische Maßnahmen, regelmäßige sportliche Betätigung und Maßnahmen zur Steigerung der allgemeinen Abwehrlage.
- Unabhängig davon müssen Sie die medikamentösen und nichtmedikamentösen Notfallmaßnahmen beherrschen.

Asthmatherapie ist also nie eingleisig.
Die Ärzte sprechen deshalb auch vom »Asthmamanagement«.

Damit so ein mehrgleisiges Konzept funktionieren kann, ist Ihr Wissen über die Behandlungsstrategie und dessen praktische Umsetzung die Grundlage der gesamten Asthmatherapie. Natürlich werden Sie immer wieder in vielen Einzelfragen die Hilfe und den Rat Ihres Arztes brauchen, aber die Grundrichtung der Behandlung muß auch Ihnen klar sein!
Bei der Behandlung des Asthma bronchiale unterscheiden wir vier verschiedene therapeutische Säulen:

Asthmamanagement

Die vier Säulen des erfolgreichen Asthmamanagements

- Ärztlich begleitetes Selbstmanagement der Erkrankung. Darunter verstehen wir Wissen und Mitarbeit des Patienten, mit dem Ziel einer der Krankheit angepaßten Lebensführung. Kernpunkte sind die Selbstkontrolle und – die mit dem Arzt abgesprochene – Selbstanpassung der Behandlung. Grundlage dafür ist eine dauerhafte und tragfähige Arzt/Patientenbeziehung
- Ursächliche Behandlung (Meiden allergischer und nicht-allergischer Krankheitsursachen und -auslöser)
- Medikamentöse Therapie
- Nichtmedikamentöse Therapie

Lernen, mit der Krankheit bestmöglich zu leben
Ärztlich begleitetes Selbstmanagement
An vorderster Stelle steht Ihre Fähigkeit, die chronische Krankheit weitgehend selbständig zu »managen«. Diese Fähigkeit gilt es zu entwickeln. Nur mit Ihrer aktiven Mit-

hilfe und mit Ihrem praktischen Durchführen sind die anderen Therapiesäulen effektiv.

Aber das wollen Sie ja, sonst würden Sie dieses Buch nicht lesen. Und darin dürften Sie, sofern Sie es wirklich sorgfältig bis hierher durchgelesen haben, bereits weit fortgeschritten sein. Sie wissen also:

Patient muß lernen: Krankheit einschätzen und Therapie anpassen

Asthma ist eine chronische, jahrelang bestehende Erkrankung. Zudem ist der Verlauf sehr wechselhaft. Die Therapie muß dem wechselnden Krankheitsverlauf immer wieder erneut angepaßt werden. Dies ist nicht die Ausnahme, sondern die Regel, und zwar oft lebenslang!

Sie müssen also lernen, Ihren Zustand richtig einzuschätzen und Ihre Therapie dem aktuellen Schweregrad Ihrer Krankheit immer wieder neu anzupassen.

Außerdem kann die beste Therapie nur wirken, wenn sie korrekt durchgeführt wird. Dies ist nicht leicht, zumal die Therapie bei Asthma immer ein ganzes Bündel von Maßnahmen darstellt: »Wie vermeide ich Asthmaanfälle? Wie verhalte ich mich bei einer Verschlechterung? Wann muß ich zum Arzt? Inhaliere ich richtig?« ...

Asthmatikerschulung

All dies erfordert eine konzentrierte und zeitaufwendige Beschäftigung mit der Krankheit Asthma. Am besten geht dies mit Hilfe einer sogenannten Asthmatikerschulung. Darunter versteht man ein systematisches Unterweisen und Trainieren von Asthmakranken durch speziell ausgebildete Schulungskräfte, meist Ärzte oder Krankenschwestern. Näheres dazu finden Sie ab Seite 164.

Merke!

! Ohne Ihr Wissen um die Behandlung geht nichts – aber Wissen allein reicht nicht aus.

- Einerseits müssen bestimmte Fertigkeiten regelrecht eingeübt werden, z. B. die richtige Inhaliertechnik, der richtige Gebrauch des Peak-Flow-Meters, die selbständige Therapieanpassung u. a.
- Andererseits muß schließlich das Gelernte und Geübte auch im Alltag umgesetzt werden, d. h. das richtige Verhalten im Alltag soll das Resultat einer Asthmatikerschulung sein.
- Dies erfordert zunächst einmal das Akzeptieren der chronischen Krankheit. Vier rasch geschriebene Worte, in Wirklichkeit aber oft ein langwieriger und oft schmerzlicher psychologischer Vorgang.

Am Anfang jedoch steht das Wissen um diese Dinge – da wird Ihnen dies Buch sehr helfen. Wollen Sie aber weiterkommen, dann fragen Sie Ihren Arzt nach Möglichkeiten einer ambulanten Schulung für Asthmakranke in der Nähe Ihres Wohnortes.

Ursächliche Behandlung

Asthma entsteht infolge einer chronischen Entzündung der Bronchialschleimhaut. Diese kann durch allergische Auslöser verursacht sein oder aber durch nicht-allergische, wie wiederholte Infekte, aber auch chronische Atemwegsreize. Warum letztlich bei einem Menschen aus wiederholten Atemwegsinfekten ein Asthma wird, wissen auch die Ärzte nicht genau. Klar ist jedoch: Wenn Sie Asthmatiker sind, dann wird Ihre Krankheit durch solche Faktoren unterhalten und verschlechtert. Daher gilt es, diese zu vermeiden, wo immer das möglich ist. Relativ einleuchtend ist dies beim allergischen Asthma. Hier steht die Allergenkarenz an erster Stelle.

Allergenkarenz = Vermeiden der Allergene

Therapiebasis: Allergenvermeidung

Allergenkarenz ist die Basis jeder Allergiebehandlung. An unserer Klinik haben wir daher entsprechende Trainingskurse eingerichtet, in denen die Möglichkeiten der Allergenkarenz regelrecht trainiert werden. Den »Extrakt« dieser Karenz-Trainingskurse, das Kursheft des Trainingsprogramms für Allergiker gegen Hausstaubmilben, Pollen und Tierhaare, finden Sie im Anhang dieses Buches.

> Wer eine Allergie hat, muß sich mit diesen Karenzmaßnahmen ausführlich vertraut machen. Dies ist keineswegs einfach, aber unumgänglich, wenn Sie Ihre Krankheit günstig beeinflussen wollen.

So ist es z.B. bei einer Katzenhaarallergie eben nicht mit dem Verzicht auf die Katze getan: Eine zusätzliche »Sanierung« Ihrer Wohnung ist erforderlich und muß auf Dauer durchgeführt werden. Dann aber sind durchaus spürbare Effekte zu erwarten. Zugegeben, die Probleme beginnen sofort bei der praktischen Durchführung, manchen Allergenen kann man nicht vollständig aus dem Wege gehen, insbesondere z.B. Pollen oder Hausstaubmilben. Aber je mehr Allergenkontakt vorhanden ist, um so stärker wird die chronische Schleimhautentzündung der Bronchien »angeheizt«, d.h., die Krankheit wird verstärkt. Daher ist auch eine nur teilweise durchführbare Allergenkarenz besser als keine. Und deshalb ist das weitestmögliche Vermeiden der Allergene die Grundlage jeder Allergiebehandlung. Auch wenn eventuell zusätzlich eine medikamentöse Behandlung erforderlich ist. Und auch dann, wenn eine sog. Spritzenkur (Hyposensibilisierung) möglich ist.

Hyposensibilisierung

Hyposensibilisierungstherapie bedeutet »weniger empfindlich machen«. Hierbei werden die Allergene zunächst in winzigen Dosierungen, dann aber in steigender Konzentration unter die Haut gespritzt. Diese geringen Allergenmengen verursachen noch keine allergisch-asthmatischen Reaktionen, können aber die Bildung der krankhaften Abwehrstoffe im Blut des Allergikers abschwächen, welche die Ursache des allergischen Asthmas sind (vgl. S. 27 f.). Sinnvoll kann eine solche Therapie dann sein, wenn die Allergie noch nicht lange besteht (wir sehen 4–5 Jahre als Grenze an) und wenn nur eine Allergie auf wenige Stoffe vorhanden ist. Leider ist diese Konstellation bei Asthma eher die Ausnahme als die Regel. Aber: Insbesondere bei Pollenasthma sollte diese Möglichkeit mit einem erfahrenen Allergologen besprochen werden. Die richtige Entscheidung zur Einleitung einer solchen Therapie verlangt viel Erfahrung. Hier die Meinung von zwei Ärzten einzuholen, ist sicher nicht falsch.

Wann ist Therapie möglich?

Voraussetzungen für eine Hyposensibilisierungsbehandlung

1. Sichere Diagnose der Allergie. So ist z.B. lediglich ein Hauttest als Allergiediagnostik vor einer Hyposensibilisierung gegen Hausstaubmilben nicht ausreichend – hier ist ein spezifischer Provokationstest (vgl. S. 55) erforderlich.
2. Kurze Krankheitsdauer und nur Allergien auf wenige Allergene.
3. Keine Allergenkarenz möglich, d.h., eine solche Therapie ist bei Allergien auf Haustiere meist nicht angezeigt. Hier müssen in jedem Fall zunächst die Tiere abgeschafft werden!

Mögliche Gefahren einer Hyposensibilisierungsbehandlung:

Allergische Zwischenfälle

Prinzipiell sind bei einer solchen Therapie auch schwerwiegende allergische Zwischenfälle möglich, d.h., es darf nie eine Behandlung zwischen Tür und Angel sein!

Daher noch einmal: Lassen Sie sich von einem erfahrenen Allergologen beraten, einerseits um keine Chance einer oft sehr günstigen Krankheitsbeeinflussung zu versäumen, andererseits aber auch, um keine aufwendige, teure und prinzipiell auch nicht völlig ungefährliche Therapie zu beginnen, wenn echte Erfolgschancen nicht bestehen. Ein Beispiel für eine richtige Indikation wäre ein Asthma auf Birkenpollen, welches erst seit zwei oder drei Jahren besteht. Ein Beispiel für eine nicht gegebene Behandlungsindikation wäre ein zehn Jahre lang bestehendes Asthma infolge einer Allergie gegen Schimmelpilze, Hausstaubmilben und Pollen (zu lange Krankheitsdauer, zu viele Allergene).
Weitere Einzelheiten dazu finden Sie im Allergikertrainingsprogramm (Anhang).
Aber auch beim nicht-allergischen Asthma ist eine Auslöservermeidung, d.h. eine Karenztherapie, in jedem Falle angezeigt. Alles, was asthmatische Beschwerden auslöst, unterhält auch die nicht-allergische Schleimhautentzündung, verschlechtert also Ihr Asthma. Das fängt beim Rauchen an (aktiv und passiv), setzt sich über Ihren Haushalt und Ihre Hobbies fort und endet nicht bei Ihrem Beruf. Ein Asthmatiker, der trotz Husten und Atembeklemmung seine Wohnung selber renoviert, spart am falschen Ende!

Berufswechsel

Schwierig kann dies insbesondere im Beruf sein. Aber gerade hier gibt es entsprechende Hilfen. Eine Friseuse beispielsweise, die ihren Beruf nur mit Kortisontabletten ausüben kann und trotzdem weiter arbeitet, denkt fast immer zu kurzfristig. Informationen und Hilfestellungen können Sie hier bei Ihrer Berufsgenossenschaft oder aber über Ihren Rentenversicherungsträger (BfA, LVA) erhalten. Weitere Einzelheiten hierzu werden Sie auf Seite 178 finden.

Grippeschutzimpfung

Bei wiederholten Atemwegsinfekten ist in jedem Falle eine Grippeschutzimpfung angezeigt, auch wenn diese vor einer normalen Erkältung nicht schützt.[5] Wichtig sind eine gesunde Lebensführung, d.h. gesunde, vitaminreiche Ernährung, Meiden von übermäßigem Alkoholkonsum, regelmäßige körperliche Betätigung und ausreichende Phasen der Erholung. Als hilfreich haben sich auch physikalische Maßnahmen wie

[5] Eine Grippeschutzimpfung schützt nur vor der »echten« Grippe. Das ist eine schwer verlaufende Erkrankung, die in den Medien oft als China-Grippe bezeichnet wird. Eine solche Erkrankung ist für einen Asthmatiker natürlich besonders gefährlich. Vor Schnupfen und normalen Erkältungskrankheiten schützt die Grippeimpfung nicht.

Sauna (wenn diese ohne Husten und Atemnot vertragen wird, Vorsicht vor »starken Aufgüssen«) oder Kneippsche Anwendungen (u. a. Wechselduschen) erwiesen. Näheres dazu finden Sie Seite 96. Auch Vermeiden von Unterkühlung und Nässe sollten selbstverständlich sein. Im Einzelfall kann auch eine medikamentöse »immunstimulierende Behandlung« hilfreich sein. Diese Medikamente enthalten abgetötete Bakterien, wodurch das Immunsystem zur Bildung von Abwehrstoffen angeregt werden soll. Präparatebeispiele sind Broncho-Vaxom®, Luivac® oder IRS. 19®. Dies ist aber individuell mit dem Arzt zu besprechen. Fragen Sie ihn ggf. danach.

Unterstützung des Abwehrsystems

Zur Unterstützung des Abwehrsystems werden auch pflanzliche Medikamente eingesetzt, z.B. mit dem Wirkstoff des Sonnenhutes, Echinacin. Dadurch kann im Einzelfall der Ausbruch eines Infektes verhindert oder aber der Krankheitsverlauf abgekürzt werden. Präparatebeispiele: Esberitox®, Toxiloges®, Contramutan® u.v.a.

Aber bedenken Sie immer:

Das sind Zusatzmaßnahmen, die die eigentliche medikamentöse Behandlung des Asthmas keinesfalls ersetzen, allenfalls ergänzen.

Medikamentöse Therapie

Die beiden eben geschilderten Therapiesäulen sind die Grundlage einer erfolgreichen Asthmatherapie, nämlich daß Sie gleichberechtigt neben Ihrem Arzt als Partner, mit Rechten, aber auch mit Pflichten, für die Asthmabehandlung verantwortlich sind und daß als erster Schritt alles vermieden werden muß, was die Krankheit auslöst, unterhält oder verschlechtert. Leider ist damit alleine eine ausreichende Asthmabehandlung meist nicht zu erreichen. Zusätzlich ist in der Regel eine medikamentöse und nichtmedikamentöse Behandlung erforderlich. Um diese korrekt durchführen zu können, müssen Sie über einige Kenntnisse verfügen, die wir Ihnen im folgenden vermitteln wollen.

Das Prinzip der Stufentherapie

So wie beim Hausbau eine bestimmte Reihenfolge eingehalten werden muß, nämlich zuerst das Fundament errichtet wird, dann die einzelnen Stockwerke und zuletzt das Dach, so erfolgt auch die medikamentöse Behandlung des Asthmas nach bestimmten Regeln. Diese Regeln der Asthmatherapie sind den Ärzten als sogenannte Stufentherapie geläufig, zuletzt wurden sie (»Empfehlungen der Deutschen Atemwegsliga zum Asthma-Management bei Kindern und Erwachsenen«) 1994 überarbeitet.

Das Prinzip ist einfach:

Behandlung dem Schweregrad des Asthmas anpassen

Da Asthma bei verschiedenen Patienten unterschiedlich schwer verläuft, muß auch die Behandlung unterschiedlich intensiv sein. Man unterscheidet verschiedene Stufen der medikamentösen Therapie, abhängig von den Schweregraden der Erkrankung.

Zunächst wird eine Behandlung mit denjenigen Medikamenten erfolgen, die einerseits die Krankheit günstig beeinflussen, andererseits aber möglichst wenig Nebenwirkungen aufweisen. Erst wenn alle Möglichkeiten dieser Behandlungsstufe ausgeschöpft sind, müssen ggf. auch stärkere Medikamente mit mehr Nebenwirkungen in Kauf genommen werden.

Die Reihenfolge, in der die verschiedenen Asthmamedikamentensorten (Gruppe 1–5) eingesetzt werden, wird als Stufentherapie bezeichnet. Gemeint ist damit aber nicht die Reihenfolge der Einnahme, also welches Medikament morgens zuerst eingenommen wird, sondern der »Bauplan der Behandlung«.

Bei leichterem Asthma reicht als Dauerbehandlung oft ein Medikament der Gruppe 1 (siehe S. 65), bei mittelschwerem Asthma sind z.B. oft die Medikamentengruppen 1, 2 und 3 erforderlich, bei schweren Krankheitsverläufen müssen alle fünf Medikamentengruppen angewandt werden.

Das klingt zunächst verwirrend, aber wir werden Ihnen das auf den nächsten Seiten ausführlich, Schritt für Schritt, erklären.

Basistherapie

Die medikamentöse Behandlungsstufe, mit welcher Ihr Asthma in stabilen Phasen optimal behandelt ist, nennen wir Basistherapie.

Typischerweise ändert sich aber der Schweregrad Ihrer Erkrankung im Laufe der Zeit immer wieder. So wird es stabile Phasen geben, wo eventuell die medikamentöse Behandlung reduziert werden kann. Dann kann die Behandlung eventuell um eine Stufe zurückgenommen werden. Andererseits kann sich der Krankheitsgrad auch verschlechtern, in diesem Fall muß eine höhere Stufe der Asthmatherapie durchgeführt werden. Jetzt müssen Sie wissen, welche zusätzlichen Medikamente erforderlich sind und bis zu welchem

Punkt Sie diese Veränderung der medikamentösen Therapie selber durchführen können, bzw. ab welchem Punkt Sie Ihren Arzt befragen müssen.

Bedarfsmedikation

Neben der Kenntnis Ihrer Basistherapie müssen Sie also genaue Vorstellungen über eine eventuelle Bedarfsmedikation haben. Diese muß aber in jedem Einzelfall vorher mit Ihrem behandelnden Arzt besprochen sein!

Die wichtigsten Asthmamedikamente

Medikamentengruppen

Übersicht über die fünf wichtigsten Asthma-Medikamentengruppen

1. Inhalative entzündungshemmende Medikamente
2. Inhalative bronchialerweiternde Medikamente
3. Theophyllin (bronchialerweiternde Medikamente vom »Typ Koffein«)
4. Bronchialerweiternde Medikamente vom »Typ Adrenalin« in Tablettenform
5. Kortisontabletten (Kortisonspritzen)

Für die nächsten Seiten brauchen Sie etwas Muße!
Wir wollen nämlich jetzt diese fünf Medikamentengruppen im einzelnen durchsprechen. Nehmen Sie Ihre Medikamente, vergleichen Sie und stellen Sie fest, aus welchen Medikamentengruppen sich Ihre medikamentöse Therapie zusammensetzt.

1. Medikamentengruppe: Inhalative entzündungshemmende Medikamente

Diese bilden die Basis der medikamentösen Asthmabehandlung.
Auf dieser Stufe sind zu nennen:

- Inhalative Kortisonpräparate
- Inhalative nicht-kortisonhaltige Medikamente (sogenannte Prophylaktika)
  - Cromoglycinsäure (DNCG)
  - Nedocromil

Asthma entsteht infolge einer chronischen, meist nicht ausheilbaren Entzündung der Bronchialschleimhaut. Grundprinzip der medikamentösen Asthmabehandlung ist daher die lebenslange Abschwächung dieser chronischen Entzündung. Dazu braucht man Medikamente, die man über Jahrzehnte einnehmen kann, d.h., die trotz lebenslanger Einnahme keine wesentlichen Nebenwirkungen verursachen, aber andererseits auch noch nach vielen Jahren wirksam sind. Diese Forderungen erfüllen die folgenden Medikamente:

1. Inhalatives Kortison
2. Nicht-kortisonhaltige antientzündliche Inhalativa.

Inhalatives Kortison

Über Kortison haben Sie sicher schon viel Schlimmes gehört. Und leider ist nicht alles davon falsch.

Inhalatives Kortison darf nicht mit Tablettenkortison verwechselt werden

Aber: Die schwerwiegenderen Nebenwirkungen, die dem Kortison (Kortison in Tablettenform) zugeschrieben werden, entstehen nur dann, wenn das Kortison über die Blutbahn wirkt. Gerade das geschieht aber bei einer korrekt durchgeführten Behandlung mit inhalativen Kortisonpräparaten praktisch nicht.[6]

Daher macht inhalatives Kortison nicht dick, schädigt nicht die Knochen, verursacht keine Zuckerkrankheit usw. Inhalatives Kortison macht nicht abhängig, und es verursacht, bei korrekter Anwendung und in der richtigen Dosierung, auch bei jahrelanger inhalativer Anwendung keine bedrohlichen Nebenwirkungen.

Aber es ist hochwirksam, denn es wirkt dort, wo es wirken soll: An den Bronchien beeinflußt es wirksam die chronische Schleimhautentzündung und bessert so entscheidend den Verlauf Ihrer Asthmaerkrankung.

Voraussetzung: Richtige Dosierung und korrekte Anwendung der inhalativen Kortisonpräparate

Insbesondere bei falscher Anwendungstechnik, also falscher Inhaliertechnik, sind zwei unangenehme Begleiterscheinungen möglich:

1. Heiserkeit
2. Pilzbesiedlung der Mundhöhle.

Durch richtige Inhaliertechnik können diese Begleiterscheinungen meist vermieden werden. Daher ist gerade beim inhalativen

[6] Zwar wird ein Teil des inhalierten Kortisons verschluckt und gelangt so über den Darm in das Blut. Aber dieses verschluckte »Inhalier-Kortison« wird aufgrund seiner chemischen Zusammensetzung von der Leber innerhalb kürzester Zeit abgebaut. Daher ist der Anteil des inhalierten Kortisons, der im gesamten Körper wirken kann, gering. Darüber hinaus ist die inhalativ zugeführte Dosis extrem gering. So enthält z. B. ein Hub Pulmicort nur 0,2 mg »Kortison«, d. h., die Tagesdosis bei zweimal zwei Hüben wäre 0,8 mg. Die körpereigene Kortisonproduktion beträgt aber ca. 20 mg. Dies ist der zweite wichtige Grund dafür, daß eine Behandlung mit einem solchen inhalativen Kortisonpräparat weitgehend nebenwirkungsfrei ist. Bei wahlloser Dosiserhöhung oder falscher Inhaliertechnik gilt dies aber nicht mehr.

Kortison die Anwendungstechnik sehr wichtig und muß optimal beherrscht werden. Deshalb haben wir diesem Thema ein ganzes Kapitel gewidmet (vgl. Seite 79 ff.).

Noch drei Nachteile hat inhalierbares Kortison:

Nachteile

1. Es ist teuer (bis zu 100,– DM pro Packung): Dies aber nur auf den ersten Blick. Langfristig gesehen, bessert es den Verlauf Ihrer Asthmakrankheit wie kein anderes Medikament, d. h., es verhindert viele notfallmäßige Arzt- und Krankenhausaufenthalte, verhindert Spätschäden und Invalidität. Es verhilft vielen Asthmapatienten zu einem weitgehend normalen und »asthmasymptomfreien« Leben.
2. Es wirkt nur, wenn es regelmäßig angewendet wird. Und bis die Wirkung nach einer Unterbrechung wieder einsetzt, vergehen mehrere Tage. Tage ohne »Antientzündungsschutzschild«, an denen Ihr Asthma sich drastisch verschlechtern kann. Kurz: Ist mein inhalatives Kortisonpräparat am Freitag leer, so brauche ich am Freitag ein neues, nicht am Montag! Wäre es nicht noch besser, Sie hätten immer eine Packung in Reserve?

Merke!

! Inhalatives Kortison hat keine Sofortwirkung, d. h., es bewirkt beim akuten Asthmaanfall keine sofortige Besserung. Es wirkt zwar sehr stark vorbeugend, es ist aber kein Notfallmedikament.
Als Notfallmedikament brauchen Sie in jedem Fall zusätzlich ein inhalatives bronchialerweiterndes Medikament (s. unten).

3. Die Dosierung der inhalativen Kortisonbehandlung kann leider nicht beliebig gesteigert werden. Ist aber eine höhere Kortisondosis zur Beherrschung des Asthmas erforderlich, so reicht die alleinige inhalative Behandlung eventuell nicht mehr aus. Mit der inhalativen Darreichungsform kann also nur eine relativ niedrige Kortisondosis zugeführt werden. Ist mehr Kortison nötig, so müssen Tabletten oder Spritzen angewandt werden.

Merke!

! Kortison ist nicht gleich Kortison!
Insbesondere müssen Sie unbedingt zwischen »inhalativem Kortison« und »Tablettenkortison« unterscheiden.
Bei korrekter inhalativer Anwendung sind bedrohliche Nebenwirkungen – auch bei jahrelangem Gebrauch – nicht zu befürchten. Frühzeitig angewandt, kann es die Asthmaerkrankung entscheidend bessern, im Idealfall zur völligen Beschwerdefreiheit führen und vor allem Spätschäden verhindern. Lassen Sie sich von niemandem unnötig Angst machen, insbesondere nicht von Personen, die ihr Wissen ausschließlich aus Illustrierten beziehen.
Voraussetzung:
- richtige Anwendungstechnik (Inhaliertechnik, Spacer)
- korrekte Dosierung
- frühzeitiger Einsatz, d.h. zu Beginn der Asthmaerkrankung
- regelmäßige Anwendung, d.h. auch in beschwerdefreien Phasen.

Ein inhalatives Kortisonpräparat ist daher in der Regel die Stufe 1 bei der medikamentösen Asthmabehandlung von Jugendlichen und Erwachsenen.

Beispiele für inhalative Kortisonpräparate:
AeroBec®, Atemur®, Beclomet forte®, Becloturmant®, Bronchocort®, Flutide®, Inhacort®, Pulmicort®, Sanasthmax®, Sanasthmyl®, Viarox®.
Es gibt noch zahlreiche andere Präparate.
Auch Kinder können mit diesen Medikamenten behandelt werden. In der richtigen Dosierung und bei richtiger Inhalationstechnik sind auch hier gefährliche Nebenwirkungen nicht zu befürchten. Die Hauptgefahr ist vielmehr eine ungenügende Behandlung des Asthma bronchiale infolge einer überstarken Furcht vor diesen Medikamenten.

Nicht-kortisonhaltige antientzündliche Inhalativa (Medikamente zum Einatmen)

Gerade aber bei Kindern sind zwei andere antientzündliche Medikamente relativ wirksam: DNCG (Dinatrium-Cromoglicinsäure) und Nedocromil.

Alternativen zum inhalativen Kortison

> Nedocromil (Tilade®) wird erst bei Kindern ab 12 Jahren angewandt.
> DNCG kann auch bei jüngeren Kindern gegeben werden.

Sie bewirken, insbesondere bei allergischem Asthma, ebenfalls ein »antientzündliches Schutzschild«. Bei leichteren Asthmaformen, speziell bei Kindern, stellen sie somit eine Alternative zu den inhalativen Kortisonpräparaten dar. Beide Medikamente wirken dem allergischen Entstehungsmechanismus des Asthma bronchiale entgegen. Einzelheiten dazu finden Sie im Allergikertrainingsprogramm (s. Anhang). Nedocromil wirkt darüber hinaus noch stärker entzündungshemmend, ist daher auch beim nicht-allergischen Asthma des Erwachsenen eine mögliche Alternative zu den inhalativen Kortisonmedikamenten, insbesondere wenn Heiserkeit oder Mundpilz zum Absetzen inhalativer Kortisonpräparate zwingen. Aber auch für diese Medikamente gilt:

1. Wirksam nur bei regelmäßiger und konsequenter Anwendung.
2. Keine Akutwirkung, d.h., bei einem Asthmaanfall helfen sie nicht.

Beispiele für DNCG (= Cromoglycinsäure) oder nedocromilhaltige Präparate
DNCG: Intal®, acecromol®, Cromolind®, Cromolyn®, Diffusyl®, DNCG Mundipharma®, DNCG Trom®, Pulbil®, duracroman® u.a.
DNCG ist auch Bestandteil (neben einer bronchialerweiternden Wirkkomponente) verschiedener anderer Asthmadosieraerosole wie Aarane®, Allergospasmin®, Asthmocupin® oder Ditec® u.a.
Nedocromil: Tilade®, Halamid®.

Merke!

! Sie haben jetzt bereits gelernt, daß in »Asthmasprays« ganz verschiedene Medikamentensorten enthalten sein können. Entscheidend ist vor allem die Unterteilung in inhalative Medikamente, die entzündungshemmend wirken, diese haben Sie jetzt gerade kennengelernt, und inhalative Medikamente, die bronchienerweiternd wirken, darum geht es im nächsten Abschnitt.

Meine persönliche Zusammenfassung

Meine Zusammenfassung
Schauen Sie Ihre »Asthmasprays« durch und ergänzen Sie Ihre individuelle Zusammenfassung des letzten Abschnitts!
Mein entzündungshemmendes inhalatives Asthmamedikament heißt:

____

Ich muß es regelmäßig, _____mal am Tag anwenden, wahrscheinlich über viele Jahre! Korrekt durchgeführt, stabilisiert es meine Krankheit, es ist somit mein wichtigstes Asthmamedikament.
Bei einem Asthmaanfall nutzt es mir aber akut nicht, es ist kein Notfallmedikament. Dafür brauche ich ein anderes, inhalatives Medikament, welches rasch bronchialerweiternd wirkt. Dieses Medikament heißt bei mir

____

2. Medikamentengruppe
Inhalative bronchialerweiternde Medikamente

Hier sind zwei Gruppen von Medikamenten zu nennen:
Inhalierbare Bronchialerweiterer vom »Typ Adrenalin« (Adrenergika)
Inhalierbare Bronchialerweiterer vom »Typ Atropin« (Anticholinergika)

Inhalierbare Bronchialerweiterer vom »Typ Adrenalin«

Diese Medikamente leiten sich zwar vom Hormon Adrenalin ab, es handelt sich bei diesen Präparaten aber nicht mehr um eigentliches Adrenalin, hier wären die Nebenwirkungen der Behandlung wesentlich größer.

Diese Medikamente sind die schnellsten und stärksten Bronchialerweiterer. Sie helfen rasch und meist sehr wirksam beim akuten Asthmaanfall. Sie können Leben retten. Das ist ihr großer Vorteil. Sie beeinflussen die Asthmakrankheit aber auf Dauer nicht. Das ist einer ihrer Nachteile. Diese Medikamente gibt es als Inhalativa und als Tabletten bzw. Spritzen. Im ersten Fall wirken sie vorwiegend an den Bronchien, im zweiten Fall im Blutkreislauf und damit im ganzen Körper. Bei der 2. Asthmamedikamentengruppe handelt es sich ausschließlich um die inhalierbaren Präparate. Diese sind wesentlich nebenwirkungsärmer als die entsprechenden Tabletten bzw. Spritzen, weil diese ja über das Blut im gesamten Körper wirken. Diese Tabletten werden uns erst als 4. Gruppe der Asthmamedikamente wieder begegnen.

Schnelle Hilfe

Bei den inhalativen Bronchialerweiterern vom »Typ Adrenalin« (= Adrenergika) müssen Sie zwei Gruppen streng voneinander trennen:

1. Die kurzwirksamen inhalativen Adrenergika, die ca. 4–6 Stunden wirken.
2. Die langwirkenden inhalativen Adrenergika, die bis zu 12 Stunden wirken können.

Kurzwirkende inhalative Brochialerweiterer

Zu den kurzwirkenden inhalativen Bronchialerweiterern vom »Typ Adrenalin« (= kurzwirkende Adrenergika) gehören die folgenden Präparate: Aarane®, Aerodur®, Turbohaler, Allergospasmin®, Apsomol®, Arubendol®, Aruterol®, Berodual®, Berotec®, Bricanly®, Bronchospasmin®, Bronchospray®, Contimit®, Etoscol®, Ditec®, Pirem®, Salbulair®, Salmundin®, Sultanol®, Zeisin® u.a.

Allergospasmis, Aarane und Ditec (u.a.) enthalten neben dem Adrenergika-Anteil noch DNCG. Für die Sofortwirkung ist dies aber unbedeutend.

Diese Medikamente werden entweder »nach Bedarf«, d.h. bei Atembeklemmung oder Hustenreiz, eingenommen oder aber regelmäßig entsprechend der Anordnung Ihres Arztes, d.h. in der Regel viermal zwei Hübe bzw. Atemzüge.

Richtige Inhaliertechnik

Auch hier gilt: Gute Wirkung erzielen Sie nur, wenn Sie die Inhaliertechnik richtig beherrschen. Wir werden dies auf den Seiten 106ff., Schritt für Schritt, genau erklären.

! Wenn die asthmatischen Beschwerden selten auftreten, also höchstens ein- oder zweimal die Woche, ist eine ausreichende medikamentöse Behandlung des Asthmas allein mit diesen Medikamenten möglich (sporadisches Asthma).

! Werden diese Medikamente aber mehr als zweimal pro Woche benötigt, muß die medikamentöse Stufentherapie des Asthmas (Therapiestufe 1) angewandt werden. Dies beinhaltet die regelmäßige Anwendung eines inhalativen Kortisonpräparates plus bedarfsweiser Anwendung eines inhalativen, kurzwirkenden Bronchialerweiterers vom »Typ Adrenalin«.

! Wird trotz regelmäßiger Anwendung eines inhalativen Kortisonpräparates das kurzwirksame Adrenergikum mehr als zwei- bis dreimal pro Tag benötigt, dann sollte von der bedarfsweisen Anwendung auf eine regelmäßige Anwendung der inhalativen Bronchialerweiterer übergegangen werden. Dabei gibt es zwei Möglichkeiten: Entweder inhaliert man viermal täglich ein kurz wirksames Präparat oder aber man inhaliert zweimal täglich ein langwirksames Adrenergikum.

Merke!

! Ein langwirksames Adrenergikum darf wirklich nur zweimal täglich angewendet werden, ansonsten besteht die ernsthafte Gefahr einer Überdosierung.

Bei den kurzwirksamen Präparaten ist die Normaldosierung viermal zwei Hübe, eine Dosissteigerung bis auf sechsmal zwei Hübe ist in der Regel möglich. Fragen Sie Ihren Arzt nach der für Sie zulässigen Höchstdosis. Diese ist von Mensch zu Mensch unterschiedlich und hängt auch vom Präparat ab.

Langwirkende inhalative Bronchialerweiterer

Zu den langwirkenden inhalativen Adrenergika gehören: Serevent®, Aeromax® und Foradil®.
Diese Präparate dürfen Sie nicht mehr als zweimal pro Tag anwenden. Hier gibt es verschiedene Inhaliersysteme, die aber unterschiedlich dosiert werden müssen. Zum Beispiel gibt es das Präparat Serevent® auch als Pulverinhalationsform[7] (Diskhaler®, Diskus®), hier beträgt die Normaldosierung zweimal ein Atemzug. Beim Serevent® Dosieraerosol hingegen ist die normale Dosierung zweimal zwei Hübe. Verwirrend, aber Sie müssen sich da auskennen, wenn Sie dieses Präparat einnehmen.

[7] Serevent®, Diskhaler® und Foradil® werden in Deutschland z. Z. noch nicht vertrieben, sie sind aber über die internationalen Apotheken erhältlich. In Kürze werden inhalative langwirkende Adrenergika jedoch auch in Deutschland in Pulverinhalationsform verfügbar sein (Servent® bzw. Aeromax® Diskus). Dosis: zweimal ein Atemzug.

> **!** Lang wirkende inhalative Adrenergika sind keine Notfallmedikamente, weil ihre Dosisobergrenze mit einer morgendlichen und einer abendlichen Dosis ausgeschöpft ist. Mehr sollten Sie nicht inhalieren.
> Bei Atemnot benutzen Sie ein zusätzlich kurzwirksames Präparat als Bedarfsmedikament!
> Das »langwirkende Asthmaspray« müssen Sie also nicht immer dabei haben, wohl aber Ihr zusätzliches kurzwirkendes »Bedarfsspray«.

Merke!

Wirkungsweise und Nebenwirkungen der Adrenergika

Das Hormon Adrenalin kennen Sie. Es hat u.a. die Aufgabe, den Körper in Gefahrensituationen auf Hochtouren zu bringen mit dem Ziel, Kampf oder Flucht zu ermöglichen. Dazu braucht auch der Gesunde mehr Atemluft, die Bronchien werden durch Adrenalin rasch erweitert. Darauf beruht auch die Wirkung Ihrer Adrenergika.

Wirkung und Nebenwirkungen

Darauf beruhen aber auch die Nebenwirkungen dieser Medikamentengruppe:

- Beschleunigung des Herzschlags, manchmal auch Herzstolpern
- Zittern der Hände
- Innere Unruhe

Damit die Nebenwirkungen möglichst gering bleiben, versucht die moderne Medizin, diese Stoffe als inhalatives Medikament zu verabreichen, die Wirksubstanz gelangt dadurch vorwiegend an die Bronchien, wo die Wirkung eintreten soll.

Überdosierung vermeiden!

Überdosiert können aber auch diese inhalativen Medikamente durchaus gefährlich werden. Daher müssen Sie Ihre Dosierungs-Obergrenze kennen. Als Richtzahl gilt, mehr als sechs- bis allerhöchstens achtmal am Tag dürfen diese Medikamente in der Regel nicht genommen werden. Sind Sie aber herzkrank oder besteht beispielsweise eine Schilddrüsenerkrankung, so gelten diese Zahlen für Sie nicht. Die Dosierung muß in jedem Einzelfall gesondert festgelegt werden. Daher: Fragen Sie Ihren Arzt, wie viele Dosierungen Sie von Ihrem inhalativen bronchialerweiternden Medikament pro Tag maximal inhalieren dürfen, und fragen Sie weiter, was Sie tun sollen, falls dadurch keine Besserung zu erzielen ist.

Brauchen Sie häufig mehr als vier Dosierungen pro Tag, so ist dies ein wichtiger Hinweis darauf, daß Ihr Asthma z.Z.

nicht richtig eingestellt ist. Dies sollte ein Grund sein, Ihren Arzt zu informieren und die Therapie zu überprüfen.

Inhalierbare Bronchialerweiterer vom »Typ Atropin«
Neben den bronchialerweiternden Adrenergika gibt es die Inhalativa vom Typ Atropin. Sie spielen in der Asthmatherapie vor allem als Kombinationspartner der Adrenergika eine Rolle. Gemeinsam wirken sie nämlich bei manchen Patienten, insbesondere bei älteren, besonders gut. Ihr großer Vorteil: Sie haben praktisch keine Nebenwirkungen, insbesondere nicht auf das Herzkreislaufsystem.

Vorteil: Kaum Nebenwirkungen

Daher können sie durchaus eine Alternative sein, wenn Sie zu Herzrasen neigen oder unter anderen Herzrhythmusstörungen leiden. Auch bewirken sie kein Zittern der Hände. Im Vergleich zu den Bronchialerweiterern vom »Typ Adrenalin« wirken sie aber meist schwächer.

Präparatebeispiele: Atrovent®, Arutropid®, Ventilat®.
Als Kombinationspartner im Berodual® (Adrenergicum plus inhalativer Bronchialerweiterer vom Typ Atropin)

Meine persönliche Zusammenfassung

Meine Zusammenfassung:
Schreiben Sie wieder auf:
Mein kurzwirkendes inhalatives bronchialerweiterndes Medikament heißt

____

Normalerweise inhaliere ich ______ am Tag ______ Hübe/Atemzüge
Ich inhaliere dieses Medikament nur bei Bedarf.
Dieses ist auch mein wichtigstes **Notfallmedikament.** Bei Atemnot inhaliere ich ______ Dosierungen.
Geht die Atemnot nicht weg, so kann ich nochmals ______ Dosierungen inhalieren.
Die **maximale Tagesdosis** hat mir mein Arzt mit ______ Anwendungen angegeben. Falls ich dadurch nicht rasch Besserung erfahre, haben wir folgendes Vorgehen vereinbart:

1. ____________________________________

2. ____________________________________

Mein langwirkendes inhalatives bronchialerweiterndes Medikament heißt:

____

Ich inhaliere zweimal täglich ______ Dosierungen.
Öfter darf ich dieses Medikament nicht anwenden.
Es ist kein Notfallmedikament.
Im Notfall nehme ich zusätzlich ______ Dosierungen des kurzwirkenden Medikamentes: ______________

3. Medikamentengruppe
Theophyllin

(Bronchialerweiterer vom Typ Koffein in Tablettenform)

Theophyllin ist ebenfalls ein bronchialerweiterndes Medikament, welches chemisch dem Koffein im Kaffee sehr nahesteht. Es kann nicht inhaliert werden und muß daher über den Blutweg zu den Bronchien transportiert werden. Dies ist prinzipiell ein Nachteil gegenüber den örtlich wirkenden inhalativen Medikamenten. Daher wird hier das Theophyllin auch erst als die Nr. 3 der Medikamente bei der Asthmatherapie aufgeführt. Etwas vereinfachend könnten wir es als Bronchialerweiterer vom »Typ Kaffee« in Tablettenform bezeichnen. Theophyllin sollte also dann angewandt werden, wenn mit den inhalativen Medikamenten allein keine ausreichende Asthmatherapie möglich ist. Theophyllin ist ein altbekanntes und über viele Jahre bewährtes Medikament, welches schon vielen Asthmapatienten bei schwerer Atemnot geholfen hat. Erste Berichte über diese Substanz sind sehr alt:

Bronchialerweiternde Tabletten vom Typ Koffein

Im frühchristlichen Palästina beobachteten Hirten Schafe beim Fressen koffeinhaltiger Sträucher. Die Tiere wurden unruhig und sprangen die ganze folgende Nacht herum. Dies wurde dem Abt des nahen Klosters berichtet. Und dieser nutzte die anregende Wirkung, um die nächtlichen Exerzitien durchzustehen.

1859 (!) forderte schon der irische Arzt Hyde Salter reichlichen Kaffeegenuß für Asthmatiker.

Aber eine Theophyllintherapie hat durchaus ihre Tücken. Die notwendige Dosierung ist bei verschiedenen Personen sehr unterschiedlich und muß im Einzelfall von Ihrem Arzt festgelegt werden. Dazu kann auch die Bestimmung des Theophyllinspiegels im Blut hilfreich sein. Als sogenannter therapeutischer Bereich wird 8–20 mg/l angestrebt. Die modernen Theophyllintabletten sind sehr exakt dosierbar, so daß Ihr Arzt für Sie genau die richtige Dosierung finden kann. Diese darf dann aber

eigenmächtig nicht geändert werden. Eine eigenmächtige Dosissteigerung ist gefährlich, denn das kann rasch zur Überdosierung führen. Die Folgen sind Herzrasen, Übelkeit, Zittern, Schlaflosigkeit.
Vorsicht ist insbesondere bei Patienten mit Herzrhythmusstörungen angezeigt.
Zwei Einnahmemöglichkeiten bestehen:
1. zweimal pro Tag
2. abendliche Einmaldosierung.

Der praktische Tip

Die abendliche Dosis sollten Sie erst unmittelbar vor dem Einschlafen einnehmen, also nicht schon zum Abendbrot, sonst kommt es häufiger zu Einschlafstörungen. Es handelt sich ja um »Tabletten vom Typ Koffein«.

Theophyllin wirkt besonders gut gegen nächtliche Atemnot oder morgendlichen Reizhusten. Wenn Sie also unter diesen Krankheitszeichen leiden, dann sollten Sie ggf. mit Ihrem Arzt über eine Theophyllintherapie reden, wenn eine solche nicht bereits durchgeführt wird. Sie können die Theophyllinwirkung oft sehr genau am Peak-Flow-Meter-Protokoll ablesen: Beispiel s. Abb 9.

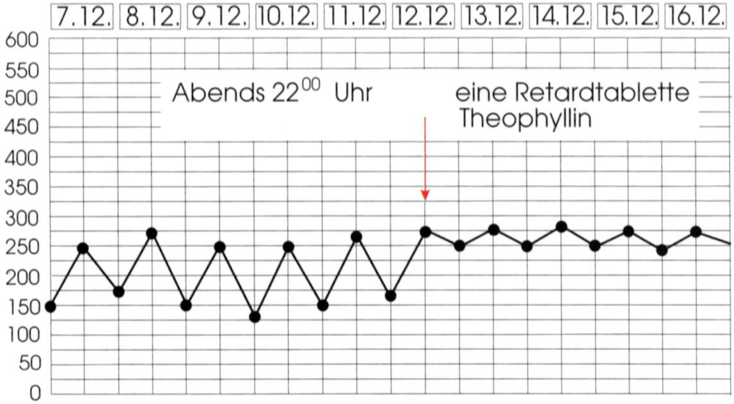

Abb.9 Peak-Flow-Verlauf vor und nach Einleitung einer abendlichen Theophyllinmedikation. Nach Beginn dieser Behandlung kam es zu einer Besserung der morgendlichen Peak-Flow-Werte. Der zuvor bestehende nächtliche Reizhusten verschwand.

Ob Theophyllin für Sie ein Notfallmedikament zur Selbstbehandlung darstellt, muß mit Ihrem Arzt vorher besprochen sein.

Prinzipiell sind die normalen Theophyllin-Retardtabletten kein geeignetes Notfallmedikament, weil die Wirkung nur sehr verzögert einsetzt und eine relevante Überdosierungsgefahr besteht, wenn Sie bereits eine Dauertherapie mit diesem Medikament durchführen.

Dosierungen immer mit dem Arzt besprechen

Also die Theophyllindosis nicht eigenmächtig erhöhen, weil das Asthma gerade mehr Probleme macht als üblich.
Beim Asthmaanfall können ggf. Theophyllin-Tropfen angewandt werden, oder der Inhalt einer (200 mg) Theophyllinampulle kann getrunken werden. Doch wie gesagt: Dies ist vorher genau mit dem behandelnden Arzt zu besprechen, Allgemeinempfehlungen sind hier nicht möglich.

Ohne Arztabsprache: Keine eigenmächtige Dosierungsänderung von Theophyllinpräparaten.

Präparatebeispiele
Aerobin®, Afonilum®, Bronchoretard®, Cronasma®, Ditenade®, duraphyllin®, Euphyllin®, Euphylong®, Euspirax®, Phyllotemp®, PulmiDur®, Pulmo-Timelets®, Solosin®, Theolair®, Theophyllard®, Theophyllin Heumann®, Uniphyllin®, Unilair® u. a.
Bei jedem dieser Präparate gibt es verschiedene Tablettenstärken. Damit kann Ihr Arzt genau die richtige Dosis für Sie verordnen. Die richtige Dosis ist bei der Theophyllinbehandlung für verschiedene Patienten oft sehr unterschiedlich. Deshalb sollten die verschiedenen Tabletten auch nicht ohne Grund gegeneinander ausgetauscht werden. Normalerweise wird Ihnen Ihr Arzt nur die sogenannten Retardtabletten verordnen. Diese wirken ca. 12 Stunden gleichmäßig stark. Theophyllintropfen dagegen wirken wesentlich kürzer, sind also normalerweise für die Asthmadauertherapie nicht geeignet.

Meine persönliche Zusammenfassung

Meine individuelle Zusammenfassung
Meine Theophyllintabletten heißen: ______________
Ich nehme sie _____mal am Tag, die abendliche Dosis erst unmittelbar vor dem Einschlafen. Wegen Überdosierungsgefahr darf ich die Zahl der Tabletten nicht ohne Arztrücksprache ändern.
Als Notfallmedikation habe ich mit meinem Arzt vereinbart: ______________________

4. Medikamentengruppe

Bronchialerweiternde Tabletten vom »Typ Adrenalin«

Die Medikamente vom »Typ Adrenalin« wurden bereits in »Sprayform« vorgestellt. Manchmal reicht aber die örtliche Behandlung mit dieser Medikamentenart an den Bronchien nicht aus. Leider! Über den Blutweg ist oft eine stärkere Wirkung zu erzielen. Daher kann es sinnvoll sein, zusätzlich zu der inhalativen Darreichungsform noch die gleiche Substanzgruppe als Tablette zuzuführen. Dadurch kann die Wirkungsstärke und die Wirkungsdauer gesteigert werden. Ein spezielles Herstellungsverfahren führt dazu, daß diese Tabletten eine besonders lange Wirkungsdauer haben. Man spricht von Retardtabletten. Sehr oft ist es z. B. durch die abendliche Gabe einer solchen Tablette möglich, nächtliche bzw. morgendliche Atemnot oder nächtlichen/morgendlichen Husten gut zu behandeln. Und Sie haben ja schon gelernt, was zu einer guten medikamentösen Asthmaeinstellung gehört: Kein nächtliches Erwachen wegen Atemnot oder Hustenreiz!

Weil diese Tabletten aber über den Blutweg wirken, können ihre Nebenwirkungen stärker sein als bei der örtlich angewandten Darreichungsform (»Spray«, Pulver).

Mögliche Nebenwirkungen:
Muskelzittern, schneller Puls, Herzrhythmusstörungen, innere Unruhe.

Merke!

! Man sollte diese Tabletten erst dann einnehmen, wenn die inhalativen Behandlungsmöglichkeiten ausgeschöpft sind. Es wäre also falsch, diese Tabletten den bronchialerweiternden inhalativen Adrenergika nur wegen der bequemeren Einnahmemöglichkeit vorzuziehen. Also nicht: »Lieber morgens und abends eine Tablette als viermal täglich inhalieren.« Bestehen aber trotz Anwendung des »Sprays« noch Beschwerden, dann kann eine solche Tablette ein wesentliches Plus an Lebensqualität bringen. Dies gilt insbesondere für nächtliche Beschwerden. Oft ist es sinnvoll, wegen der besseren Verträglichkeit mit einer geringeren Dosis »einzuschleichen«, z. B. mit 4 mg Loftan® oder Volmac®. Diese Dosis kann bis auf zweimal 8 mg gesteigert werden.

Der praktische Tip

! Bei Einschlafschwierigkeiten nehmen Sie diese Tabletten bitte erst immer direkt vorm Zubettgehen und nicht schon beim Abendessen.
Bei morgendlichem Wachwerden wegen Luftnot können diese Retardtabletten sofort, d.h. vor dem Frühstück, eingenommen werden.

Präparatebeispiele:
Bambec®, Loftan®, Volmac®, Salmundin®, Salbulair®, Bricanyl® duriles u.a.

Meine persönliche Zusammenfassung

Meine individuelle Zusammenfassung
Meine Tabletten, die eine bronchialerweiternde Substanz vom Typ Adrenalin enthalten, heißen: ______________
Ich nehme sie ______ täglich ein.
oder:
Ich brauche keine solche Tabletten.

5. Medikamentengruppe
Kortison in Tabletten oder Spritzenform
Den Begriff »Kortison« verbinden viele Patienten mit der Vorstellung von schweren Medikamenten-Nebenwirkungen. Daher haben Asthmakranke sehr oft Angst vor Kortison. Und in der Tat, bei falscher Anwendung kann durch solche Medikamente auch Schlimmes verursacht werden.

Was ist Kortison?

Tatsache ist aber auch, daß Kortison ein natürlicher, körpereigener Stoff ist. Ganz ohne Kortison in unserem Körper würden wir sogar sterben. Kortison ist nämlich ein Hormon. Hormone sind Stoffe, die der Körper selber bildet, sogar unbedingt bilden muß. Ja, es gibt sogar Krankheiten, z.B. die Addison-Krankheit bei beidseitiger Nebennierentuberkulose, bei denen der Körper kein Kortison mehr bilden kann. Dieser krankheitsbedingte Kortisonmangel kann tödlich verlaufen! Kortison ist also vom Prinzip her zunächst einmal kein Gift und keine chemische Keule, sondern ein natürlicher Stoff. Diesen kann man als Medikament einsetzen. Und als Medikament richtig eingesetzt, kann Kortison in vielen Fällen Leben retten. Richtig angewandt, kann Kortison Asthmakranke aus schwerer Atemnot befreien und ihre Lebensqualität erhalten. Es handelt sich also um ein sehr starkes Medikament, welches, insbesondere bei hoher Dosierung, auch bedeutsame Nebenwirkungen haben kann. In jedem Einzelfall muß daher zwischen dem Nutzen einer Kortisontherapie und den möglichen Gefahren abgewogen werden.

Ob eine Kortisonbehandlung mit Tabletten Nebenwirkungen verursacht, hängt vor allem von zwei Faktoren ab:

1. Dosierung der Kortisontherapie
2. Dauer der Kortisonbehandlung.

Beides erfordert Erfahrung! Am besten die Beratung durch einen Lungenfacharzt.

Kortisontabletten erst dann, wenn die anderen Therapiestufen ausgeschöpft sind

Zudem sollte erst dann zu einer Dauertherapie mit Kortison in Tablettenform gegriffen werden, wenn die anderen Therapiestufen wirklich ausgeschöpft sind:

1. Vermeidung der Auslöser, soweit irgend möglich.
2. Korrekt durchgeführte Therapie mit den Medikamentengruppen 1–4.

Beispiel:

Frau J., 25 J., liebt ihre drei Katzen sehr. Sie weiß auch, daß bei ihr eine Katzenhaarallergie vorliegt, sie meint aber, eine Trennung nicht verkraften zu können. Ihr Asthma wird von Jahr zu Jahr schlimmer. Schließlich war sogar eine Krankenhausbehandlung erforderlich. Hier besserten sich ihre Beschwerden rasch. Nach der Entlassung traten die Beschwerden trotz vier verschiedener Medikamente wieder auf. Ihr Hausarzt schlug ihr eine Kortisonbehandlung vor.

Trotz allem Verständnis für die enge Bindung von Frau J. an ihre Katzen, ist dies ein typisches Beispiel einer letztlich falschen Entscheidung zur Kortisondauerbehandlung. Zunächst sollte sich Frau J. von ihren Tieren trennen, anschließend müßte die Wohnung gründlich von den Katzenhaaren befreit werden (vergl. S. 219).

Die Zeitspanne, bis all diese Maßnahmen verwirklicht sind, kann mit einer befristeten Kortisonbehandlung in Tablettenform überbrückt werden.

Denn: Kortison über einige Tage oder Kortison über Jahre dürfen Sie bitte nicht in einen Topf werfen.

Verschiedene Kortisongaben

Sie müssen nämlich strikt trennen:
Kortison als inhalatives Medikament ↔ Kortison in Tabletten/Spritzenform
Kortison-Kurzzeittherapie ↔ Kortison-Langzeittherapie
und bei der

Kortison-Langzeitbehandlung:
– **Niedrig dosierte Dauertherapie** mit Kortisontabletten
↔
– **Höher dosierte Dauertherapie** mit Kortisontabletten

Kurzzeitige Kortisonbehandlung
- Kurzfristige Kortisonbehandlung bei vorübergehender Verschlechterung
- Kortison als einmalig verabreichtes Notfallmedikament

1. Kurzfristige Kortisonbehandlung bei vorübergehender Verschlechterung

Stärkstes Asthmamittel

Kortisontabletten sind sehr wirksam gegen die Entzündung der Atemwegsschleimhaut, die ja das Asthma bedingt. Daher sind Kortisontabletten und -spritzen die stärksten Asthmamedikamente, die wir kennen. Eine kurzzeitige Kortisonbehandlung über wenige Tage hat auf Dauer keine gefährlichen Nebenwirkungen. Deshalb sind Kortisontabletten über einige Tage, d.h. über weniger als 14 Tage, eine sehr effektive und nebenwirkungsarme Behandlung bei einer plötzlichen Verschlechterung Ihrer Krankheit. Kortisontabletten über einige Tage können für Sie eine wichtige Bedarfsbehandlung sein, wenn Ihre Basisbehandlung nicht mehr ausreicht. Den genauen Plan für eine solche Bedarfsmedikation müssen Sie mit Ihrem behandelnden Arzt natürlich exakt besprechen. Das Prinzip besteht in der Gabe von Kortisontabletten (Dosierung muß vom Arzt festgelegt sein) während einer Verschlechterungsphase, bis sich das Asthma wieder stabilisiert hat (am besten noch zwei Tage darüber hinaus). Dann werden die Kortisontabletten wieder abgesetzt oder aber, nach einem vorgegebenen Plan, schrittweise in der Dosis reduziert.

Notfallmedikament

Kennt Sie Ihr behandelnder Arzt als einen informierten und kooperativen Patienten, so ist es durchaus richtig, Ihnen eine Schachtel Kortisontabletten für den Notfall zu verschreiben. Und es ist auch durchaus zu wünschen, daß ein gut geschulter Patient bei einer Verschlechterung mit dieser Bedarfsmedikation selbständig beginnt.
In solchen Phasen sollte nämlich z.B. am Freitag abend und nicht am Montag früh mit der Bedarfsmedikation begonnen werden. Natürlich werden Sie Ihren Arzt dann sofort über diese Bedarfsmedikation unterrichten, z.B. auch telefonisch. Einzelheiten über dieses ärztlich begleitete »Selbstmanagement« erfahren Sie auf Seite 143).

2. Kortison als Notfallmedikament: Die Kortisonspritze in die Vene

Lebensretter Kortison

Kortison ist ein körpereigener Stoff. Einmalig gegeben, z. B. als Spritze im Notfall, hat es normalerweise überhaupt keine relevanten Nebenwirkungen. Die Angst vieler Asthmapatienten vor einer Kortisonspritze (in die Venen) bei einem akuten Asthmaanfall ist unbegründet. Die Wirkdauer dieser Spritze beträgt nur einige Stunden. Diese Spritze kann lebensrettend sein!
Problematisch wird es aber, wenn diese Spritzen dauernd wiederholt werden müssen, dann liegt nämlich praktisch eine Dauerbehandlung vor. Dies sollte es nicht geben, dann ist offenbar die Asthmatherapie nicht ausreichend.

Merke!

Kortisonspritze ist nicht gleich Kortisonspritze!

! Eine Kortisonspritze in die Venen (also in die Adern am Arm) ist nicht zu verwechseln mit einer »Depotspritze« (Langzeitspritze) in die Muskulatur.

! Diese »Kortison-Depotspritzen« wirken über mehrere Wochen gleichmäßig tags und nachts und unterdrücken dadurch sehr stark die körpereigene Kortisonbildung. Sie entsprechen im Prinzip einer Kortison-Langzeitbehandlung. Um es ganz klar auszudrücken: Sie erhalten zwar nur eine Spritze in den Muskel, diese wirkt aber so, als würden Sie jeden Tag Kortisontabletten einnehmen. Ein entscheidender Nachteil einer solchen Kortison-Depotspritze ist, daß Sie die Dosis nicht genau steuern können, weil die Spritze eben über mehrere Wochen wirkt. Außerdem wird die körpereigene Kortisonbildung stärker als bei Tabletten unterdrückt. Auf gut deutsch: Die Nebenwirkungen einer solchen Behandlung sind oft deutlich höher als bei einer individuell dosierten Dauertherapie mit Kortisontabletten. Zudem besteht bei diesen Spritzen auch die Gefahr einer »Behandlungslücke«, dann nämlich, wenn die Wirkung nachläßt.

! Es gibt aber auch Kortisonspritzen in den Muskel, die keine Kortison-Depotspritze darstellen. Hier gelten die eben genannten Bedenken nicht. Diese Kortison-Kurzzeitspritze in den Muskel entspricht einer Kortison-Kurzzeitspritze in die Vene.

Zur Erinnerung: **Kortison als inhalierbares Medikament** (= Medikamentengruppe 1, vergl. S. 66) ist weitgehend frei von bedeutenderen Nebenwirkungen. Was Sie bei »Tablettenkortison« an Nebenwirkungen kennenlernen werden, trifft auf die einatembaren Medikamente nicht zu. Und zwar aus zwei Gründen:

1. Diese Medikamente **wirken praktisch nur an den Bronchien und kaum im Blut.**
2. Darüber hinaus ist die **inhalativ zugeführte Dosis sehr gering.**

Und Sie wissen ja: Für die Nebenwirkung eines Medikamentes ist vor allem die Dosis entscheidend.

Der praktische Tip

> Kein »Tablettenkortison« ohne daß der inhalative Weg mit »Spray-Kortison« ausgereizt ist.

Längerfristige Behandlung mit Kortisontabletten

Bei schwerem Asthma kann es nötig sein, eine Behandlung mit Kortisontabletten über Jahre durchzuführen. Richtig durchgeführt und überwacht ist eine solche Therapie in jedem Falle günstiger als die Folgen einer nicht ausreichend behandelten Asthmaerkrankung. Lassen Sie sich da bitte keinesfalls durch unqualifizierte Ratschläge aus Illustrierten oder von wenig informierten Bekannten verunsichern! Denn mit Kortison hat uns die Natur ein hochwirksames Arzneimittel in die Hand gegeben. Damit können Sie, auch mit einer schwer verlaufenden Asthmaerkrankung, meist ein normales Leben führen.

Spektakulären Berichten mißtrauen

Richtig durchgeführte und überwachte Dauertherapie mit Kortisontabletten bedeutet:

Richtig durchgeführte Kortison-Dauertherapie heißt:
– wirklich nötig

Die **Notwendigkeit** muß wirklich bestehen, alle anderen Behandlungsschritte sind ausgeschöpft. Sicher ist es kein Fehler, dies gegebenenfalls von einem Spezialisten überprüfen zu lassen (Facharzt für Lungen- und Bronchialerkrankungen).
Fast immer gilt: »Kein Tablettenkortison ohne Spraykortison!« Mit inhalativem Kortison können 5–10 mg Tablettenkortison eingespart werden.

– richtige Dosis

Richtige Dosierung: Nicht unnötig viel, aber auch keine Unterdosierung mit der Folge einer dauerhaften Unterbehandlung Ihrer Krankheit. Dabei würden Sie mehr unter der zu schwachen Therapie leiden als unter den eventuellen Medikamentennebenwirkungen. Das Finden der richtigen Dosierung erfordert einerseits Erfahrung vom Arzt, andererseits aber auch Ihre Mitarbeit. Ein genau geführtes Patiententagebuch und das sorgfältig erstellte Peak-Flow-Meter-Protokoll (wir erklären Ihnen dies auf den Seiten 147–146) helfen hier wesentlich. Meist wird der Arzt mit einer höheren Dosis beginnen, die dann in sehr kleinen Schritten auf die »Erhaltungsdosis« abgesenkt wird. Das ist die niedrigste Menge, die ausreicht, um das Asthma wirksam zu behandeln. Diese Erhaltungsdosis sollte dann auch wirklich zuverlässig eingenommen werden.

Erhaltungsdosis

Achtung!

> **!** Die notwendige Dosis ist von Patient zu Patient unterschiedlich. Starre Dosisangaben sind hier wenig hilfreich. Daher ist Ihre korrekt ermittelte Erhaltungsdosis für Sie ein wertvolles Wissen.

Vorsicht vor falschen Aposteln! Immer wieder geraten Asthmapatienten in schwere Verschlechterungsphasen, weil die notwendige Kortisonbehandlung leichtfertig abgebrochen wurde. Lassen Sie sich nicht irremachen! Sie wissen jetzt, wie sorgfältig ein guter Arzt die Notwendigkeit einer Dauerbehandlung mit Kortison prüft. Ist dies aber geschehen, so ist Kortison für Sie Lebensqualität und Schutz vor schweren Dauerfolgen des Asthmas.

Merke!

> **!** Das Unterschreiten der korrekt ermittelten Erhaltungsdosis löst Asthma aus, macht es instabil und erfordert letztlich notfallmäßig eine wesentlich höhere Kortisontherapie als die notwendige Dauerbehandlung mit ebendieser Erhaltungsdosis.

Neben der Dosis ist auch der **Einnahmezeitpunkt** wichtig. Meist sollen die Kortisontabletten frühmorgens eingenommen werden, aber in speziellen Einzelfällen kann Ihnen Ihr Arzt auch eine andere Einnahmezeit empfehlen.

Kontrolluntersuchungen: Regelmäßige, routinemäßige Blutuntersuchungen sind erforderlich (Blutzucker, Blutsalze). Dies ist anfangs öfters, später etwa alle drei Monate erforderlich. Achten auch Sie darauf, daß dies nicht vergessen wird!

Notwendig ist auch eine regelmäßige (etwa vierteljährliche) **Augenarztkontrolle,** wobei der Augeninnendruck gemessen und die Augenlinse überprüft werden. Der **Blutdruck** sollte regelmäßig gemessen werden. Insbesondere bei Frauen ist unter Umständen eine jährliche Messung der Knochendichte angezeigt. Ihr Arzt muß dies im Einzelfall entscheiden. Sprechen Sie als Frau nach den Wechseljahren mit Ihrem Frauenarzt über die Kortisonbehandlung, gegebenenfalls ist bei Ihnen eine Hormonbehandlung angezeigt.

Die möglichen Nebenwirkungen einer langfristigen Therapie mit Kortison in Tablettenform

> Die folgenden Ausführungen gelten nur für eine längerfristige Behandlung mit Kortison in Tablettenform, nicht für die Kurzzeittherapie und nicht für die Behandlung mit inhalativem Kortison.

Große Unterschiede in der Wirkung und bei den Nebenwirkungen zwischen den einzelnen Präparaten (Kortisontablettensorten) bestehen nicht.
Aber: Präparate mit längerer Wirkungsdauer unterdrücken die körpereigene Kortisonproduktion stärker als kurzwirksame. Daher halten wir langwirkende Präparate für weniger geeignet zur Kortisondauerbehandlung des Asthma bronchiale. Beispiele: Dexamethason (Präparate: Fortecortin® u.a.) und Betamethason (Präparate: Celestan® und Celestamine®N).

Nebenwirkungen individuell

Ansonsten hängen die möglichen Nebenwirkungen einer solchen Dauertherapie vor allem von der notwendigen Dosierung ab. **Aber:** Wie bei der notwendigen Erhaltungsdosis sind auch die Dosierungen, bei denen Nebenwirkungen vermehrt auftreten, von Patient zu Patient unterschiedlich.

- **Niedrig dosierte Dauertherapie mit Kortisontabletten**
(d.h. weniger als 5–7,5 mg)[8]

Hier sind schwerwiegende Nebenwirkungen im allgemeinen nicht zu erwarten. Es hat sich in den letzten Jahren immer mehr gezeigt, daß sehr viele Asthmapatienten mit einer solchen niedrig dosierten Dauertherapie auskommen. Manchmal reichen

[8] Die Dosisangaben für Kortisontabletten sind hier etwas vereinfacht dargestellt. Nicht immer bedeutet die gleiche Milligramm-Menge bei verschiedenen Kortisontabletten die gleiche Stärke. Wir meinen hier immer das »Standardkortison« (Prednisolon). Die Wirkungsstärke eines Kortisonpräparates wird dabei immer auf die Stärke des Prednisolons bezogen, man spricht von »Prednisolon-Äquivalenz«. Wenn man also die Dosis verschiedener Kortisontabletten vergleicht, so muß man die mg in mg Prednisolonäquivalenz umrechnen. Kompliziert? Daher fragen Sie im Zweifel Ihren Arzt.

Niedrigste Dosierung ausloten

sechs, manchmal vier oder weniger Milligramm. Das Ausloten der niedrigst möglichen noch effektiven Dosis ist aber nur bei optimaler Patientenmitarbeit möglich. Diese Dosis ist von Patient zu Patient unterschiedlich, d. h., Sie und Ihr Arzt müssen diese Dosis für Sie speziell ermitteln. Helfen Sie dabei mit! (Führen einer Peak-Flow-Kurve, Patiententagebuch mit genauer Aufzeichnung von Krankheitszeichen.)

- **Höher dosierte Dauertherapie mit Kortisontabletten**

Je höher die Dosis, desto eher sind folgende Nebenwirkungen möglich:

Nebenwirkungen

- Knochenentkalkung
- Hautveränderungen
- Gewichtszunahme
- Blutdruckerhöhung
- Blutzuckererhöhung
- Magengeschwüre bei vorbelasteten Patienten
- Augenerkrankungen u. a.

> Aber bedenken Sie:
> Nebenwirkungen können bei jedem Medikament vorkommen. Liest man die Beipackzettel vieler Arzneimittel, dann wird einem oft bange. Aus juristischen Gründen müssen hier aber alle möglichen Nebenwirkungen aufgeführt sein. Auch die, die nur extrem selten vorkommen. Diese zahlreichen Nebenwirkungen müssen aber keinesfalls auftreten, ganz im Gegenteil, die Wahrscheinlichkeit ist gering.

Häufigste Nebenwirkungen

Bei den Kortisontabletten sind folgende vier Nebenwirkungen am häufigsten, diese müssen Sie kennen. Nicht um Angst zu bekommen, sondern um diese Nebenwirkungen rechtzeitig zu erkennen und zu vermeiden.

1. Knochenentkalkung (Osteoporose)
2. Hautveränderungen
3. Gewichtszunahme
4. Blutdruckerhöhung

Diese Nebenwirkungen treten leider nicht selten auf, aber auch keinesfalls zwangsläufig!
Und wichtiger noch, Sie können sehr viel dafür tun, daß diese unerwünschten Wirkungen nicht auftreten.

Die Kortisonnebenwirkungen im einzelnen
Was kann ich dagegen tun?

Knochenentkalkung

Die **Knochenentkalkung** (Osteoporose) ist eine der wichtigsten Nebenwirkungen einer länger dauernden Kortisoneinnahme. Der Knochen und insbesondere die Wirbelkörper können brüchig werden, im Extremfall kann es zu Knochenbrüchen kommen.

Wer ist besonders gefährdet?	Was können Sie dagegen unternehmen?
Frauen nach den Wechseljahren, denn sie sind auch ohne Kortison von Knochenentkalkung gefährdet	Frauen nach den Wechseljahren (mit einer Kortisondauertherapie) sollten möglichst Östrogene bekommen Calciumreiche Ernährung
Menschen, die sich wenig körperlich bewegen, denn sie sind auch ohne Kortison von Knochenentkalkung gefährdet	Calciumreiche Ernährung regelmäßige körperliche Bewegung wichtig ist z. B. eine regelmäßige vorsorgende Wirbelsäulengymnastik bzw. Osteoporose-Krankengymnastik. Der Arzt sollte prüfen, ob »Anti-Osteoporosemedikamente« (Vitamin D, Calcium u. a.) erforderlich sind.

Der praktische Tip

Regelmäßige Bewegung und systematische Rückengymnastik sind das beste Mittel gegen drohende Knochenentkalkung bei einer Kortisondauertherapie.

Hautveränderungen

Hautveränderungen sind die häufigste Kortisonnebenwirkung. Sie können zwar kosmetisch störend sein, sind aber keine bedrohliche Gefahr. So kann die Haut dünn werden (»Pergamenthaut«), häufig sind auch kleinere Hauteinblutungen, Pickel oder Mitesser vorhanden. Gegen kosmetische Kortisonfolgen hilft Kosmetik. Letztere Hautveränderungen bilden sich nach Absetzen des Kortisons in der Regel wieder zurück, die Pergamenthaut meist jedoch nicht.

Sorgfältige Hautpflege

Was kann man dagegen tun?
Die Haut ist sorgfältig zu pflegen, bei verletzungsgefährlichen Arbeiten sollten Sie entsprechende Schutzkleidung/Handschuhe anziehen.

Gewichtszunahme

Zwar nehmen durchaus nicht alle Patienten unter einer regelmäßigen (Tabletten-)Kortisontherapie zu, aber diese Nebenwirkung gehört zu denen, mit denen man rechnen muß. Auch das Gesicht kann voller werden.
Was kann man dagegen tun?
Die Appetitzunahme ist weniger ausgeprägt, wenn Sie Ihre Kortisontabletten frühmorgens einnehmen.
Wichtig ist ausgewogene, kalorienarme Kost und regelmäßiges körperliches Training. Gut geeignet sind Joggen, Radfahren oder Schwimmen, aber auch Wandern und Spazierengehen. Damit beugen Sie gleichzeitig auch der Osteoporose vor.
Überprüfen Sie auch Ihr Körpergewicht durch regelmäßiges Wiegen. Nehmen Sie zu, dann sprechen Sie darüber mit Ihrem Arzt.

Der praktische Tip

- Essen Sie mit Bedacht, nicht nebenbei oder aus Langeweile.
- Kauen Sie jeden Bissen bewußt 10mal.
- Legen Sie nach jedem Bissen die Gabel zur Seite.
- Lernen Sie, bewußt auf Kalorien zu achten.

Blutdruckerhöhung

Eine regelmäßige Kontrolle des Blutdrucks ist bei einer Kortisondauertherapie in jedem Fall angezeigt.
Durch Einhalten des Normalgewichtes und regelmäßige körperliche Bewegung tun Sie schon sehr viel, um eine Blutdruckerhöhung zu vermeiden. Zudem sollte die Kost möglichst salzarm (d.h. aber nicht geschmacklos und fad) sein. Motto: würzen statt salzen.
In seltenen Fällen ist eine zusätzliche medikamentöse Blutdruckbehandlung erforderlich.

Die folgenden Nebenwirkungen sind weniger häufig, können aber im Einzelfall auftreten:

Blutzuckererhöhung

Wer ist besonders gefährdet?
Gefährdet sind insbesondere Menschen mit einer Anlage zur Zuckerkrankheit (Zuckerkranke in der Verwandtschaft, Übergewicht, Erkrankung der Bauchspeicheldrüse).

Was kann man dagegen tun?
Achten Sie auf Ihr Normalgewicht.
Zurückhaltung bei Zucker und Gesüßtem.
Lassen Sie regelmäßig den Blutzucker kontrollieren (anfangs öfter, später jedes Vierteljahr).

Magengeschwüre

Wer ist besonders gefährdet?
Patienten, die bereits ein Magengeschwür haben oder hatten. Für andere Personen besteht nach heutigem Wissen kein generell erhöhtes Risiko. Gefährdet sind aber auch Patienten, die zusätzlich regelmäßig Schmerz- und Rheumamittel einnehmen. Diese Medikamente bewirken nämlich tatsächlich ein gesteigertes Magengeschwür-Risiko.
Was können diese Patienten dagegen unternehmen?
Teilen Sie Ihrem Arzt mit, wenn Sie ein Magengeschwür hatten oder haben, er muß dann entscheiden, ob ggf. eine medikamentöse Vorsorge erforderlich ist.
Achten Sie auf Magenbeschwerden. Beim Auftreten von pechschwarzem Stuhlgang sollten Sie unverzüglich Ihren Arzt aufsuchen, dies könnte ein Zeichen eines blutenden Magengeschwürs sein.

Augenerkrankungen

Grauer oder Grüner Star: Beide sind selten, dürfen aber nicht übersehen werden. Lassen Sie Ihre Augen jedes Vierteljahr überprüfen. Bei Sehstörungen natürlich früher.
Diese Informationen sollten aber keine Überängstlichkeit bewirken. Machen Sie es so wie beim Autofahren: Aufmerksamkeit und Achtsamkeit sind erforderlich, aber fahren dürfen und sollen Sie.

Weitere Kortisonnebenwirkungen

Es gibt noch **weitere mögliche Nebenwirkungen** einer Kortisonbehandlung, beispielsweise Muskelveränderungen und psychische Veränderungen. Glücklicherweise sind diese aber selten.

Wichtig!

! Beim Auftreten von Kortisonnebenwirkungen sollten Sie immer mit dem Arzt sprechen. Die meisten dieser Nebenwirkungen können beherrscht und behandelt werden. Im Einzelfall müssen Notwendigkeit und Nutzen der Kortisonbehandlung gegen die auftretenden Nebenwirkungen abgewogen werden.

Eigenmächtiges Absetzen gefährlich

Aber setzen Sie die Behandlung nicht eigenmächtig ab, dies könnte aus zwei Gründen gefährlich sein:

1. Unter Umständen produziert Ihr Körper nach einer längeren Kortisontherapie kein oder nur unzureichend körpereigenes Kortison. Abruptes Absetzen provoziert somit u. U. einen lebensbedrohlichen Kortisonmangel. Wenn eine längerfristige Kortison(tabletten)therapie beendet werden soll, so muß dies langsam erfolgen. Die Ärzte sprechen vom Ausschleichen.

Kortisondauertherapie nie schlagartig absetzen

Das genaue Vorgehen bei einem solchen Ausschleichen muß Ihr Arzt im Einzelfall festlegen. Das Prinzip: Die Dosis wird langsam immer weiter reduziert. Machen Sie das nicht ohne vorherige Arztrücksprache.

Auch bei einer Operation, einem schweren Infekt oder einer anderweitigen schweren Erkrankung darf das Kortison keinesfalls plötzlich abgesetzt werden. Es ist meist sogar eine Dosiserhöhung erforderlich, aber darüber muß der Arzt immer im Einzelfall entscheiden. Dazu muß er aber über die Kortisontherapie informiert sein. Nützlich ist es, wenn Sie einen Kortisonausweis besitzen. Am wichtigsten aber ist es, daß Sie und Ihre Angehörigen über diese Zusammenhänge gut informiert sind (vgl. Kapitel »Asthma und Familie«).

Halten Sie vereinbarte Dosierungen ein!

2. Das Unterschreiten der notwendigen Kortisondosis löst regelhaft Asthma aus. Dies führt, über die dann erforderliche Notfallbehandlung, letztlich zu einer höheren Kortisondosierung als eine möglichst gering dosierte – aber eben nicht unterdosierte – Langzeittherapie.

Diese im Einzelfall notwendige Dosis ist von Patient zu Patient sehr unterschiedlich und muß sehr sorgfältig für jeden Patienten ermittelt werden.

Präparatebeispiele

Berlicort®, Delphicort®, Decaprednil®, Decortilen®, Decortin®, Decortin®H, duraprednisolon, hefasolon®, Prednisolon, Prednison, Predni-H-Tabelinen, Solu-Decortin®H, Syntestan®, Ultralan®, Urbason®, Volon® u. a.

Meine Zusammenfassung
Meine Kortisontabletten heißen ____________
Ich nehme davon ______ mg pro Tag ein. Diese Dosis hat mein Arzt sorgfältig mit mir ermittelt. Ohne Rücksprache mit meinem Arzt ändere ich diese Dauertherapie nicht. Im Falle einer Verschlechterung meiner Asthmaerkrankung erhöhe ich aber eventuell für eine Zeit die Kortisondosis. Mit meinem Arzt habe ich dann eine vorübergehende Einnahme von ______ mg vereinbart.
Wichtig: Ich weiß, daß ich eine Kortisondauertherapie nicht plötzlich beenden darf, weil die körpereigene Kortisonbildung unterdrückt sein kann.

Meine persönliche Zusammenfassung

Wissen kontra Kortisonangst

Noch zwei Antworten auf häufige Befürchtungen bei einer Kortison-Langzeittherapie:
Gibt es eine Kortisongewöhnung, läßt die Wirkung nicht irgendwann nach? Nein, die entzündungshemmende Wirkung verliert sich nicht. Manchmal ist aber im Verlauf eine Dosissteigerung nötig, das ist dann jedoch Ausdruck einer Krankheitsverschlechterung und nicht einer nachlassenden Wirksamkeit.
Gibt es eine Kortisonabhängigkeit, macht das nicht auf Dauer süchtig? Eine Kortisonsucht gibt es nicht. Es gibt jedoch Asthmaverläufe, bei denen eine ausreichende Behandlung ohne Kortison nicht gewährleistet ist. Dies nennen die Ärzte »Kortisonpflichtigkeit«. Wird bei einem kortisonpflichtigen Asthma aus Angst vor Medikamentennebenwirkungen diese Kortisonbehandlung fälschlicherweise abgesetzt oder zu niedrig dosiert, dann kommt es fast gesetzmäßig zu dauernden Rückfällen, schweren Asthmaanfällen und schließlich zu schlimmeren Spätschäden, als das die meist überschätzten Kortisonnebenwirkungen verursachen könnten. Diese Kortisonangst führt häufig dazu, daß die Patienten stärker unter ihrer Krankheit leiden als unter den möglichen Nebenwirkungen.

Ersetzen Sie blinde Kortisonpanik durch sorgfältigen und korrekten Umgang mit diesem Medikament.

Anpassen der Stufentherapie

Sie wissen es bereits: Die Schwere der Asthmaerkrankung ist keineswegs immer konstant.

In stabilen Phasen kann die medikamentöse Basistherapie verringert werden.

Basistherapie anpassen

Sie sollten das mit Ihrem Arzt besprechen, wenn:

- Sie unter Ihrer Basistherapie keine Asthmabeschwerden mehr verspüren, d. h.
  - kein Husten,
  - keine Atemnot,
  - kein nächtliches Erwachen wegen Asthma,
  - keine Einschränkung Ihrer körperlichen Leistungsfähigkeit,
- Ihre Peak-Flow-Meter-Kurve optimal ist,
- Sie nicht mehr als viermal pro Tag Ihren kurzwirksamen, inhalativen Bronchialerweiterer brauchen.

Umgekehrt kann es auch sein, daß Ihre langfristige Basistherapie verstärkt werden muß, nämlich wenn:

- Sie trotz Ihrer regelmäßigen medikamentösen Basistherapie Asthmabeschwerden verspüren, d. h.
  - Husten oder Atemnot,
  - nächtliches Erwachen wegen Husten oder Atemnot oder morgendliche Atembeklemmungen und Reizhusten,
  - Einschränkung Ihrer körperlichen Leistungsfähigkeit,
- Ihre Peak-Flow-Meter-Kurve Verschlechterungszeichen aufweist (vgl. Seite 146),
- Sie mehr als viermal pro Tag Ihren kurzwirksamen, inhalativen Bronchialerweiterer brauchen.

Behandlung einer Exazerbation

Neben den langfristigen Schwankungen der Asthmaerkrankung wird es immer wieder kurzfristigere Verschlechterungsphasen geben. Im Kapitel »Meine Krankheitszeichen« haben wir über diese Exazerbationen berichtet. Solche Verschlechterungsphasen werden durch Infekte, Allergieschübe oder andere Faktoren verursacht.

Sie bemerken plötzlich:

- vermehrt Husten oder Atemnot, eventuell auch Zeichen eines Atemwegsinfektes wie Fieber, eitriger Auswurf (gelbliche oder grünliche Farbe) u. a.,
- nächtliches Erwachen wegen Asthma,
- Ihre Peak-Flow-Meter-Kurve zeigt deutliche Verschlechterungszeichen (vgl. Seite 151),

• Sie brauchen mehr als viermal pro Tag Ihren kurzwirksamen, inhalativen Bronchialerweiterer.

Verschlechterungsphasen erkennen und behandeln

Jetzt ist das Asthma nicht stabil, jetzt droht die Gefahr einer weiteren Verschlechterung. Das sind die Phasen, in denen Asthmaanfälle bedrohlich – im Extremfall tödlich – verlaufen können. Diese Phasen müssen Sie rasch und entschlossen angehen:
Sie müssen rasch die mit Ihrem Arzt zuvor vereinbarte Bedarfsmedikation durchführen. Diese ist nicht bei allen Patienten gleich, aber bei allen muß sie vorher mit dem behandelnden Arzt abgesprochen sein. Abgesprochen sein muß auch, ob sie den Arzt immer telefonisch von einer solchen Bedarfstherapie unterrichten müssen und wann Sie ihn persönlich aufsuchen sollen. Die Anweisungen für diese Bedarfstherapie sollten Sie sich aufschreiben.

Meine persönliche Zusammenfassung

Meine Zusammenfassung
Meine medikamentöse **Basisbehandlung** umfaßt die folgenden Asthmamedikamente (aus den beschriebenen Medikamentengruppen Nr. 1–5)
1. ______________ (Dosierung:)
2. ______________ (Dosierung:)
3. ______________ (Dosierung:)
4. ______________ (Dosierung:)
5. ______________ (Dosierung:)

Meine Bedarfsmedikation bei plötzlicher Verschlechterung meiner Erkrankung:
Bei einer Verschlechterung
• prüfe ich, ob ein Atemwegsinfekt vorliegt
• prüfe ich, ob ein Allergieschub oder ein anderer Auslöser vorliegt
• nehme ich folgende Medikamente zusätzlich:
____
____
• Kommt es zu einer weiteren Verschlechterung oder tritt nach ______ Tagen keine entscheidende Besserung auf, dann informiere ich meinen Arzt (Dr. ____________, Tel. ____________)
• Ich informiere meinen Arzt außerdem, wenn
____
____

Sprechen Sie alles vorher mit Ihrem Arzt durch, Sie brauchen sich auch nicht zu scheuen, diese Liste mit in die nächste Sprechstunde zu nehmen.

Nichtmedikamentöse Therapie

Asthma entsteht auf dem Boden einer chronischen, oft lebenslang bestehenden Entzündung der Atemwegsschleimhaut. Diese führt zur Überempfindlichkeit der Bronchien, und diese führt zu wechselnder, anfallsweiser Atemnot bzw. Husten. Alles, was die Schleimhautentzündung und die Überempfindlichkeit der Bronchien dämpft, ist daher gut für die Behandlung des Asthma bronchiale. Alles, was die Entzündung anheizt, verstärkt die Überempfindlichkeit der Atemwege und verschlechtert so das Asthma. Insofern besteht die Asthmabehandlung einerseits aus dem richtigen Verhalten, andererseits ist meist zusätzlich eine medikamentöse Therapie erforderlich.

Richtiges Verhalten plus richtige Medikamente

Über das Leben mit Asthma haben wir Ihnen bereits einiges vermittelt:

1. Basis ist das Wissen um das Wesen und die Entstehung der Asthmakrankheit.
2. Das muß »seelisch verdaut« und schließlich akzeptiert werden.
3. Daraus resultiert eine der Krankheit sinnvoll angepaßte Lebensführung.

Diese besteht einerseits in

– Vermeidung der Asthmaauslöser und aller Faktoren, die die chronische Atemwegsentzündung verstärken,

andererseits in einem

– ärztlich begleiteten Selbstmanagement, d.h., Krankheitsüberwachung und teilweise Selbststeuerung der Asthmamedikamente erfolgt durch Sie selber.

All dies ist zwar einsichtig – aber erfordert natürlich viel Disziplin und ist oft lästig und unbequem. Ganz natürlicherweise tauchen da immer wieder Fragen auf wie: »Geht das nicht einfacher? Gibt es nicht doch eine Dauerheilung? Geht das nicht auch ohne dauernde Medikamenteneinnahme, also biologisch auf natürlichem Wege?«

Keine gefährlichen Experimente mit Ihrer Gesundheit!

Es gibt neben den erwähnten Verhaltensweisen und der

medikamentösen Therapie noch einiges, was Ihnen beim Leben mit Ihrer Krankheit helfen kann. Mehr darüber werden Sie gleich erfahren.

Wichtig!

! Gehen Sie bei Ihrer Erkrankung auf Nummer Sicher: Die bereits erwähnten Verhaltensweisen und Medikamente sind millionenfach erprobt und in ihrer Wirksamkeit gesichert. So ist es beispielsweise gesichertes und überprüftes Wissen, daß eine Behandlung mit inhalativem Kortison zu einer langfristigen und anhaltenden Stabilisierung von Asthma bronchiale führt. Dabei handelt es sich nicht etwa um die Erfahrung eines einzelnen Arztes oder eines Krankenhauses, sondern diese Erfahrungen sind weltweit gleich. Wenn Sie also keine gefährlichen Experimente mit Ihrer Gesundheit machen wollen, dann sollten Sie auf dieses Wissen nicht leichtfertig verzichten.

Alternative Therapieformen und Außenseitermethoden

Unter dem Begriff »Alternative Therapieformen« wird sehr vieles verstanden, und oft werden die Begriffe falsch verwendet. Die Schulmedizin verlangt in der Behandlung einer chronischen Krankheit sichere und in der Wirkung gründlich erprobte Methoden und Medikamente. Diese müssen einerseits in ihrer akuten Wirksamkeit geprüft sein, andererseits muß sicher erwiesen sein, daß sie den Langzeitverlauf der Krankheit günstig beeinflussen. Schließlich dürfen diese Methoden keine unkalkulierbaren Risiken aufweisen, d. h., die möglichen Nebenwirkungen und Risiken dieser Methoden/Medikamente müssen genau untersucht und bekannt sein. Und all dieses muß nachvollziehbar dokumentiert sein, darf also nicht nur eine bloße Behauptung, sondern muß überprüfbar sein.

Prinzipien der Schulmedizin

Dies trifft nun auf viele sog. alternative Therapieformen leider nicht zu. So gibt es zwar durchaus wissenschaftliche Untersuchungen über die Asthmabehandlung z. B. mittels Akupunktur oder Homöopathie. Hierbei fanden sich auch durchaus, meist kurzfristige, positive Wirkungen. Aber systematische Untersuchungen über den Krankheitsverlauf bei vielen Tausenden von Patienten über viele Jahre fehlen. Daher kann Ihnen niemand glaubhaft versichern, daß diese Behandlungsformen

Akupunktur und Homöopathie

Asthma auch langfristig stabilisieren und dadurch Spätschäden bei Ihnen mit größtmöglicher Sicherheit verhindern können. Nun ist es nur zu verständlich, wenn man als Kranker keine Möglichkeit einer endgültigen Heilung unversucht lassen möchte. Lassen Sie sich aber nicht auf gefährliche Experimente ein. Wenn Sie beispielsweise einen Therapieversuch in einem Heilstollen versuchen möchten, so führen Sie aber bitte die gesicherte »normale« Therapie weiter. Unter dieser Voraussetzung ist gegen einen Therapieversuch mit Akupunktur, Homöopathie oder Heilstollenbehandlung nichts einzuwenden. Wir haben selber in Einzelfällen, zumindest vorübergehend, günstige Effekte dieser Methoden gesehen, oder diese wurden uns von Asthmapatienten glaubhaft berichtet. Weil aber die Langzeitwirksamkeit dieser Maßnahmen nicht ausreichend belegt ist, sollte solch ein Therapieversuch nie zum Verzicht auf die gesicherte Asthmatherapie führen. Nur diese kann Ihnen mit hoher Sicherheit Schutz vor Spätschäden und nicht behandelbarer Verschlechterung der Asthmaerkrankung versprechen.

Heilstollen

Achtung!

! Das Gesagte gilt unseres Erachtens nicht für sogenannte Außenseitermethoden wie das Auspendeln von Krankheiten oder Allergien, die Elektroakupunktur nach VOLL oder auch die Bioresonanztherapie. Diese Behandlungsmethoden lehnen wir als unseriös ab.

Nichtmedikamentöse Zusatzmaßnahmen

Physikalische Therapie, krankengymnastische Atemtherapie, Psychologische Verfahren

Die nichtmedikamentöse Zusatzmaßnahmen, wie die krankengymnastische Atemtherapie, die physikalische Therapie oder Selbstentspannungstechniken wie das Autogene Training sind als Zusatzhilfen bei Asthma hilfreich und unbedingt zu befürworten. Es handelt sich aber um Zusatzmaßnahmen, die die medikamentöse Basisbehandlung nicht ersetzen können.
In diesem Sinne sind zu nennen:

Ergänzende Maßnahmen

- **Atemtherapie** (Atemgymnastik, Atemtechniken bei Atemnot, Inhalationsbehandlung, Maßnahmen gegen Verschleimung u. a.).
- **Hydrotherapie = Wasseranwendungen** (Fuß- und Armbäder, Güsse, Wechselduschen, Sauna u. a.).

- **Selbstentspannungstechniken** wie Autogenes Training, Yoga , Qi Gong u. a.
- **Psychotherapeutische Zusatzbehandlung.**
- **Sport** (ist bei Asthma sehr wichtig und hilfreich, daher gibt es in diesem Buch ein Extrakapitel über Asthma und Sport).

Die krankengymnastische Atemtherapie

Medikamentöse Therapie und Atemtherapie ergänzen sich, können sich aber nicht ersetzen.

Atemtherapie

Bei der Atemtherapie muß man unterscheiden zwischen einer Atemgymnastik, die möglichst jeden Tag durchgeführt werden sollte, und atemtherapeutischen Hilfen bei Atemnot. Diese müssen Sie vorher trainieren, also dann, wenn es Ihnen gut geht. Im Rahmen einer Rehabilitationsbehandlung kann dies gut eingeübt werden. Es gibt aber auch, wenngleich zu wenig, niedergelassene Krankengymnasten/innen, bei denen Sie solche Techniken erlernen können.
Wichtige Methoden der Atemtherapie bei Asthma bronchiale:

Atmen lernen

- die Zwerchfellatmung,
- die Lippenbremse,
- die atemerleichternden Stellungen,
- Hustentechniken.

Die Wahrnehmung der eigenen Atmung

Der wichtigste Atemmuskel ist das Zwerchfell. Gutes Einatmen = Bauchatmung = **Zwerchfellatmung**. Meist haben wir dies verlernt. Daher ist es zunächst erforderlich, die eigene Einatmung wieder bewußt wahrzunehmen. Das können Sie z. B., wenn Sie ihre Hände auf den Bauch legen und spüren, wie sich der Bauch bei der Einatmung nach vorne wölbt. Beim Einatmen zieht sich das kuppelförmige Zwerchfell zusammen, es tritt daher tiefer. Dadurch werden auch die Oberbauchorgane nach unten bzw. nach vorne verlagert. Dies spüren Sie als Vorwölben der Bauchdecke bei der Einatmung. Die Ausatmung lassen Sie einfach geschehen. Üben Sie das möglichst oft, z. B. vor dem Einschlafen. Dadurch lernen Sie, Ihre Atmung wieder zu spüren, und trainieren auch Ihr Zwerchfell (Abb. 10).

Lippenbremse

Bei Asthma ist insbesondere die Ausatmung erschwert. Trotzdem ist es geradezu falsch, die Luft mit Gewalt aus dem Brustkorb herauspressen zu wollen. Durch den Muskeldruck auf den Brustkorb und damit indirekt auch auf die Bronchien,

Abb. 10
Zwerchfellatmung
Beim Einatmen zieht sich das kuppelförmige Zwerchfell zusammen, es tritt daher tiefer. Dadurch werden auch die Oberbauchorgane nach unten bzw. nach vorne verlagert. Dies spüren Sie als Vorwölben der Bauchdecke bei der Einatmung.

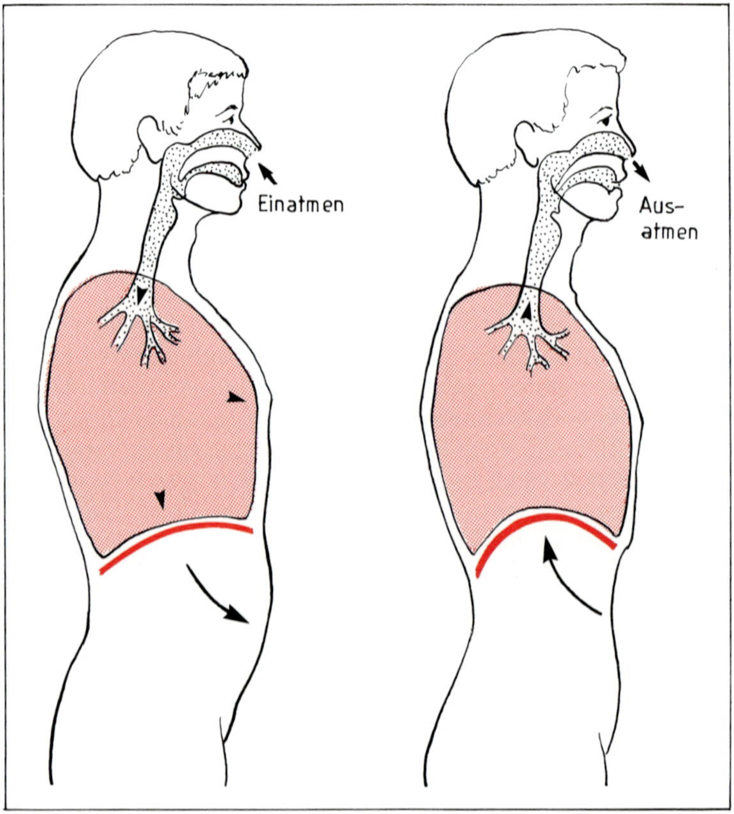

Hilfreiche Methode

pressen Sie die kleinen Atemwege geradezu zusammen, die Luftnot wird noch stärker, die Angst nimmt zu, die Atmung wird hektisch und unkontrolliert.

Gerade bei akuter Luftnot kann aber die Technik der Lippenbremse sehr hilfreich sein: Darunter versteht man das Ausatmen gegen die locker aufeinanderliegenden Lippen, so daß ein leises Strömungsgeräusch entsteht. Aber nicht übertreiben: Die Lippen sollen nicht zusammengepreßt werden. Dadurch entsteht eine Art Luftschienung der Atemwege, die bei einer erzwungenen und schnellen Ausatmung quasi zusammengepreßt werden. Anders ausgedrückt: Beim aktiven Auspressen der Luft werden die Atemwege zusammengedrückt, durch die Lippenbremse erzeugen Sie einen Gegendruck, das Zusammenpressen der Atemwege wird verhindert. Dadurch verringert sich die Atemnot spürbar, Sie werden ruhiger und

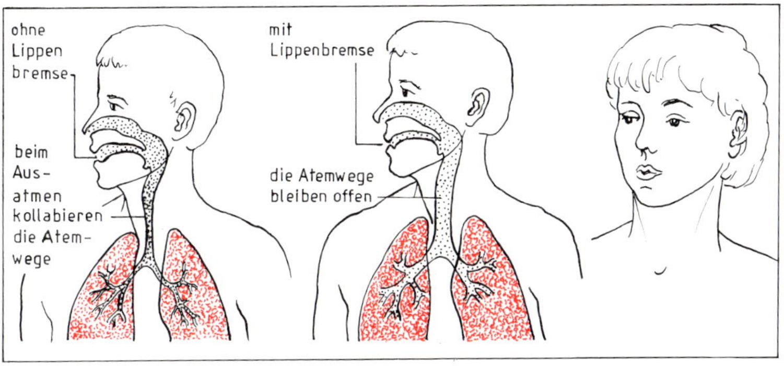

Abb. 11
Die Lippenbremse
Die Lippenbremse ist eine der wichtigsten Atemtechniken bei Luftnot. Einatmen möglichst durch die Nase, beim Ausatmen die Luft durch die locker aufeinander gelegten Lippen ausströmen lassen! Nicht pressen!
Die Lippenbremse gibt den Bronchien Stabilität, sie verhindert das Kollabieren der Atemwege bei der Ausatmung.

weniger verkrampft atmen (Abb. 11). Auch die Lippenbremse müssen Sie lernen, wenn es Ihnen gut geht.
Die Lippenbremse hilft auch bei körperlicher Anstrengung, z.B. beim Treppensteigen. Doch fangen Sie damit bereits auf der ersten Stufe an und nicht erst, wenn Sie außer Atem sind.

Technik der Lippenbremse

- Möglichst durch die Nase einatmen.
- Beim Ausatmen die Luft durch die leicht aufeinandergelegten Lippen ausströmen lassen.
- Nicht pressen, ruhig atmen!

Atemerleichternde Körperstellungen

Atemhilfsmuskulatur einsetzen

Bei Atemnot wird neben dem Zwerchfell auch die Atemhilfsmuskulatur eingesetzt. Diese kann am effektivsten arbeiten, wenn der Schultergürtel fixiert ist. Das macht man sich bei den atemerleichternden Stellungen zunutze. Darunter versteht man z.B. das Abstützen der Arme auf dem Tisch, der Stuhllehne, an der Wand oder auf den eigenen Oberschenkeln.

Beispiele

- Der Kutschersitz:
– Setzen Sie sich auf die Vorderkante eines Stuhles.
– Fußsohlen sollen völligen Bodenkontakt haben.
– Stützen Sie Ihre Hände oder die Ellbogen auf den Oberschenkeln ab.

Oder

- Der Reitsitz:
– Setzen Sie sich verkehrt herum auf einen Stuhl.
– Die Fußsohlen haben Bodenkontakt.
– Stützen Sie die Unterarme auf der Lehne des Stuhles ab.
– Der Kopf liegt auf den Unterarmen.

Abb. 12
Der Kutschersitz (a)
Der Reitersitz (b)

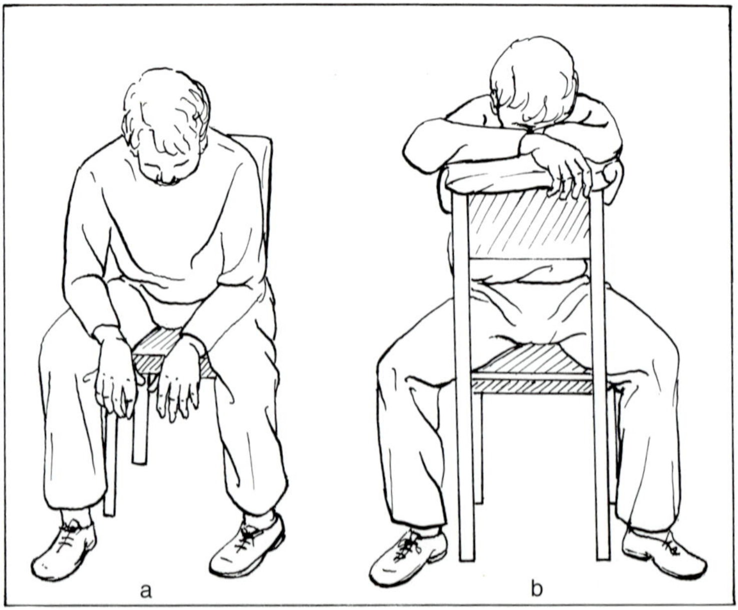

Durch diese atemerleichternden Körperstellungen wird der Brustkorb von dem Gewicht des Schultergürtels entlastet, darüber hinaus wird die Einatmung durch die Atemhilfsmuskulatur unterstützt (Abb. 12).

Hustentechnik

Versuchen Sie bitte nicht, Schleim mit Gewalt abhusten zu wollen. Dadurch husten Sie sich geradezu in einen Asthmaanfall hinein. Ähnlich wie bei der Lippenbremse, sollten Sie versuchen, bei Husten die Luft nicht mit Gewalt aus dem Brustkorb zu pressen. Versuchen Sie, den Schleim langsam und ohne Anstrengung bis zum Kehlkopf hochzuatmen, bis Sie den Schleim mit einem Räuspern hinausbefördern können.

Hinweise zur richtigen Hustentechnik

1. Husten Sie mit geschlossenem Mund, möglichst mit Lippenbremse. Dadurch wird dem Zusammenpressen der Bronchien beim Hustenstoß entgegengewirkt. Dieses Zusammenpressen verursacht sonst noch mehr Hustenreiz.
2. Versuchen Sie, nach zwei bis drei Hustenstößen wieder einzuatmen, husten Sie nicht bis zur Ausatmung. Ziel ist ein kontrolliertes Husten. Versuchen Sie, lange Hustenattacken ohne Auswurf möglichst zu unterdrücken. Je länger Sie in einem Ausatemzug husten, desto enger werden die Bronchien und desto stärker wird der Hustenreiz.

3. Gegen trockenen Reizhusten hilft oft die Anfeuchtung des Rachens z. B. mittels Hustenbonbons oder auch des eigenen Speichels.
4. Bei unwillkürlichem Urinabgang beim Husten, kein seltenes Problem, hilft oft das Überkreuzen der Beine (Anspannen der Beckenbodenmuskulatur).

Selbsthilfetechnik bei Atemnot

Wir schildern Ihnen diese Atem- und Hustentechniken so ausführlich, weil die Beherrschung dieser Maßnahmen gerade beim Asthmaanfall außerordentlich wichtig ist. Wer diese Methoden als Asthmatiker beherrscht, verfügt über eine sehr wirksame Selbsthilfetechnik bei akuter Atemnot. Daher: Lesen Sie diesen Abschnitt noch einmal sehr sorgfältig, vor allem aber üben Sie die beschriebenen Techniken, bis sie im Schlaf beherrscht werden.

Achtung!

Atemtherapie bei Atemnot
Ruhe bewahren! Sie beherrschen wirksame medikamentöse und nichtmedikamentöse Selbsthilfetechniken.
1. Dosierte Lippenbremse.
2. Einnehmen einer atemerleichternden Körperhaltung.
3. Bewußte Zwerchfellatmung.
4. Versuchen Sie, den Reizhusten zu unterdrücken.

Zusätzlich inhalieren Sie Ihr kurzwirkendes bronchialerweiterndes Notfallmedikament.
Über diese Medikamente, die richtige Inhalationstechnik und das weitere Verhalten beim akuten Asthmaanfall informieren Sie die Seiten 170f.).

Die private Kneippkur

Kneippkuren verbessern Befinden

Mit einer Kneippkur alleine kann man natürlich keine adäquate Asthmabehandlung durchführen. Erreicht werden kann aber eine gewisse Stärkung der körpereigenen Abwehr und des allgemeinen körperlichen Befindens. Und das nutzt Ihnen als Asthmatiker. Nur unter diesem Gesichtspunkt sind die folgenden Ausführungen zu verstehen:

- Einfache und unter häuslichen Bedingungen jederzeit anwendbare Verfahren der physikalischen Therapie sind leider nur wenigen bekannt. Früher war dies anders. Unseren Großeltern waren Wickel, Spülungen und andere nichtmedikamentöse Heilmethoden hilfreich und vertraut. Und nicht alles, was heute weitgehend vergessen ist, war unwirksam. Unter Hydrotherapie versteht man die Anwendungen des Wassers zu heilenden und vorbeugenden Zwecken. Man kann solche Anwendungen ganz verschieden durchführen, z. B. als Wasseranwendungen mit einem Tuch (Waschungen, Abreibungen, Wickel, Umschläge), mit fließendem Wasser (Güsse, Duschen), mit hydrostatischem Druck (Bäder, Teilbäder) oder ohne hydrostatischen Druck (Sauna). Unter den oben beschriebenen Einschränkungen sind einige dieser Techniken auch für Asthmapatienten durchaus hilfreich. Was aber ist das Prinzip?

Wirkungen des Wassers

- **Kalte Wasseranwendungen** bewirken zunächst eine örtliche Engstellung der Hautgefäße mit einer anschließenden reaktiven Durchblutungssteigerung. Dies wirkt generell kreislauf- und atemanregend.
- **Lauwarme Wasseranwendungen** um 30° C wirken entspannend und schlaffördernd.
- **Warmanwendungen** führen zu einer Muskelentspannung und wirken eher beruhigend.
- **Wechselbäder** (warm, nicht heiß, kalt) bewirken ein allgemeines Kreislauftraining und eine Verbesserung der Schleimhautdurchblutung.

Einige Regeln sind zu beachten:

- Auf kalte Haut keine abrupte Kälte- oder Wärmeanwendung: Die Aufwärmung muß langsam und von unten nach oben erfolgen (ansteigendes Fußbad), erst dann sollen Temperaturreize folgen.
- Keine starken Reize bei akuter Krankheit: Hier sind milde Reize angezeigt.
- Eine Warmanwendung sollte in der Regel mit einer Kälteanwendung abgeschlossen werden.

Achtung!

Manche Asthmatiker vertragen z. B. kalte Reize im Gesicht und am Hals nicht und reagieren mit Atemwegsverengung, dann sind solche Kaltreize zu unterlassen.

Beispiele

- **Wechselduschen.** Durchführung: Zunächst 1–3 Minuten warm duschen, anschließend die Beine von unten nach oben kalt abduschen, zuerst die Außen-, dann die Innenseiten. Es folgen in der gleichen Art und Weise die Arme, Bauch, Brust, Gesicht und Nacken. Der ganze Vorgang (warm–kalt) wird einmal wiederholt. Neben dem Munterwerden haben Sie damit schon morgens aktiv etwas zur Stärkung Ihrer Abwehrkräfte getan.

- Hilfreich bei akuten oder chronischen Erkrankungen der Nasennebenhöhlen können auch **Nasenspülungen** sein. Allerdings erfordern sie etwas Übung: Lösen Sie ca. eine Messerspitze Salz in 1/4 Glas lauwarmem Wasser auf. Halten Sie ein Nasenloch zu und ziehen Sie die Salzlösung aus dem schräggehaltenen Glas kräftig in das andere Nasenloch hoch. Nach der Nasenspülung können Sie freier atmen, Sie empfinden Ihre Nasennebenhöhlen als sauber und frei, die Schleimhaut ist nicht mehr trocken, der Kopf wird klarer.
- **Sauna.** Insbesondere die Trockensauna (ohne Aufguß) ist für Asthmatiker vorteilhaft und sollte regelmäßig, zumindest während der naßkalten Jahreszeit, durchgeführt werden. Dadurch wird insbesondere eine Steigerung der Abwehrlage erzielt. Achten Sie aber auf ausreichendes Trinken.

Selbstentspannung

Asthma und Psyche

Zwischen Asthma und der Psyche besteht eine enge Wechselbeziehung. So können Angst und Streß zur Verschlimmerung der Beschwerden führen. Umgekehrt bewirken Ruhe und Harmonie eine Stabilisierung. Vereinfachend gilt: Was Ihr inneres Gleichgewicht stabilisiert, stabilisiert auch Ihre Asthmaerkrankung.

Entspannungstechniken

Es ist möglich, durch gezielte Selbstentspannung Asthmaanfällen regelrecht entgegenzusteuern. Zur Selbstentspannung werden verschiedene Techniken eingesetzt:

- **Autogenes Training**
- **Muskuläres Tiefentraining**
- **Respiratorisches Biofeedback**
- **Yoga**
- **Qi Gong u.a.**

Diese Techniken können erlernt werden, z.B. im Rahmen von Kursen an den Volkshochschulen oder während einer Kur. Fragen Sie Ihren Arzt danach.

Psychohygiene

Zur gezielten Selbstentspannung gehört aber auch eine allgemeine »Psychohygiene«. Regelmäßiger Wechsel zwischen Anstrengung und Entspannung, ausreichende Schlafzeiten, Klärung von persönlichen oder beruflichen Problemen usw.

Psychotherapie

Jeder Arzt kennt Fälle von psychogen ausgelösten Asthmaanfällen. Aber hierbei gilt: Grundlage dieser Anfälle sind überempfindliche Atemwege, und diese entstehen auf dem Boden einer chronischen Schleimhautentzündung der Bronchien. Besteht diese Überempfindlichkeit, dann können Ärger, Streß, aber auch Freude und Trauer, ja mitunter sogar Lachen Asthmaanfälle auslösen. Und es wäre ein törichter Fehler, diese Anfälle alleine durch das Vermeiden von Ärger, Streß oder Freude verhindern zu wollen. Grundlage bleibt die beschriebene normale Asthmatherapie. Aber eine Stabilisierung des seelischen Gleichgewichtes trägt zur Stabilisierung der Asthmaerkrankung bei. Insofern kann, bei entsprechenden Problemen, eine psychotherapeutische Behandlung sinnvoll und hilfreich sein. Aber nicht jeder Asthmatiker ist psychisch krank, und nicht jeder Asthmatiker muß sich einer Psychotherapie unterziehen, nur weil er Asthma hat! Die chronische Erkrankung hat Folgen für das seelische Befinden. Und seelische Imbalancen wirken sich wiederum negativ auf die Asthmaerkrankung aus. Deshalb kann eine psychologische Hilfestellung manchmal sehr hilfreich sein.

Seelisches Gleichgewicht stärken

Ähnliches gilt übrigens auch für andere chronische Erkrankungen: Bluthochdruck oder die Zuckerkrankheit werden nicht seelisch ausgelöst, ihre medikamentöse Einstellung wird aber durch berufliche und/oder private Probleme mitunter massiv erschwert.

Operationen

Bei allergisch bedingten Erkrankungen der oberen Atemwege sollte man mit operativen Maßnahmen zurückhaltend sein. Dies gilt insbesondere für eine Nasen-/Nasennebenhöhlensanierung zur Besserung eines Asthmas. Vor einer solchen Operation sollten Sie sich zumindest den Rat eines zweiten Facharztes, am besten auch den von Ihrem Lungenfacharzt, einholen. Unserer Erfahrung nach verbessert sich das Asthma durch solche Operationen nur selten, im Gegenteil – durch Entfernung der Abwehrbastion Nasen- und Nasennebenhöhlenschleimhaut kann ein Befall der tieferen Atemwege eher noch verstärkt werden: z. B. Auftreten von Asthma nach Sanierung der Nebenhöhlen. Vor operativen Eingriffe an den Nasennebenhöhlen zur Besserung eines Asthma bronchiale sollte in jedem Fall eine ausreichende medikamentöse und nichtmedikamentöse Behandlung sowohl der chronischen Nasen-/Nasennebenhöhlenerkrankung als auch des Asthmas durchgeführt werden.

Für und Wider von Operationen

Diese allgemeine Skepsis sollte aber nicht übertrieben werden: Fragen Sie den HNO-Arzt, ob die geplante Operation wegen lokaler Probleme nötig ist. Wenn ja, dann sollten Sie seinem Rat folgen. Skepsis ist aber angezeigt, wenn eine Beeinflussung des Asthmas oder eine Besserung der Beschwerden bei allergischer Ursache das Ziel einer solchen Operation ist. Bei Behinderung der Nasenatmung durch nichtallergische Erkrankungen sind neben lokalen medikamentösen Maßnahmen chirurgische Eingriffe, wie z. B. die Polypenentfernung oder Entfernen der Gaumenmandeln, oft sehr sinnvoll.

Allgemein ist eine freie Nasenatmung gerade bei Asthma wichtig: Schutz- und Klimaanlagenfunktion der Nase.

Mundatmung führt über verschiedene Wege zu einer weiteren Verstärkung der bronchialen Überempfindlichkeit, ist also bei Asthma schädlich.

Asthmaoperationen

Immer wieder wird versucht, Asthma operativ, d. h. mittels Durchtrennung bestimmter Nerven, zu behandeln. Eine solche Operation kann immer nur allerletztes Mittel sein. Die Meinungen darüber gehen bei den Ärzten sehr weit auseinander. Im Einzelfall wurden aber doch zumindest Teilerfolge erzielt. Vereinfachend kann man sagen, daß es in einem Drittel zu einer – manchmal aber nur vorübergehenden – Besserung kommt, bei je einem Drittel werden keine Besserung oder sogar eine Verschlechterung gesehen.

Wie inhaliere ich richtig?

Überblick

Das werden Sie in diesem Kapitel erfahren:
- Welche Medikamente sind in den verschiedenen Sprays, Pulvern und Inhalationsapparaten enthalten? Wodurch unterscheiden sich diese inhalativen Medikamente von Tabletten?
- Vor- und Nachteile der unterschiedlichen Inhalationssysteme (Treibgas-Dosieraerosole, Pulver-Dosieraerosole, elektrische Inhalationsapparate).
- Wie werden Dosieraerosole und Inhalationsapparate richtig angewandt?

Warum eigentlich Inhalationstherapie?

Für die Inhalationstherapie stehen grundsätzlich zwei verschiedene Anwendungsformen zur Verfügung:
1. Treibgas-Dosieraerosole und Pulverinhalatoren, vereinfachend in der Öffentlichkeit auch als »Sprays« bezeichnet,
2. elektrische Inhalationsapparate, die Vernebler.

Dosieraerosol, Pulverinhalator

• Fast jeder Asthmatiker bekommt früher oder später ein Dosieraerosol oder einen Pulverinhalator verordnet. Diese Form der Inhalationstherapie ist ein grundlegender und unverzichtbarer Eckpfeiler der modernen Asthmatherapie. In der Regel ist damit eine ausreichende Inhalationstherapie, d. h. ein Zuführen der Medikamente mit dem Atemstrom, möglich. Für die meisten Patienten ist diese praktische Darreichungsform ideal.

Elektrische Inhalationsapparate

• Vernebler werden nur in besonderen Situationen erforderlich, wenn die Dosieraerosole nicht optimal anwendbar sind oder nicht ausreichen.

Wenn wir ehrlich zu uns selber sind, stellen wir oft ein gespaltenes Verhältnis zu Medikamenten fest. Natürlich sehen die meisten Patienten die Notwendigkeit einer medikamentösen

Behandlung ein, denn schließlich haben die Beschwerden und Einschränkungen der Leistungsfähigkeit sie zum Arzt geführt. Von diesem erwarten sie eine wirkungsvolle und kompetente Hilfe. Zur Behandlung gehören aber oft Tabletten. Diese haben gelegentlich Nebenwirkungen, und beim Durchlesen der Beipackzettel sind schon vielen Patienten Bedenken bei der Einnahme der verordneten Medikamente gekommen.
Diese Bedenken sind glücklicherweise meist unbegründet. Die Folgen einer unzureichenden Therapie sind normalerweise wesentlich schwerer als mögliche Nebenwirkungen der richtigen Medikamente.
Trotzdem ist es eine sinnvolle Frage; ob es nicht Möglichkeiten gibt, Medikamente in einer gleichzeitig wirkungsvollen und doch nebenwirkungsärmeren Form, als dies bei Tabletten der Fall ist, zu verabreichen.

Vorteile der Inhalationsbehandlung gegenüber Tablettenbehandlung

Für die Behandlung des Asthmas bietet sich hierfür in idealer Weise die **Inhalationstherapie** an. Mit dem Einatemstrom wird das Medikament direkt an den Ort des Krankheitsgeschehens geleitet. Der Umweg über das Blut wird vermieden. Tabletten müssen erst über die Magen- und Darmschleimhaut in den Blutkreislauf aufgenommen werden. Von dort werden sie aber nicht nur an das erkrankte Zielorgan weitergeleitet, sondern im ganzen Körper verteilt. Dies erhöht die Gefahr von Nebenwirkungen. Bei der inhalativen Anwendung sind somit auch geringere Mengen ausreichend.

Die Inhalationstherapie bietet zwei nicht zu unterschätzende Vorteile:

1. Der Wirkstoff gelangt direkt an den Ort des Krankheitsgeschehens.
2. Die Gefahr von Nebenwirkungen wird vermindert.

Weniger Nebenwirkungen als Tabletten

Treibgas-Dosieraerosole, Pulver-Dosieraerosole und Vernebler bieten den gleichen Hauptvorteil: Die Wirksubstanz gelangt nur dorthin, wo sie auch wirklich hin muß. Daher verursachen z. B. Bronchialerweiterer vom »Typ Adrenalin« beim Inhalieren viel weniger Zittern oder Herzschlagbeschleunigung, als wenn die gleichen Medikamente als Tablette geschluckt werden. Bei Tabletteneinnahme gelangt der Wirkstoff ins Blut – und von hier zu allen Organen, also z. B. zum Herzen. Dort beschleunigt das Medikament den Herzschlag. Oder es gelangt zum Muskel und verursacht das unerwünschte Muskelzittern. Nur an den Bronchien ist die Wirkung – Bronchienerweiterung – aber auch wirklich erwünscht.

Therapie mit Druck-Dosieraerosolen und Pulver-Dosieraerosolen

Unter einem Aerosol versteht man feinstverteilte Feststoffe oder Flüssigkeiten in einem gasförmigen Medium, es handelt sich sozusagen um einen »Medikamentennebel«. Die dosierte, d.h. von der Menge her genau festgelegte Freisetzung eines Aerosols erfolgt eben durch ein Dosieraerosol.

Ein Nachteil der Dosieraerosole ist die Tatsache, daß sie aus technischen Gründen Treibgase enthalten, damit der ausgelöste Sprühstoß mit ausreichend Druck das Medikament freisetzt, man spricht daher in diesem Zusammenhang auch von Druck-Dosieraerosolen. Die klassischen Druck-Dosieraerosole enthalten als Treibgas FCKW (**F**luor**c**hlor**k**ohlen**w**asserstoffe), diese sind in der umweltpolitischen Diskussion in das Kreuzfeuer der Kritik geraten, da sie offenkundig die unsere Atmosphäre schützende Ozonschicht angreifen. Politisch ist ein Verbot der Verwendung von FCKW beschlossen. Zwar können die bisherigen FCKW-haltigen Dosieraerosole auf der Basis von Übergangsvorschriften weiterhin vertrieben werden, es ist jedoch absehbar, daß der Gebrauch von FCKW auch im medizinischen Bereich untersagt wird.

Aus diesem Grund setzte in der pharmazeutischen Industrie ein rasanter Wettlauf um die Entwicklung FCKW-freier Dosieraerosole ein. Ein Ergebnis dieser Bemühungen stellen die Pulver-Dosieraerosole (Pulverinhalatoren) dar. Pulverinhalatoren sind Dosieraerosole, die ohne die umstrittenen Treibgase auskommen. Der Wirkstoff wird allein durch den Sog des Einatmens in die Bronchien befördert. Das Medikament liegt in Pulverform vor, daher die Namensgebung. Mittlerweile sind eine Vielzahl von Präparaten in der Anwendungsform des Pulverinhalators verfügbar, und die Zahl ist weiterhin im Steigen begriffen. So verschieden die Systeme mitunter auch äußerlich erscheinen, das Kernprinzip, nämlich die treibgasfreie Anwendung eines Medikamentenpulvers, ist allen gemeinsam.

Pulverinhalatoren ohne Treibgase

Neben der Entwicklung von Pulverinhalatoren gibt es Bemühungen, die klassischen Druck-Dosieraerosole mit FCKW-freien Treibgasen zu versehen.

Druck-Dosieraerosole mit FCKW-freien Treibgasen

Man muß an dieser Stelle betonen, daß die Anwendung der klassischen Druck-Dosieraerosole aus medizinischer Sicht für den Kranken nicht bedenklich ist. Zahllosen Bronchialkranken ist hiermit wirkungsvoll geholfen worden. Solange die Übergangsvorschriften es erlauben, können diese Medikamente angewandt werden. Für den Patienten selbst sind FCKW nicht schädlich. Das geschilderte Problem ist allein umweltpolitischer Natur. Eben dies wird in absehbarer Zeit zu einem endgültigen Verbot der FCKW-haltigen Druck-Dosieraerosole führen.

FCKW für Patienten nicht schädlich

Auf die Frage nach ihren Medikamenten antworten viele Patienten: »Ein Spray.« Die Antwort ist nicht falsch, aber ebenso könnten Sie auf die Frage nach dem heutigen Mittagessen antworten: »Mit Messer und Gabel.« Zwar ist die örtliche Medikamentenzufuhr mittels Dosieraerosol ein nicht zu unterschätzender Vorteil, entscheidend bleibt jedoch der Inhalt dieses Dosieraerosols.

Was also ist in den »Asthmasprays und -pulvern« enthalten? Insgesamt werden drei Medikamentenklassen unterschieden:

1. kortisonhaltige Inhalativa
2. sogenannte Prophylaktika (Nedocromil, DNCG)
3. bronchialerweiternde Medikamente.

Was beinhalten Dosieraerosole?

Die beiden ersten Medikamentengruppen kann man als entzündungshemmende Inhalativa zusammenfassen. Sie wirken der Asthmaentstehung entgegen, haben aber keinen Soforteffekt. Der herausragende Vorteil der Dosieraerosole ist die Übereinstimmung zwischen Zielort und Wirkort, d.h.,das Medikament kommt genau dahin, wo es auch wirken soll. Es gelangt nicht erst über den Umweg des Blutes in die Lunge. Hierdurch muß der Wirkstoff auch nicht die anderen Organe wie Leber, Haut oder Knochen passieren, die Nebenwirkungen können hierdurch sehr gering gehalten werden. Wegen dieser Vorteile stehen Medikamente, die in Form eines Dosieraerosols zugeführt werden können, in der Stufentherapie ganz vorn.

Merke!

! Inhalative Anwendung bedeutet:

- rascher Wirkungseintritt
- niedrige Dosierung
- vergleichsweise wenig Nebenwirkungen.

Inhalatives Kortison: eine oft verkannte Größe

Kortison hat zahllosen Asthmatikern das Leben gerettet. Seinen schlechten Ruf in der Öffentlichkeit hat es nicht verdient. Dies gilt im besonderen für inhalatives Kortison.

Wie Sie wissen, besteht bei Asthma eine Entzündung in den Atemwegen, die zu einer Überempfindlichkeit der Bronchien führt. Diese Überempfindlichkeit der Bronchien wird durch Kortison gedämpft. Kein anderes Medikament kann dies in gleicher Form leisten! Hierdurch wird der Krankheitsverlauf entscheidend beeinflußt.

Inhalatives Kortison gehört daher zur unverzichtbaren Basistherapie des Asthma bronchiale.

Über eines müssen Sie sich aber stets im klaren sein: Inhalatives Kortison kann nur dann seine Wirkung entfalten, wenn es regelmäßig und langfristig eingenommen wird. Regelmäßig bedeutet, daß Sie das inhalative Kortison mehrmals am Tage gemäß den Verordnungen Ihres behandelnden Arztes einnehmen müssen. Dies muß langfristig erfolgen, also über Monate und Jahre. Inhalatives Kortison hemmt die bronchiale Überempfindlichkeit wirksam, sobald Sie aber das Präparat absetzen, flammt die Entzündung meist wieder auf und die bronchiale Überempfindlichkeit kehrt auch wieder.

Dauertherapie

Somit unterdrückt inhalatives Kortison die Überempfindlichkeit, vermag sie aber nicht vollständig zu beseitigen. Dies erklärt ebenfalls, warum inhalatives Kortison langfristig eingenommen werden muß. Es muß auch dann eingenommen werden, wenn der Krankheitsverlauf gerade milde ist, ja selbst dann, wenn Sie keine Beschwerden haben. Denn dies ist ja das Ziel dieses Medikamentes.

Merke!

> ! Die inhalative Therapie mit Kortison in Form der Dosieraerosole ist eine weitgehend nebenwirkungsfreie Behandlungsform, die sich in jeder Hinsicht für eine Dauertherapie eignet.

Nebenwirkungen

Es gibt eigentlich nur zwei nennenswerte Nebenwirkungen des inhalativen Kortisons; beide sind zwar sehr lästig und unangenehm, aber normalerweise nicht wirklich bedrohlich:

- Bildung von Mundpilz (auch Soor oder Candidiasis genannt),
- Heiserkeit.

Der Mundpilz kann durch eine richtige Anwendung weitgehend vermieden werden.

Was kann man dagegen tun?

Das bedeutet bei den treibgashaltigen Druck-Dosieraerosolen insbesondere die konsequente Anwendung von Inhalierhilfen (sogenannten Spacern). Zusätzlich ist nach jeder Inhalation das Ausspülen des Mundes erforderlich. Man kann das Dosieraerosol auch unmittelbar vor den Mahlzeiten einnehmen, dann wird die Mundhöhle zusätzlich von Kortisonteilchen gereinigt. Bewährt hat sich auch folgender Tip: Aufbewahren des inhalativen Kortisons neben dem Zahnputzbecher, d.h. Anwendung vor dem morgendlichen und abendlichen Zähneputzen. Dabei erfolgt das Mundspülen also praktisch automatisch mit.

Merke!

Der Mundpilz ist meist harmlos und verschwindet bei entsprechender Therapie rasch.

Die Heiserkeit ist durch eine Schwächung des Stimmbandmuskels bedingt und ebenfalls eher unangenehm als gefährlich. Auch sie verschwindet oder bessert sich bei richtiger Inhalationstechnik bzw. nach Dosisreduktion oder Absetzen des Präparates.

Der praktische Tip

Vorgehen bei Auftreten von Nebenwirkungen der inhalativen Kortisontherapie

- Verwenden Sie ein kortisonhaltiges Druck(=treibgashaltiges)-Dosieraerosol nie ohne eine Inhalierhilfe (sog. »Spacer«)! Wenn Sie keine solche Inhalierhilfe haben, sollten Sie sich umgehend eine verschreiben lassen! Die Medikamente wirken dann besser, und Sie beugen wirksam den zwei beschriebenen Nebenwirkungen (Mundpilz/Heiserkeit) vor.[9]
- Bitten Sie Ihren Arzt zu prüfen, ob Sie die Inhalationstechnik richtig beherrschen! Mundsoor wird oft durch falsches Inhalieren verursacht, wenn das Kortison nicht richtig eingeatmet wird, sondern sich überwiegend in der Mundhöhle niederschlägt.
- Bei Heiserkeit infolge falscher Inhalationstechnik ist es oft nützlich, neben der Optimierung der Inhalationstechnik (Spacer, s.u.) das Medikament in der Dosis zu reduzieren, z.B. auf zweimal einen Hub täglich. Oder Sie

[9] Es gibt Ausnahmen wie das Dosieraerosolsystem »Autohaler«, z.B. Aerobec Autohaler®. Hier sind Inhalationshilfen nicht erforderlich. Einzelheiten dazu später.

setzen das inhalative Kortison für zwei Wochen ab. Als antientzündliches Medikament inhalieren Sie in dieser Zeit z. B. Nedocromil-Natrium (z. B. Tilade®). Nach diesen zwei Wochen dann wieder, jetzt aber mit korrekter Technik, mit zweimal einen Hub eines Kortisonpräparates einsteigen. Auch hier gilt: Stets vorher Ihren Arzt fragen.

- Bei Mundpilz Absetzen des kortisonhaltigen Inhalativums und vorübergehende Einnahme eines Medikamentes gegen Pilze, z. B. Ampho-Moronal®-Tropfen bzw. -Lösung. In dieser Zeit Ersatztherapie mit Nedocromil-Natrium. Wenn der Mundpilz verschwunden ist, Versuch einer Wiederaufnahme der inhalativen Kortisontherapie nach ca. einer Woche, jetzt mit optimaler Inhalationstechnik. Absetzen von Nedocromil-Natrium. Es kann auch nützlich sein, ein kortisonhaltiges Treibgas-Dosieraerosol durch einen Pulverinhalator zu ersetzen. Oft kann hiermit eine bessere Inhalation und damit ein Verschwinden der Nebenwirkungen erreicht werden.

Merke!

! Kortisonhaltige Dosieraerosole wirken nur bei regelmäßiger und langfristiger Einnahme. Der Effekt tritt erst nach etwa einer Woche auf! Dann ist er aber nachhaltig und führt zu einer deutlichen Verbesserung der Atemwegsbeschwerden. Häufig können andere Medikamente in ihrer Dosis reduziert werden.

Verzagen Sie also nicht, wenn Sie nach wenigen Tagen noch keine durchgreifende Wirkung verspüren, setzen Sie keinesfalls gegen ärztlichen Rat das Medikament ab! Für die Therapie des akuten Luftnotanfalls sind kortisonhaltige Dosieraerosole aufgrund ihres verzögerten Wirkeintritts nicht geeignet. Inhalative Kortisonpräparate sind keine Notfallmedikamente! Es ist also für jeden Asthmatiker ein zusätzliches bronchialerweiterndes inhalatives Notfallmedikament erforderlich.

Aus medizinischer Sicht gibt es derzeit keine gravierenden Unterschiede in der Wirksamkeit der einzelnen inhalativen Kortisonpräparate. Wichtig ist nicht sosehr, welches Präparat Sie einnehmen, sondern vielmehr, daß Sie es einnehmen, und zwar regelmäßig. Kortisonhaltige Dosieraerosole stehen sowohl als klassische Druck-Dosieraerosole als auch in Form von Pulverinhalatoren zur Verfügung.

Die häufigsten **kortisonhaltigen Druck-Dosieraerosole** sind z.B. AeroBec®, Autohaler Atemur®, Beclomet forte®, Becloturmant®, Bronchocort®, Flutide®, Inhacort®, Pulmicort®, Sanasthmax®, Sanasthmyl®, Viarox®. Es gibt noch zahlreiche andere Präparate.

Präparate

Als Vertreter der **Pulverinhalatoren** seien exemplarisch genannt: Atemur Diskhaler® bzw. Atemur Diskus®, Beclomet Easyhaler®, Pulmicort Turbohaler®, Flutide Diskhaler® bzw. Flutide Diskus®.

Dosierung des inhalativen Kortisons:
Die Dosierung schwankt, je nach Schwere der Erkrankung, zwischen zweimal eine Dosierung und viermal zwei Dosierungen. Wichtig: Bei einer Verschlechterung der Asthmasituation kann es durchaus vorübergehend angezeigt sein, bis zu viermal zwei Hübe eines inhalativen Kortisons zu inhalieren. Fragen Sie Ihren Arzt, ob Sie das in einem solchen Falle selbständig machen sollen. Höhere Dosierungen sind sinnlos und bedenklich, denn dann beginnen Nebenwirkungen ähnlich denen bei Kortisontabletten; in diesen Fällen ist es sinnvoller und auch wirksamer, zusätzlich Kortison in Tablettenform einzunehmen.
Bezüglich der oben genannten Dosierungen beachten Sie bitte folgendes: Es handelt sich nur um eine grobe Einteilung, damit Sie ein Gefühl dafür bekommen, in welchen Dosisbereichen Sie sich ungefähr bewegen sollten. Diese Dosierungen gelten zwar für die überwiegende Zahl der inhalativen Kortisonpräparate, aber eben nicht für alle. Ihre individuelle Dosis muß daher der behandelnde Arzt festlegen!

Dosierung individuell anpassen

Merke!

- Kortison wirkt entzündungshemmend, es dämpft die bronchiale Überempfindlichkeit des Asthmatikers.
- Inhalatives Kortison wirkt nur bei regelmäßiger und längerfristiger Einnahme.
- Es handelt sich um eine vergleichsweise nebenwirkungsarme und gut verträgliche Anwendungsform.
- Inhalatives Kortison ist unverzichtbarer Bestandteil einer modernen Asthmatherapie!
- Inhalatives Kortison ist aber kein Sofortmedikament für den Asthmaanfall: Sie brauchen daher unbedingt zusätzlich ein inhalatives bronchialerweiterndes Notfallmedikament!

Viele Patienten fragen uns, ob es **Alternativen** zum inhalativen Kortison für den Asthmatiker gibt. Die Antwortet lautet: »Ja, aber ...«.

Nichtkortisonhaltige antientzündliche Inhalativa (Nedocromil, DNCG)

Kortison ist eine entzündungshemmende Substanz, welche die bronchiale Überempfindlichkeit dämpft. Und es muß betont werden, daß es kein anderes Medikament gibt, welches dies in vergleichbarer Form und Wirksamkeit zu leisten vermag!

Geht es ohne Kortison?

Aber es gibt auch Alternativen: Es ist dies z.B. die Substanz **Nedocromil,** Handelspräparate sind Tilade® und Halamid®. Nedocromil dämpft ebenfalls die bronchiale Überempfindlichkeit. Die Dosierung beträgt normalerweise viermal zwei Hübe täglich. Nedocromil ist zwar weitgehend nebenwirkungsfrei, seine Wirksamkeit muß aber im Vergleich zum Kortison als eher schwach eingestuft werden.

Wirksame Prophylaktika

Auch die **Dinatrium-Cromoglicinsäure (DNCG)** kann als Kortisonalternative versucht werden. Wirksam ist diese Substanz allerdings überwiegend bei allergischem Asthma bronchiale und bei Anstrengungsasthma. Im Handel ist sie z.B. unter dem Namen Intal® erhältlich. DNCG wirkt bei Kindern und Jugendlichen deutlich besser als bei Erwachsenen. Beim nicht-allergischen Asthma des Erwachsenenalters ist DNCG kaum wirksam. Es gibt auch Kombinationspräparate des DNCG mit kurzwirkenden bronchialerweiternden Inhalativa (z.B. Aarane®, Allergospasmin®, Ditec®).

Nedocromil und DNCG müssen regelmäßig und konsequent angewendet werden, nur dann ist ihre Bezeichnung Prophylaktika = Vorbeuger gerechtfertigt.

Der Einsatz von Nedocromil oder DNCG anstelle von inhalativem Kortison ist vor allem in drei Fällen angezeigt:

Wann Nedocromil oder DNCG?

1. Leichtere Formen von allergischem Asthma und Anstrengungsasthma bei Kindern (DNCG) und Jugendlichen (DNCG und Nedocromil[10]).
2. Die Nebenwirkungen des inhalativen Kortisons lassen sich trotz aller Bemühungen (korrekte Anwendung des Dosieraerosols, Spülen der Mundhöhle nach Gebrauch, evtl. kurze Therapiepause oder Dosisreduktion) nicht beseitigen. Bitte beachten Sie, daß dies relativ selten vorkommt.

[10] Nedocromil ist ab 12 Jahren zugelassen, DNCG kann auch bei jüngeren Kindern angewendet werden.

3. Der Patient hat eine unüberwindliche Angst vor Kortison und lehnt auch die inhalative Verabreichungsform ab.

Bronchialerweiternde Inhalativa

Wie die inhalativen Kortisonpräparate zählen auch die bronchialerweiternden Inhalativa zur Basistherapie des Asthma bronchiale.

Es gibt zwei Hauptgruppen von inhalierbaren Bronchienerweiterern:

Zwei Hauptgruppen

1. Inhalierbare Bronchienerweiterer vom »Typ Adrenalin« (Adrenergika)
2. Inhalierbare Bronchienerweiterer vom »Typ Atropin« (Anticholinergika).

Anders als das Kortison wirken sie nicht entzündungshemmend, sie dämpfen auch nicht die bronchiale Überempfindlichkeit. Bronchialerweiternde Medikamente sind daher keine Alternative zum Kortison, sondern eine sinnvolle und notwendige Ergänzung. Bronchialerweiternde Inhalativa beheben für eine gewisse Zeit das Symptom, also die Atemnot. An der Ursache der Beschwerden ändern sie hingegen nichts, die bronchiale Entzündung wird nicht beseitigt.

Ursache wird nicht beseitigt

Nun verstehen Sie auch, warum ein Asthmatiker sowohl inhalatives Kortison als auch einen inhalativen Bronchialerweiterer benötigt.

> ! Das Kortison greift die *Ursache* des Asthmas an, der Bronchialerweiterer das *Symptom*. Nur in Kombination dieser beiden Medikamente ist eine moderne und effektive Asthmatherapie möglich.

Merke!

Die inhalierbaren Bronchialerweiterer vom »Typ Adrenalin« (Adrenergika)

Die pharmazeutische Forschung hat im Bereich der bronchialerweiternden Inhalativa das Spektrum der verfügbaren Substanzen stetig ausgebaut. Zwischenzeitlich gibt es sehr viele verschiedene Präparate, dabei kann man leicht die Übersicht verlieren.

Wichtig für Sie ist aber der Unterschied zwischen kurzwirkenden und langwirkenden Adrenergika. Wir nennen die Adrenergika auch Bronchialerweiterer vom »Typ Adrenalin«, da sie chemisch mit dem Hormon Adrenalin verwandt sind.

Kurzwirkende Adrenergika: wirksam bei akuter Luftnot

Kurzwirkende bronchialerweiternde Inhalativa führen zu einer raschen, binnen weniger Minuten eintretenden Erweiterung der Bronchien durch Lösen von Krämpfen der Bronchialmuskulatur (diesen Vorgang bezeichnet man auch als Bronchospasmolyse). Das führt zum Verschwinden der Luftnot.

Präparate

Kurzwirkende bronchialerweiternde Dosieraerosole: Aarane®, Allergospasmin®, Apsomol®, Arubendol®, Aruterol®, Berodual®, Berotec®, Bricanly®, Bronchospasmin®, Bronchospray®, Contimit®, Etoscol®, Ditec®, Pirem®, Salmundin®, Salbulair®, Sultanol®, Zeisin® u. a.

Anmerkung: Allergospasmin®, Aarane® und Ditec® enthalten als zusätzlichen Wirkstoff DNCG. Berodual® ist ein Kombinationspräparat mit einem Adrenergikum und einem Anticholinergikum.

Es gibt mittlerweile auch zahlreiche Pulverinhalatoren, beispielhaft seien genannt: Aerodur Turbohaler®, Berodual Inhaletten®.

Kurzwirkende bronchialerweiternde Dosieraerosole wirken sofort. Sie sind daher sehr gut geeignet bei akuter Luftnot. Aber auch als Dauertherapie haben sie ihren festen Platz in der Behandlung des Asthma bronchiale.

Bei leichteren Formen von Asthma gibt man die kurzwirkenden bronchialerweiternden Inhalativa bedarfsorientiert. Sie nehmen nur dann ein bis zwei Atemzüge, wenn Sie Luftnot haben. Das ist sinnvoll, wenn Sie nur selten, also höchstens ein- oder zweimal pro Tag, »Bedarf« haben. Sonst sind regelmäßige Dosierungen von täglich drei- bis viermal zwei Atemzügen notwendig.

Der praktische Tip

Bei den meisten kurzwirkenden bronchialerweiternden Dosieraerosolen sollte eine Tagesdosis von 10 Atemzügen wegen der Nebenwirkungen nicht überschritten werden. Bei Aerodur®, einem Pulverinhalator, sollten aufgrund der höheren Konzentration täglich nicht mehr als fünf Atemzüge eingenommen werden.

Wenn Sie regelmäßig mehr benötigen, ist das ein Zeichen dafür, daß ihre Atemwegserkrankung medikamentös nicht ausreichend eingestellt ist. Dann nützt auch eine ständige Erhöhung der Dosis nichts mehr, nur die Nebenwirkungen nehmen zu. Sie und Ihr Arzt müssen umgehend die Therapie überprüfen und gegebenenfalls durch andere Medikamente (z. B. Theophyllin oder Kortisontabletten) ergänzen.

Mit steigender Dosierung treten folgende **Nebenwirkungen** gehäuft auf: Unruhe, Zittern, Pulsbeschleunigung, Herzklopfen, Übelkeit.

Nebenwirkungen

In leichterer Form können diese unerwünschten Begleiterscheinungen auch bei Beginn der Behandlung beobachtet werden, meist bessern sich die Beschwerden nach kurzer Zeit. Bleiben sie bestehen, sollte man dies dem Arzt mitteilen. Er wird ein anderes Präparat ausprobieren oder die Dosis reduzieren.

Die bisher besprochenen bronchialerweiternden Medikamente wirken zwar rasch binnen weniger Minuten, ihre Wirkung hält aber meist auch nur vier bis fünf Stunden an. Dann muß erneut inhaliert werden. Ein weiterer Nachteil ist, daß die Wirkung in der zweiten Nachthälfte nachläßt und der Patient evtl. wegen Atemnot frühmorgens aufwacht.

Aus diesen Gründen wurden bronchialerweiternde Medikamente mit langanhaltender Wirkung entwickelt. Hierzu zählen das Salmeterol (im Handel als **Serevent®** oder **Aeromax®** erhältlich). Ein ähnlicher Wirkstoff ist das Formoterol (**Foradil®**).

Langwirkende Adrenergika

Das Salmeterol liegt sowohl als klassisches treibgashaltiges Dosieraerosol als auch in Form eines Pulverinhalators (Serevent Diskhaler® oder Serevent Diskus®; Atemur Diskhaler® bzw. Atemur Diskus®) vor.

Die Wirkung hält ungefähr 12 Stunden an. Dementsprechend sollen diese Inhalativa auch nur zweimal am Tag angewendet werden. Häufigeres Inhalieren hätte lediglich eine Zunahme der Nebenwirkungen wie Herzklopfen und Zittern zur Folge. Für die langwirkenden Adrenergika gilt also die Dosierempfehlung von maximal 10 Atemhüben pro Tag nicht! Eine massive Überdosierung wäre die Folge. Aeromax® und Serevent® werden meist in einer Dosierung von zweimal zwei Hüben täglich verordnet, beim Serevent® bzw. Aeromax®, Diskus®, Diskhaler® wird jeweils eine Dosierung morgens und abends inhaliert. Erhöhen Sie keinesfalls diese Dosierung!

Merke!

! Die langwirkenden Adrenergika besitzen zwar eine langanhaltende Wirkung, der Wirkungseintritt aber ist verzögert. Daher ist ihre Anwendung bei akuter Luftnot sinnlos. In diesem Falle müssen die zuvor beschriebenen schnellwirkenden Adrenergika eingenommen werden! Im Klartext: Zu einem langwirkenden Adrenergikum brauchen Sie als Bedarfsmedikament einen kurzwirkenden Bronchialerweiterer. Das »langwirkende Spray« kann zu Hause bleiben, das kurzwirkende muß in Ihre Tasche.

Wir haben an unserer Fachklinik gute Erfahrungen mit den langwirkenden Adrenergika gemacht. Bei leichtem Asthma ist neben der Anwendung eines inhalativen Kortisonpräparates die bedarfsweise Gabe eines kurzwirkenden inhalativen Bronchialerweiterers angezeigt. Wenn nun das Asthma an Schwere zunimmt, kann man das kurzwirkende Adrenergikum regelmäßig geben, z.B. Bronchospray® viermal zwei Hübe oder Aerodur Turbohaler® viermal einen Atemzug. Als Alternative bietet sich in diesem Falle aber die Anwendung eines langwirkenden Bronchialerweiterers an, z.B. Aeromax® zweimal zwei Hübe, Serevent® zweimal zwei Hübe oder Serevent Diskus® zweimal einen Atemzug.
Bei akuter Luftnot wird dann zusätzlich ein kurzwirkendes Adrenergikum angewendet (z.B. Berotec®, Bronchospray® oder Aerodur Turbohaler®).

Der praktische Tip

Langwirkende bronchialerweiternde Inhalativa werden zweimal täglich, also morgens und abends im Abstand von ca. 12 Stunden inhaliert. Ergänzend wird bedarfsweise ein kurzwirkendes Inhalativum gegeben, also nur, wenn tatsächlich Luftnot auftritt.
Dieses Therapieschema eignet sich besonders bei Auftreten nächtlicher Atemnotanfälle.

Die inhalierbaren Bronchialerweiterer vom »Typ Atropin« (Anticholinergika)

In der Wirkung sind diese Inhalativa schwächer als die Bronchialerweiterer vom »Typ Adrenalin«. Sie spielen in der Asthmatherapie vor allem als Kombinationspartner der Adrenergika eine Rolle. Gemeinsam wirken sie nämlich bei manchen Patienten, insbesondere bei älteren, sehr gut. Ihr großer Vorteil: Sie haben praktisch keine Nebenwirkungen, u.a. nicht auf das Herzkreislaufsystem. Sie können durchaus eine Alternative sein, wenn Sie zu Herzrasen neigen oder unter anderen Herzrhythmusstörungen leiden. Auch bewirken sie kein Zittern der Hände.

Wenn Herzbeschwerden vorliegen

Präparate

In den Präparaten Atrovent®, Arutropid®, Ventilat® ist ein Bronchialerweiterer vom »Typ Atropin« enthalten. Weitaus häufiger wird das Kombinationspräparat Berodual® (Adrenergikum plus inhal. Bronchialerweiterer vom »Typ Atropin«) verwendet.

Inhalationstechnik bei Treibgas-Dosieraerosolen

Die meisten inhalativ verabreichten Medikamente werden immer noch über die jahrelang bewährten Treibgasdosieraerosole eingenommen. Und dies aus gutem Grund. Dosieraerosole – aber auch Pulverinhalatoren – sind außerordentlich praktisch (klein, mobil, kein Strombedarf) und bei richtiger Inhaliertechnik sehr effektiv.

Diese Verabreichungsform ist aber, wie Sie bereits erfahren haben, auch mit Problemen verbunden:

- Zum einen schädigen die z. Z. noch in den Dosieraerosolen enthaltenen FCKW-haltigen Treibgase die Ozonschicht,

Korrekte Inhalationstechnik

- zum anderen setzt die korrekte Inhalation ein gutes Einüben der Inhaliertechnik und eine gewisse Geschicklichkeit seitens des Patienten voraus. Beides ist durchaus nicht selbstverständlich! Unserer Erfahrung nach beherrscht höchstens die Hälfte aller Patienten die korrekte Inhaliertechnik, und dies, obwohl das Medikament seit Jahren angewandt wird. Natürlich kann das Medikament dann nicht optimal wirken!

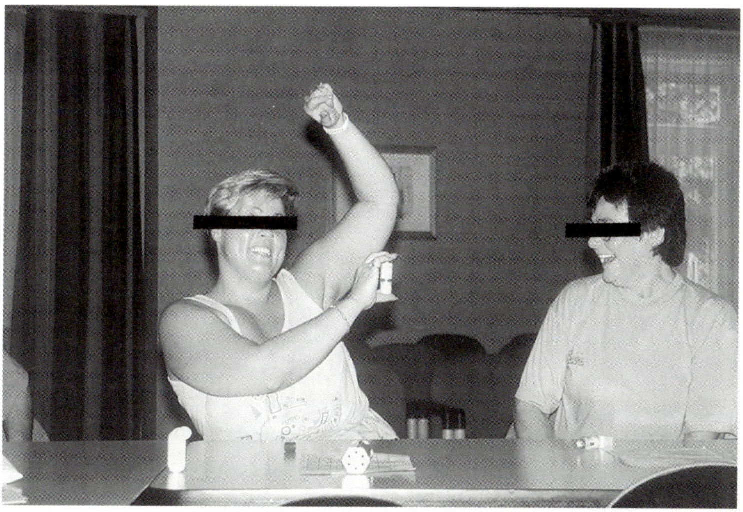

Abb. 13 Dosieraerosole können nur bei korrekter Inhalationstechnik optimal wirken. Aber nur etwa die Hälfte aller Patienten inhaliert richtig. Lesen Sie daher den folgenden Abschnitt sehr sorgfältig, scheuen Sie sich aber vor allem nicht, Ihren Arzt zu bitten, Ihre Anwendungstechnik zu überprüfen.

Dennoch handelt es sich um sehr wirksame und in der Regel gut verträgliche Medikamente. FCKW schaden nicht dem Patienten!

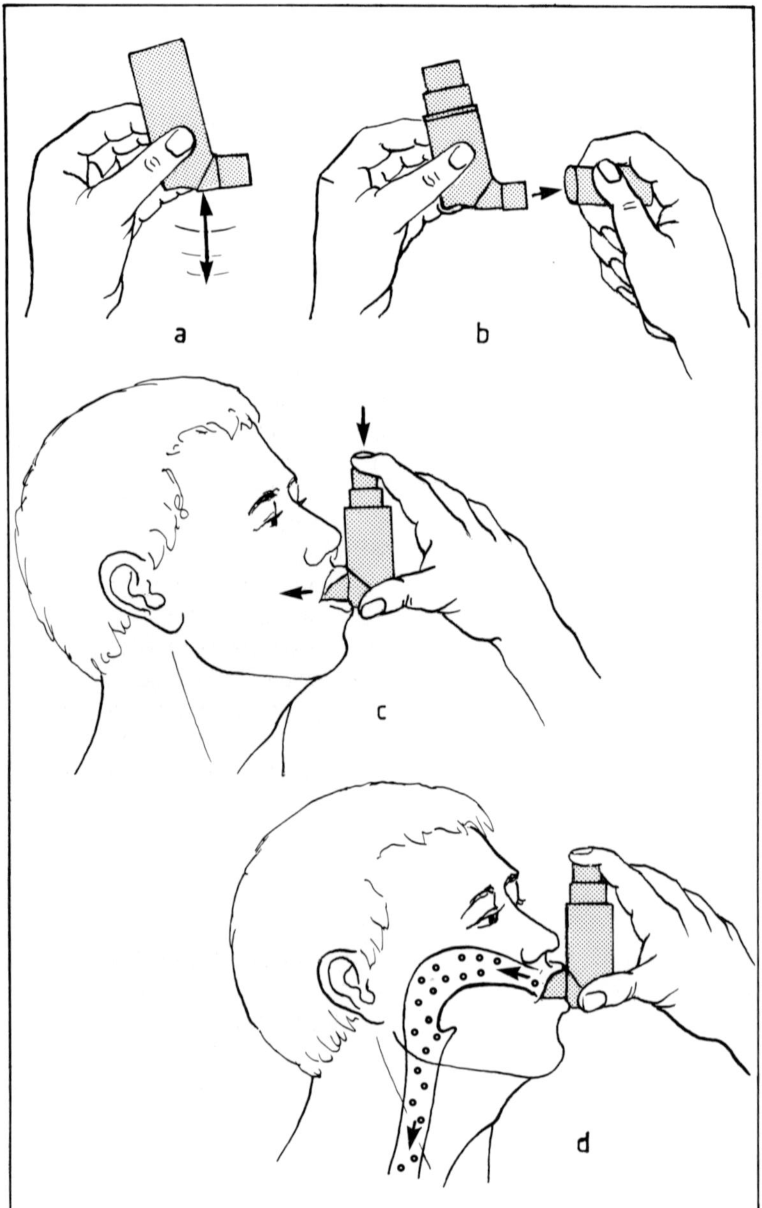

Abb. 14

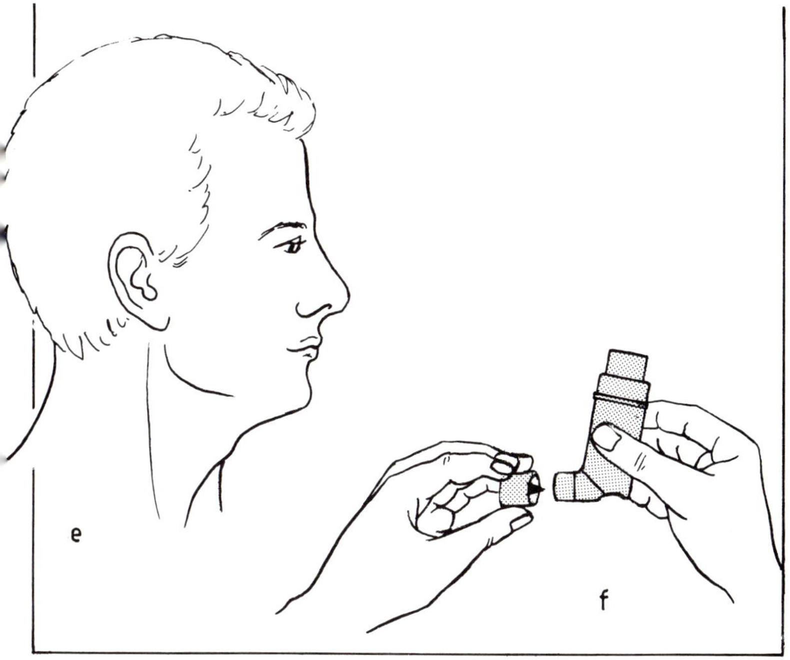

Abb. 14
Die korrekte Anwendung eines treibgashaltigen Druck-Dosieraerosols. Kortisonhaltige Dosieraerosole sollten ausschließlich mit einem sog. Spacer benutzt werden. Bronchialerweiternde Dosieraerosole benötigen keinen Spacer.

Korrekte Inhalationstechnik bei Treibgas (Druck)-Dosieraerosolen (Abb. 14)

1. Kräftiges Schütteln des Dosieraerosols, damit sich Treibgas und Wirksubstanz vermischen (Abb. 14 a).
2. Beide Verschlußkappen abziehen (14 b).
3. Tief ausatmen.
4. Umschließen des Mundstücks mit den Lippen, mit den Zähnen leicht auf das Mundstück beißen (14 c).
5. Betätigen des Dosieraerosols beim Einatmen, und zwar gerade am Beginn der Einatmung (nicht in der Mitte oder gar am Schluß). Atmen Sie das Medikament tief ein. Also nicht nur ein schwaches, kurzes Einatmen, am besten ist ein tiefer Einatemzug (14 d). Atmen Sie dabei durch den Mund ein – nicht durch die Nase. Manchmal ist es auch hilfreich, sich die Nase zuzuhalten.
6. Die Luft anhalten, damit sich die Teilchen in den Bronchien absetzen können (14 e), dann durch die Nase ausatmen.
7. Die Verschlußkappen wieder aufstecken (14 f).

Der praktische Tip

Entscheidend ist die praktische Übung. Noch so viele Worte und Abbildungen können diese nicht ersetzen.

- Üben Sie den Gebrauch des Dosieraerosols vor dem Spiegel.
- Lassen Sie Ihre Technik von anderen überprüfen (z. B. vom Arzt oder von der Krankenschwester)!
- Ohne richtige Inhalationstechnik können die Medikamente nur unzureichend oder überhaupt nicht wirken.

Die zwei häufigsten Fehler

1. Das Schütteln der Dosieraerosole wird vergessen – dann kommt es zu keiner ausreichenden Vermischung von Treibgas und Medikament. Folge: Unzureichende Wirkung.
2. Das Dosieraerosol wird zum falschen Zeitpunkt betätigt: am Ende der Einatmung. Dieser Fehler ist sehr häufig. Daher: Atmen Sie zuerst tief aus, dann drükken Sie gerade beim Beginn der folgenden tiefen Einatmung auf das DA. Lassen Sie das von anderen kontrollieren. Das muß im Schlaf beherrscht werden – sonst funktioniert es beim Asthmaanfall nicht.

Probleme kann man beseitigen

Immer wieder begegnen uns Patienten mit angeblich nicht behandelbarem Asthma. Raten Sie einmal, was hierfür häufig die Ursache ist! Richtig: die falsche Inhaliertechnik.
Wenn Sie mit dem Dosieraerosol Probleme haben, braucht Ihnen das also nicht peinlich zu sein. Handeln Sie! Besprechen Sie mit Ihrem Arzt die Inhalationstechnik. Wenn es nicht funktionieren will, dann kann man z. B.

- eine **Inhalationshilfe** benutzen,
- einen treibgasfreien **Pulverinhalator** ausprobieren, oder
- man versucht es mit dem **Autohalersystem,** oder
- man bedient sich eines elektrischen **Inhalierapparates** (bei bronchialerweiternden Medikamenten, nicht beim Kortison).

Inhalationshilfen und Spacer

Verbesserung der Inhalation

Um eine Verbesserung der Inhalationstechnik mit einem Druck-Dosieraerosol zu erzielen, verwendet man auch sog. Vorschaltkammern. Dabei unterscheidet man:

- die kleineren Inhalationshilfen und
- die größeren Spacer.

Kleine Inhalationshilfen finden überwiegend bei den bronchialerweiternden Inhalativa (Adrenergika) Anwendung (s. Abb. 15). Sie erleichtern zwar die Inhalation, Adrenergika müssen aber nicht grundsätzlich mit den Inhalationshilfen verwendet werden.

Anwendung

Geben Sie einen Hub aus Ihrem DA in die verschlossene Vorschaltkammer. Nehmen Sie dann die Schutzkappe ab und atmen Sie das Medikament, nachdem Sie zuvor ausgeatmet haben, rasch und tief ein.
Vorteil dieser Technik: Sie müssen nicht gleichzeitig drücken und einatmen. Dies macht vielen Patienten Schwierigkeiten. In diesem Fall sind solche Inhalierhilfen sehr nützlich.

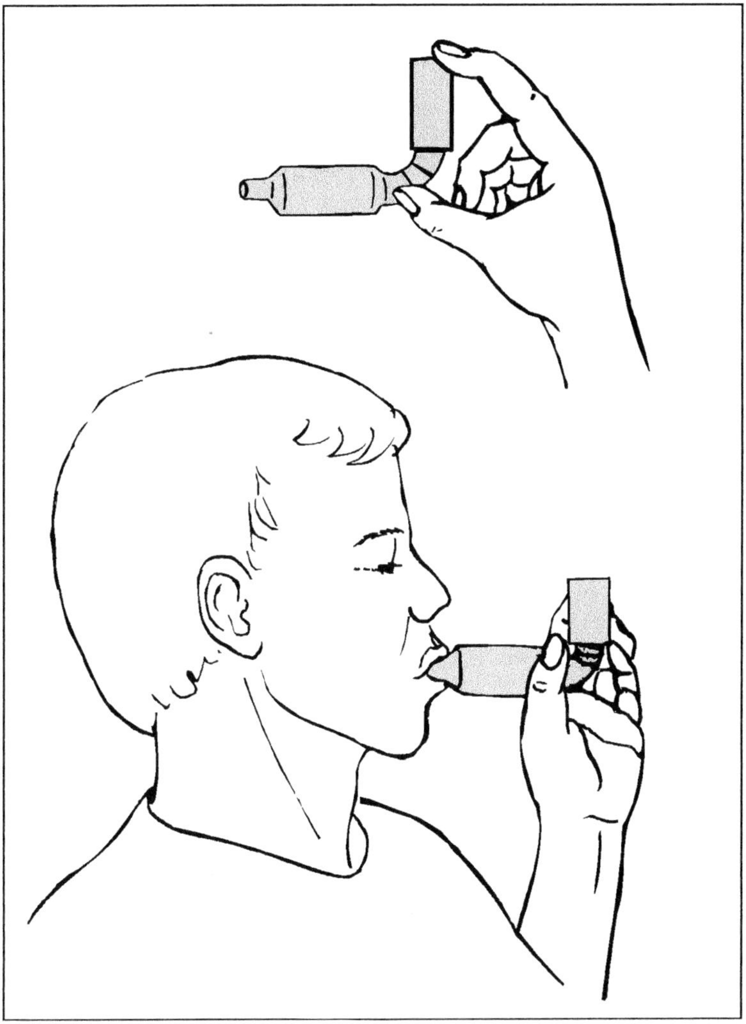

Abb. 15
Anwendung einer Inhalierhilfe für bronchialerweiternde Druck-Dosier-aerosole.

Größere Spacer haben ihr Hauptanwendungsgebiet bei den inhalativen Kortisonpräparaten. Wird ein solches Kortisonpräparat mit einem klassischen Druck-Dosieraerosol verabreicht, ist die Verwendung eines Spacers ein absolutes Muß. Im Spacer schlagen sich die großen Kortisonpartikel nieder, die sich sonst in der Mundhöhle ablagern würden und dort zu Mundpilz (Soor, Candidiasis) führen könnten. Die Größe des Spacers ist im Regelfall kein Nachteil, denn die kortisonhaltigen

Inhalativa sind ja keine Notfallmedikamente, müssen also unterwegs nicht mitgenommen werden. Ein guter Platz ist neben dem Zahnputzbecher.

Inhalationstechnik mit Spacer

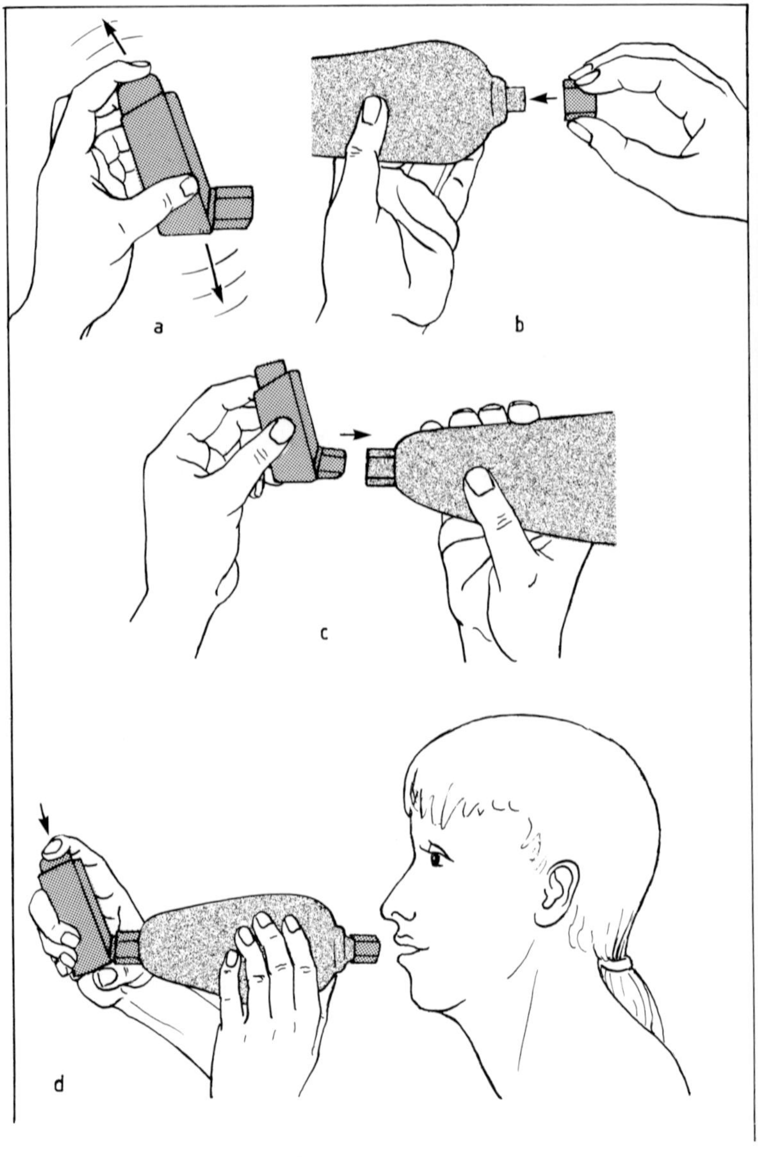

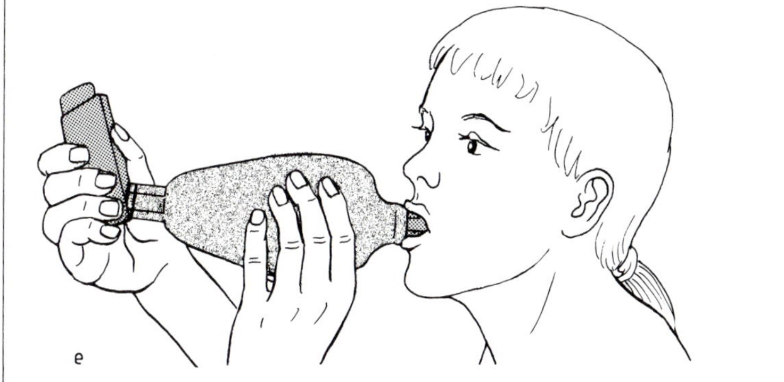

Abb. 16
Anwendung eines Spacers bei einem kortisonhaltigen Druck-Dosieraerosols. Kortisonhaltige Druck-Dosieraerosole sollten nicht ohne Spacer benutzt werden! Dadurch wird die Wirkung gesteigert und gleichzeitig den beiden wichtigsten unangenehmen Begleiterscheinungen (Mundpilz, Heiserkeit) vorgebeugt. Es gibt zahlreiche verschiedene Modelle.

Inhalationstechnik mit Spacer (vergl. Abb. 16)

1. Dosieraerosol gut schütteln (Abb. 16 a).
2. Schutzkappe vom Mundstück des Dosieraerosols abnehmen (16 b).
3. Mundstück des Dosieraerosols in die zugehörige Öffnung des Spacers stecken (16 c).
4. Bei einigen Spacern Aufsetzen der Schutzkappe auf die Vorschaltkammer, bei Spacern mit Ventilen ist dies nicht nötig.
5. Auslösen von einem Sprühstoß (16 d).
6. Tief ausatmen. Schutzkappe vom Spacer abnehmen. Mundstück mit den Lippen fest umschließen und das Medikament tief einatmen (16 e).

Bei Verordnung von zwei Hüben Vorgang wiederholen.

Der Autohaler®

Autohaler

Eine weitere Alternative für alle diejenigen, die mit den bisher beschriebenen Inhalationsmethoden Schwierigkeiten haben, ist der Autohaler® (s. Abb. 17). Dabei handelt es sich um ein treibgashaltiges Druck-Dosieraerosolsystem, welches automatisch beim Einatmen den Sprühstoß auslöst. Solch einen Autohaler® gibt es mit einem inhalativen Kortisonpräparat (Aerobec®) und mit einem kurzwirkenden Bronchialerweiterer vom »Typ Adrenalin« (Zeisin®, Salbulair®).

Pulverinhalatoren
Um die beschriebenen Nachteile der Druck-Dosieraerosole zu umgehen, wurden treibgasfreie Pulverinhalatoren entwickelt (Abb. 18 a, b). Es stehen sowohl Kortisonpräparate (z. B. Beclomet Easyhaler®, Pulmicort Turbohaler® usw.) als auch bronchialerweiternde Medikamente (z. B. Aerodur Turbohaler®) zur Verfügung.

Anwendung des Autohalers®

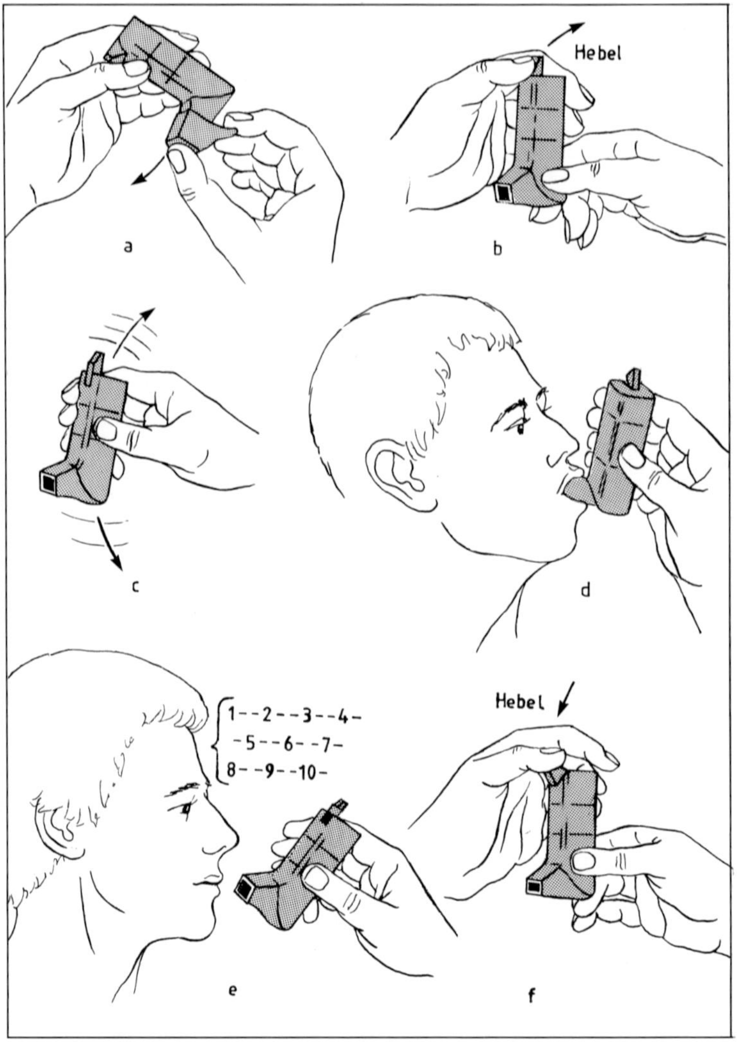

Abb. 17
Der Autohaler®

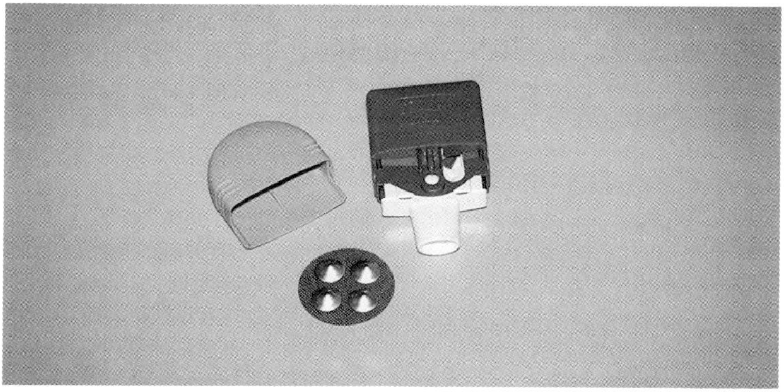

a

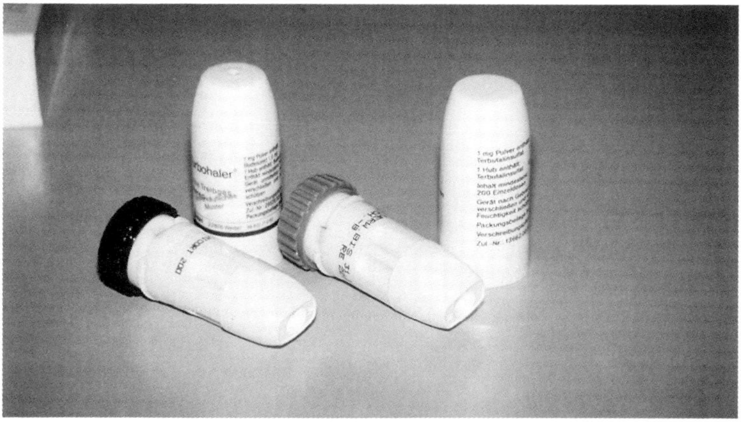

b

Abb. 18
Pulver-Dosieraerosole.
Es gibt eine Vielzahl unterschiedlicher Systeme. Sie kommen ohne Treibgas aus. Die Freisetzung des pulverförmigen Medikaments erfolgt automatisch während des Einatmens.
a) Diskhaler-System
b) Turbohaler-System

Anwendung des Autohalers® (vergl. Abb. 17)

a) Schutzkappe abnehmen
b) Autohaler senkrecht mit dem Mundstück nach unten halten, den grauen Hebel am oberen Ende des Autohalers nach oben schieben, bis er einrastet.
c) Den Autohaler schütteln.
d) Ausatmen, dann das Mundstück fest mit den Lippen umschließen und kräftig einatmen. Während des Einatmens wird automatisch ein Sprühstoß freigegeben.
e) Die Luft nach Möglichkeit ca. 10 Sekunden anhalten.
f) Den grauen Hebel wieder in die Anfangsposition zurückdrücken.

Unterschied zu Druck-Dosier-aerosolen

Der Hauptunterschied zu den klassischen Dosieraerosolen liegt darin, daß bei den Pulverinhalatoren kein Sprühstoß ausgelöst werden muß, die Freigabe des Medikamentes erfolgt automatisch beim tiefen Einatmen aus dem Mundstück. Dies empfinden viele Patienten als Erleichterung des Inhalationsvorganges. Außerdem braucht der Pulverinhalator hierdurch kein Treibgas. Es wird keine Vorschaltkammer benötigt!
Es existieren zahlreiche Formen der Pulverinhalation: Diskhaler, Diskus, Easyhaler, MAG-Haler, Rotahaler, Turbohaler usw. Das Grundprinzip ist vergleichbar, die technische Lösung jeweils etwas anders.

Üben und durch den Arzt kontrollieren lassen!

Bitte informieren Sie sich im Beipackzettel genau über die Anwendung. Diese unterscheidet sich bei den verschiedenen Pulverinhalatoren.

- Manche müssen Sie »vor dem Drücken« schütteln.
- Schütteln Sie aber nie nach dem Auslösen, denn dann leeren Sie das Pulver versehentlich aus.
- Achten Sie auf die richtige Haltung des Pulverinhalators nach der Auslösung, denn auch wenn Sie das Gerät falsch halten, können Sie den Inhalt versehentlich ausleeren.

Die zwei häufigsten Fehler

1. Niemals in einen Pulverinhalator hineinatmen: Das Pulver verklebt und kann nicht inhaliert werden. Vorsicht auch bei sehr hoher Luftfeuchtigkeit: Ein Pulverinhalator gehört z. B. nicht in die Sauna!
2. Das Gerät wird nicht richtig gehalten, das Pulver versehentlich entleert.

Wann ist eine Therapie mit elektrischen Inhalationsapparaten sinnvoll?

Sie haben auf den vorangegangenen Seiten erfahren, daß die inhalative Therapie mit Treibgas- und Pulver-Dosieraerosolen eine außerordentlich wichtige Grundlage der modernen Asthmabehandlung darstellt. Für den überwiegenden Teil der Asthmatiker ist diese Form der Inhalationstherapie absolut ausreichend, sie brauchen keinen anderen Inhalierapparat, denn für die meisten Asthmapatienten würde ein elektrischer Inhalierapparat allein keine gute Alternative zur Therapie mit Dosieraerosolen darstellen: Er ist weniger mobil, braucht Strom und muß sorgfältig gereinigt werden.

Anwendung bei Verschleimung

Es gibt jedoch Situationen, wo der zusätzliche Einsatz von elektrischen Inhalationsapparaten sinnvoll ist. Dies trifft insbesondere für Asthmaformen zu, bei denen eine **ausgeprägte**

Verschleimung besteht. Durch die Inhalation größerer Flüssigkeitsmengen wird der Schleim gelöst und kann besser abgehustet werden.
Apparateinhalationen sind für Asthmatiker auch dann sinnvoll, wenn die Inhalationstherapie mit Dosieraerosolen an einer **falschen, unzulänglichen Inhalationstechnik** scheitert. Dies kommt nicht nur bei älteren Patienten oder bei Kindern vor. In diesem Fall können bronchienerweiternde Medikamente dann doch inhalativ verabreicht werden.

Ein weiterer Sonderfall ist das gleichzeitige Bestehen von sogenannten **Bronchiektasen.** Bronchiektasen sind zylindrische oder sackförmige Deformierungen der Bronchien. Der Schleim bleibt in diesen deformierten Bronchialbereichen liegen und bildet den idealen Nährboden für Krankheitskeime, so daß immer wieder bronchiale Infekte auftreten und erhebliche Mengen Schleim gebildet werden. Durch die Inhalationstherapie wird der festsitzende Schleim gelockert und kann dadurch besser abgehustet werden.

Akute Luftnot

Ein ebenfalls mögliches Einsatzgebiet der elektrischen Apparateinhalatoren ist die **akute, schwere Luftnot.** Oft kann in dieser Situation das Dosieraerosol nicht mehr richtig eingesetzt werden, sei es durch Aufregung, sei es durch die Verkrampfung der Bronchien, die dazu führt, daß der Sprühstoß nicht tief genug eingeatmet wird. Häufig kann aber noch eine Inhalation mit dem Verneblerapparat durchgeführt werden und so durch die bronchienerweiternde Medikamentenwirkung die Gefahr abgewendet werden.

Anwendung bei Rhinitis und Sinusitis

Auch wenn Sie über ständigen **Schnupfen (Rhinitis)** oder eine chronische **Nasennebenhöhlenentzündung (Sinusitis)** klagen, kann der Einsatz der Apparateinhalation sinnvoll und nützlich sein. Bei Erkrankungen des Nasen-Rachen-Bereichs sind die Schleimhäute häufig ausgetrocknet. Hier helfen Inhalationen mit niedrig-konzentrierter Solelösung (0,9%). Die Temperatur der Solelösung sollte zwischen 26 und 32°C liegen. Dadurch wird die Schleimhaut angefeuchtet, und ihre Durchblutung wird durch die Wärme erhöht.
Bei den Erkrankungen der Nasennebenhöhlen gestaltet sich das Inhalieren weitaus schwieriger. Ursache hierfür ist der Aufbau der Nasennebenhöhlen. Mit dem Nasenbereich sind sie durch vergleichsweise enge Öffnungen verbunden. Bei normalem Inhalieren gelangt daher ein viel zu geringer Teil des Inhaliernebels bis in die Nebenhöhlen. Um dies zu ändern, bedarf es technischen Aufwandes. Das Aerosol wird dabei über eine

UDV-Inhalation

sog. **UDV-Inhalation** gegeben. UDV steht für **U**ltraschallaerosol mit **D**ruckstoß und **V**ibration, d.h., das Aerosol wird mit einer Vibration überlagert und dann mit Überdruck verabreicht. Zugesetzt werden meist schleimlösende, entzündungshemmende und abschwellende Medikamente. Je länger die Erkrankung der Nase oder der Nasennebenhöhlen schon besteht, um so geringer sind allerdings die Erfolgsaussichten und Möglichkeiten einer Therapie mit Apparate-Inhalationen.

Wichtig!

> **!** Düsenvernebler und Ultraschallvernebler können von jedem niedergelassenen Arzt über Rezept verordnet werden.
> Sie belasten nicht das Medikamentenbudget des verordnenden Arztes.
> Gerätetyp und Hersteller sollten auf dem Rezept angeführt sein.
> Einige Krankenkassen verleihen Vernebler nach ärztlicher Anordnung an ihre Mitglieder. Daher sollte sich der Patient vorher bei seiner Krankenkasse informieren.

Bei den elektrischen Inhalationsapparaten werden sogenannte aerosolerzeugende Geräte verwendet. Unter einem Aerosol versteht man feinstverteilte Feststoffe oder Flüssigkeiten in einem gasförmigen Medium. Letztlich werden also Medikamente in einen »Träger«, z.B. Kochsalzlösung, eingebracht und mittels eines Verneblers in einen tröpfchenförmigen Zustand versetzt, so daß sie inhaliert werden können. Es entsteht ein »Medikamentennebel«. Dieser kann eingeatmet werden, kommt also direkt an die Bronchien.

Medikamentennebel

Es gibt zwei Haupttypen von Verneblern:
- preßluftgetriebene Düsenvernebler,
- Ultraschallvernebler.

Bei den preßluftgetriebenen Düsenverneblern wird Druckluft durch einen elektrischen Kompressor erzeugt. Spezielle technische Tricks gewährleisten, daß nur Partikel austreten, die gut in die Lunge hineinströmen (zu große und zu kleine Teilchen sind nicht geeignet).

Geräte

Beispiele für gebräuchliche Düsenvernebler: Pari Boy® (Firma Pari), Minitrop® (Heyer), Respi-Jet® (Kendall), Inhamat® (Weimann).

Wichtig!

> **!** Wasserdampfgetriebene Düsenvernebler oder einfache Wasserdampferzeuger (z.B. »Omas Bronchitiskessels«) bringen dem Bronchialkranken keinen Nutzen!

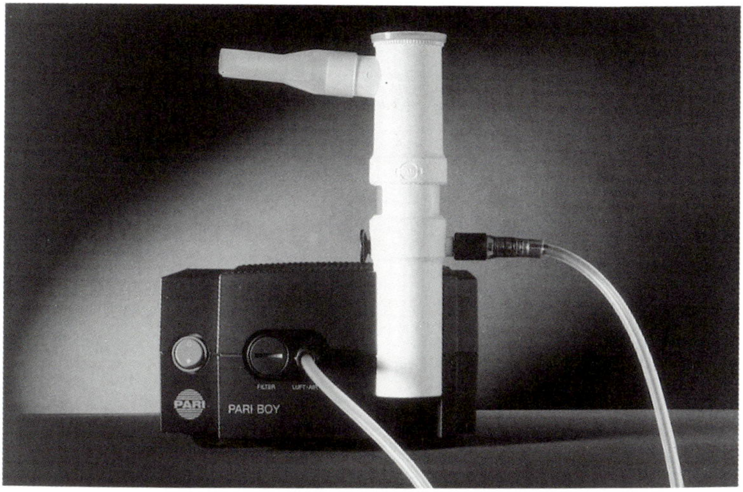

Abb. 19
Modernes elektrisches Inhaliergerät

Die erzeugten Partikel sind zu groß und gelangen nicht in die Bronchien. Sie können aber bei Erkrankungen der Nase und des Rachens hilfreich sein.
Bei Ultraschallverneblern wird durch ein Kristall das Kontaktmedium Wasser in Schwingungen versetzt und hierüber die eigentliche Medikamentenflüssigkeit in einen tröpfchenförmigen Zustand überführt.

Vorteile gegenüber den Düsenverneblern:

- geringerer Geräuschpegel
- hohe Nebeldichte.

Nachteile:

- vergleichsweise teuer
- schwieriger zu reinigen
- Medikamente können durch den Ultraschall verändert werden.

Flutter bei extremer Verschleimung

Eine interessante Ergänzung der Inhalationstherapie kann in einzelnen Fällen der sogenannte VRP1 Desitin® (»Flutter«) sein. Dieses pfeifenähnliche Gerät besteht aus einem Mundstück, einem Trichter mit einer Metallkugel und einem Kopfteil mit Lochöffnungen (s. Abb. 20). Gegen die Metallkugel muß der Patient ausatmen, so daß ein Ausatemwiderstand erzeugt wird. Dieser Vorgang ähnelt der Technik der Lippenbremse. Die Kugel wird durch den Ausatemstrom in Schwin-

Abb. 20
VRP1 Desitin
(»Flutter«)
Ein einfaches Gerät zur Lockerung von festsitzendem Schleim

a) Anwendung durch den Patienten

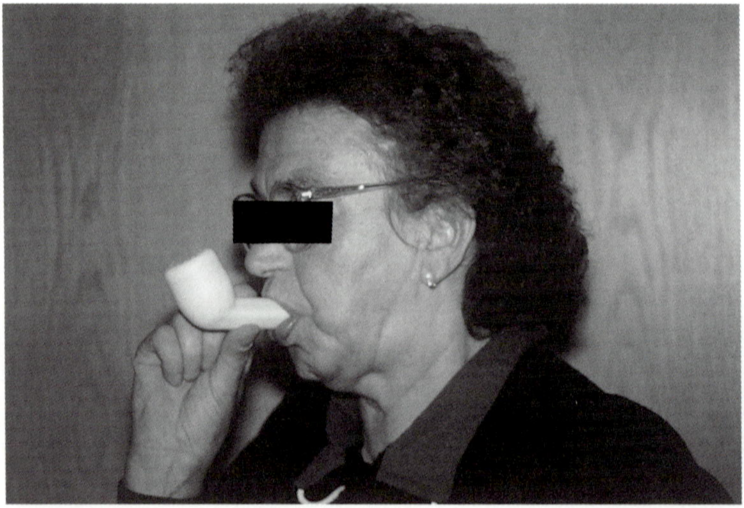

b) Aufbau

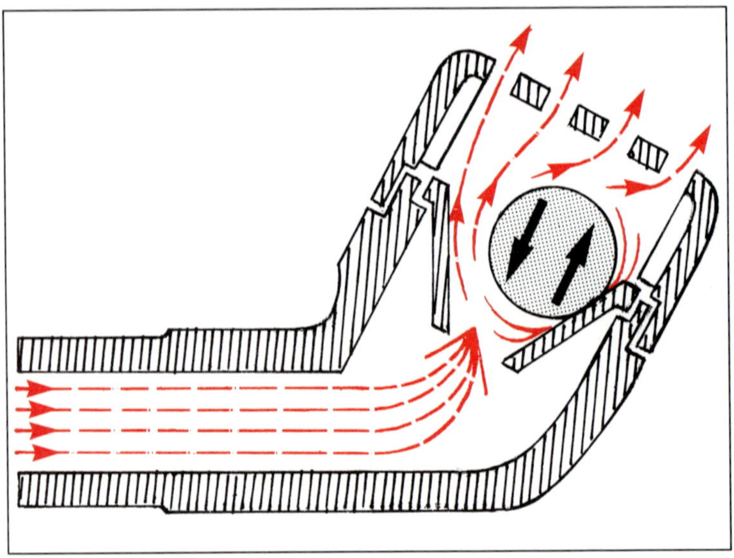

gungen versetzt. Diese Vibrationen übertragen sich auf die Atemwege und lösen den Schleim. Hierdurch dient das Gerät vorrangig der Sekretmobilisierung, d. h., festsitzender Schleim kann besser abgehustet werden. Dementsprechend eignet sich der Flutter insbesondere für Krankheitsverläufe, die mit sehr starker Verschleimung einhergehen. Die Wirkung schleimlösender Inhalationslösungen wird verstärkt. Der Flutter ist als Einzelgerät oder auch als Zusatz für einen Vernebler erhältlich (VRP2). In letzterer Form ermöglicht er die zeitsparende Kombination von Inhalationsbehandlung und Physiotherapie. Man muß aber anmerken, daß Asthmatiker in der Regel dieser zusätzlichen physikalischen Hilfe nicht bedürfen. Bei extremer Verschleimung oder dem zusätzlichen Vorhandensein von Bronchiektasen (s. o.) kann sie jedoch von Vorteil sein.

Wie führe ich die Inhalation mit einem elektrischen Inhalationsapparat richtig durch?

Auch für die Apparateinhalation gilt genau wie im Fall der Dosieraerosole, daß nur bei richtiger Inhalationstechnik das Medikament seine volle Wirkung entfalten kann. Bei der Apparateinhalation kommt aber ein weiteres Problem hinzu, nämlich die Notwendigkeit, eine Verunreinigung der Inhalationslösung mit Keimen, die sog. Kontamination, unbedingt zu vermeiden. Schließlich möchten Sie das Medikament inhalieren und nicht Viren und Bakterien! Ein weiteres Problem ist die Wahl einer geeigneten Trägerlösung für das Medikament. Auf den folgenden Seiten finden Sie praktische Ratschläge, die einen technisch einwandfreien und medizinisch wirkungsvollen Ablauf der Inhalation ermöglichen.

Kontamination vermeiden

Der praktische Tip

Beginnen wir mit einigen Tips, die Sie vor der eigentlichen Inhalation beachten sollten:
Zunächst sollte sich der Patient vor der Inhalation die Hände gründlich waschen. Jeder Mensch hat zahllose Keime auf der Haut, diese müssen vorher reduziert werden.
Sodann wird die Inhalationslösung in den Medikamentenbecher gefüllt. Entweder wird eine Trägerlösung (z. B. 0,9 %ige Kochsalzlösung) benutzt, der dann nach ärztlicher Anordnung ein Medikament beigemischt wird, oder es wird ein Fertiginhalat (z. B. Sultanol Fertiginhalat®) verwendet, das nur noch umgefüllt werden muß.

Achtung!

! Als Trägerlösung sollte kein destilliertes Wasser verwendet werden, denn hierdurch können u. U. Asthmaanfälle provoziert werden! Die beste Trägerlösung ist »physiologische« (= 0,9%ige) Kochsalzlösung, die es in 5-ml-Portionsgrößen gibt. Problematisch sind große (500 ml) Behältnisse mit Kochsalzlösung, die über Wochen benutzt werden. Hier kann es bei längerem Gebrauch und nicht völlig sterilem Vorgehen zu Verunreinigungen kommen, und zusätzlich zum Medikament werden dann auch Bakterien vernebelt.

Die Behältnisse, in denen sich die Medikamente befinden, sollten gut verschlossen und kühl aufbewahrt werden. Oberstes Gebot ist das Vermeiden von Verunreinigungen.

Die Inhalation wird üblicherweise durch das Mundstück durchgeführt. Inhalationen durch die Nase sind bei Bronchialerkrankungen sinnlos, da die Nase wie ein Filter wirkt und die inhalierten Teilchen sich größtenteils im Nasenbereich niederschlagen, ohne die Bronchien zu erreichen. Lediglich bei Schnupfen und Nasennebenhöhlenerkrankungen sind Inhalationen über die Nase sinnvoll. Anders bei Säuglingen und Kleinkindern, bei ihnen ist die Nase noch ausreichend durchgängig, und Inhalationen können über eine Maske erfolgen.

Korrekte Inhalation

Vorgehen

- Der Patient nimmt eine entspannte und aufrechte Sitzhaltung ein.
- Durch das Mundstück wird langsam und tief eingeatmet. Dann wird ebenfalls langsam und tief ausgeatmet. Durch das langsame und tiefe Atmen wird eine optimale Verteilung des inhalierten Medikamentes ermöglicht.
- Die Auslösertaste des Verneblers wird nur während des Einatmens betätigt. So wird erreicht, daß lediglich während des Einatmens vernebelt wird, der Medikamentenverbrauch wird vermindert.
- Gewöhnlich dauert eine Inhalation mit Vernebler ca. 15 Minuten.
- Ein häufiger Fehler zu Beginn ist das zu schnelle Atmen während der Inhalation. Folge können Schwindelgefühl oder Übelkeit (sog. Hyperventilationssyndrom) sein. Deshalb: tief und langsam atmen!

Hygiene beachten

Nach der Inhalation beachte man folgende Regeln:

- Aus Gründen der Hygiene sollte nach jeder Inhalation der Vernebler zerlegt und die mit dem Mund des Patienten oder dem Medikament in Berührung gekommenen Einzelteile mit heißem Wasser und evtl. unter Zusatz von Geschirrspülmittel gereinigt werden. Ein Auskochen der Einzelteile bringt keinen zusätzlichen Vorteil!

- Die Einzelteile können auch in der Spülmaschine gereinigt werden.
- Danach müssen alle zerlegten Teile gründlich von Hand getrocknet und an der Luft nachgetrocknet werden. Erst vor der nächsten Inhalation wieder zusammensetzen!
- Das Kompressorgehäuse wird mit einem sauberen, weichen Tuch abgeputzt.

Reizhusten während des Inhalierens – was tun?

Reizhusten vermeiden

Ein während des Inhalierens auftretender Reizhusten kann mehrere Ursachen haben:

- Das Medikament ist zu kalt.
  Versuch: Lösung vorher anwärmen, insbesondere wenn sie vorher im Kühlschrank lag. Auch durch die Verneblung selbst wird Kälte erzeugt, in speziellen Fällen kann ein heizbares System verwendet werden.
- Das verwendete Medikament besitzt einen zu hohen oder zu niedrigen pH-Wert (ist zu alkalisch oder zu sauer).
  Versuch: Weitere Verdünnung mit 0,9 %iger NaCl-Lösung (physiologische Kochsalzlösung).

Sie sehen: Apparateinhalationen sind wesentlich aufwendiger als die Inhalationsbehandlung mit den praktischen Dosieraerosolen. In manchen Fällen haben sie Vorteile – in den meisten Fällen sind sie aber nicht erforderlich.

Welche Medikamente sind für eine Apparateinhalation geeignet?

Grundsätzlich kann man sich beim Inhalieren auf natürliche Kochsalzlösung oder Sole beschränken oder statt dessen zusätzlich Medikamente inhalieren.
Sole oder Kochsalzlösung befeuchtet die Schleimhäute und lockert den Schleim und erleichtert damit dessen Abhusten. Dies ist eine Art der Bronchienhygiene. Höher konzentrierte Sole (mehr als 2 %) kann aber auch bei Patienten mit einem überempfindlichen Bronchialsystem, wie z. B. beim Asthmatiker, gelegentlich zu Atemnotanfällen führen.
Ein Problem stellt das Inhalieren von **ätherischen Ölen (z. B. Anisöl)** oder **alkoholischen Pflanzenextrakten (Kamille)** dar. Zwar wird das Inhalieren der ätherischen Öle meist als angenehm empfunden, man sollte aber wissen, daß ätherische Öle beim Asthmakranken die bronchiale Überempfindlichkeit

noch weiter steigern können. In diesem Fall führen Inhalationen zu einer Verschlechterung statt zu einer Besserung des Krankheitsbildes. Außerdem können dickflüssige Öle die feinen Düsen der Geräte verstopfen. Die am häufigsten über die Apparateinhalation verabreichten Medikamente sind **bronchienerweiternde Substanzen** (vom »Typ des Adrenalin«, vom »Typ des Atropin« oder ein Kombinationspräparat) und das Prophylaktikum DNCG. Letzteres hat ebenso wie die Bronchienerweiterer vom »Typ Atropin« fast keine Nebenwirkungen und ist daher für eine zugleich wirkungsvolle und schonende Erweiterung der medikamentösen Therapie gut geeignet.

Kortison nur selten über Vernebler

Kortison kann zwar auch über einen Vernebler inhaliert werden, diese Inhalationsform hat sich aber nicht allgemein durchgesetzt. Ursache hierfür ist, daß Kortison schlecht wasserlöslich ist. Üblicherweise wird es daher als Dosieraerosol oder Pulverinhalator verabreicht, nur in ganz seltenen Ausnahmefällen über einen Vernebler.

Schleimlösende Medikamente oft Reizstoffe

Schleimlösende Medikamente (Ambroxol, Acetylcystein, Bromhexin) werden häufig über Apparateinhalatoren vernebelt. Dabei ist dies nicht unproblematisch. So können die Schleimlöser, wenn sie inhalativ verabreicht werden, bei Asthmatikern mit starker bronchialer Überempfindlichkeit als ungewollter Reizstoff wirken und zu einer Verengung der Atemwege, im schlimmsten Fall sogar zu einem Asthmaanfall führen. Dies gilt insbesondere für Schleimlöser vom Typ des Acetylcystein. Besser ist es, Schleimlöser in Form von Brausetabletten einzunehmen.

Antibiotika werden bei Asthma für gewöhnlich nicht inhalativ verabreicht. Die inhalative Antibiotikatherapie ist speziellen Erkrankungen vorbehalten.

Folgende Übersicht zeigt Medikamentengruppen mit Nebenwirkungen, Gegenanzeigen und Mischmöglichkeiten.

Adrenergika (Bronchialerweiterer vom »Typ Adrenalin«)
Präparate: Berotec® LS 0,5 %, Berotec® LS 0,1 %, Bricanyl® 1,0%, Sultanol® Inhalationslösung 0,5 %, Sultanol® Fertiginhalat u. v. a.
Vorsicht in den ersten drei Monaten der Schwangerschaft und vor der Entbindung (die Medikamente wirken tokolytisch, d. h. wehenhemmend).
Gegenanzeigen: schwere Herzrhythmusstörungen, akute schwere Überfunktion der Schilddrüse, hypertrophe ob-

struktive Kardiomyopathie (eine Herzmuskelerkrankung)
Mischbar mit Atrovent®, Ventilat®

Anticholinergika
Präparate: Atrovent®, Ventilat® (enthält den Wirkstoff Ipratropiumbromid bzw. Oxitropiumbromid)
Vorsicht im ersten Drittel der Schwangerschaft und bei Grünem Star (Glaukom).
Mischbar mit: Berotec®.

Mischpräparat
aus Beta-Adrenergikum und Anticholinergikum
Präparat: Berodual® LS 0,025 % (enthält Fenoterol und Ipratropiumbromid)
Vorsicht im ersten Schwangerschaftsdrittel und vor der Entbindung sowie bei Grünem Star (Glaukom)
Gegenanzeigen wie bei den Beta-Adrenergika.

Entzündungshemmendes Prophylaktikum

DNCG (Dinatriumcromoglicinsäure)
Präparate: Intal® Inhalationslösung 1%, Cromolind® Inhalationslösung, Inhibin® Fl. 1 %, Diffusyl®-Lösung, DNCG-Mundipharma
Weitgehend nebenwirkungsfrei
Mischbar mit Beta-Adrenergika, Anticholinergika.

Schleimlösende Medikamente
1. Ambroxol
   Präparate: z. B. Mucosolvan® Inhalationslösung, frenopect® Inhalat usw.
   Mischbar mit Beta-Adrenergika.
   Nicht mischbar mit DNCG.
2. Acetylcystein
   Präparate: z. B. Fluimucil®-Lösung, Myxofat® usw.
   Vorsicht, viele Asthmatiker reagieren auf dieses Medikament mit Atemnot. Daher ist das Inhalieren von Acetylcystein bei Asthma oft problematisch. Falls dennoch erforderlich, ist die gleichzeitige Gabe eines bronchialerweiternden Beta-Adrenergikums empfehlenswert.
3. Bromhexin
   Präparat: z. B. Bisolvon®-Lösung
   Nicht mischbar mit DNCG oder anderen alkalisch reagierenden Lösungen, es kommt zu Ausflockungen.

Quiz – Prüfen Sie Ihr Wissen!

Kreuzen Sie bitte die richtige Lösung an! Es können auch mehrere Lösungen richtig sein – manchmal sind also mehrere Kreuze erforderlich.

Die Lösungen mitsamt Kommentaren finden Sie ab Seite 140.

1. Inhalierbares Kortison
A) hemmt die chronische Entzündung in den Atemwegen.
B) beeinflußt Verlauf und Prognose der Atemwegserkrankung günstig wie kein anderes Medikament.
C hat Nebenwirkungen wie die Kortisontabletten, z.B. Osteoporose, Fettsucht etc.
D) sollte in der Regel nur mit Vorschaltkammer benutzt werden, wenn ein treibgashaltiges Druck-Dosieraerosol verwendet wird.
E) wirkt erst nach ein bis drei Wochen regelmäßiger Einnahme.

2. Welche Aussagen zu den bronchialerweiternden Inhalativa treffen zu?
A) Bei den inhalativen Bronchialerweiterern vom »Typ Adrenalin« (Adrenergika) unterscheidet man kurzwirksame und langwirksame.
B) Die langwirksamen sind besonders für den Gebrauch beim akuten Luftnotanfall geeignet.
C) Die kurzwirksamen Adrenergika sollten möglichst immer regelmäßig eingenommen werden, z.B. vier mal zwei Hübe täglich.
D) Mögliche Nebenwirkung der inhalierbaren Adrenergika ist der Mundpilz (Soor).
E) Langwirkende inhalative Bronchialerweiterer vom »Typ Adrenalin« eignen sich besonders gut bei schwereren Asthmaformen und bei nächtlichem Asthma.

3. Beurteilen Sie folgende Aussagen über die inhalative Anwendung von Medikamenten
A) Bei den Pulverinhalatoren wird ein Sprühstoß ausgelöst.
B) Hauptnachteil der klassischen Treibgasdosieraerosole ist die Möglichkeit einer falschen Inhalationstechnik. FCKW-haltiges Treibgas schadet zudem der Ozonschicht.
C) Der größte Vorteil der inhalativen Anwendung ist: Zielort = Wirkort.
D) Die inhalative Anwendung führt zu einem raschen Wirkeintritt der bronchialerweiternden Medikamente.
E) Die Nebenwirkungen sind höher als bei Tabletten mit dem gleichen Wirkstoff.

4. Welche der folgenden Schritte gehören zu einer korrekten Bedienung von Treibgasdosieraerosolen?
A) Schütteln des Dosieraerosols.
B) Vor dem Sprühvorgang tief ausatmen.
C) Dann vor dem Sprühvorgang tief einatmen.
D) Nach dem Sprühstoß schnellstmöglich ausatmen.
E) Wenn vom Arzt zwei Hübe angeordnet sind, muß der gesamte Vorgang einmal wiederholt werden.

5. Welche Aussagen zur Bedienung eines Pulverinhalators treffen zu?

A) Ohne Vorschaltkammer führen Pulverinhalatoren zu erheblich mehr Nebenwirkungen.
B) Turbohaler zählen ebenso wie Diskhaler oder Rotahaler zu den Pulverinhalatoren.
C) Pulverinhalatoren sind im Vergleich zu Dosieraerosolen in der Anwendung relativ kompliziert.
D) Pulverinhalatoren benötigen kein Treibgas.
E) Das Medikament wird durch Einatmen in die Atemwege gesaugt. Ein aktiver Sprühvorgang ist nicht erforderlich.

6. Folgendes muß vor dem Inhalieren mit elektrischen Verneblern beachtet werden:

A) Der Patient sollte sich vor jeder Inhalation die Hände gründlich waschen.
B) Als Trägerlösung für die Medikamente eignet sich z. B. destilliertes Wasser.
C) Als Trägerlösung eignet sich z. B. natürliche (0,9 %ige) Kochsalzlösung.
D) Inhalationen durch die Nase sind bei Bronchialerkrankungen deutlich weniger wirksam als über einen Mundaufsatz.
E) Bei der Verwendung von Kochsalzlösung ist darauf zu achten, daß die Kochsalzlösung nur in ausreichend großen Behältnissen (z. B. 500 ml) aufbewahrt wird.

7. Nach der Inhalation (mit einem elektrischen Inhalierapparat) ist folgendes zu beachten:

A) Die mit dem Mund des Patienten oder dem Medikament in Berührung gekommenen Einzelteile sollten etwa einmal pro Woche gereinigt werden.
B) Ein Auskochen der Einzelteile eines Inhalationsgerätes bringt keinen zusätzlichen Vorteil.
C) Die Einzelteile sollten nicht in der Spülmaschine gereinigt werden.
D) Die Einzelteile sollten gründlich von Hand getrocknet und an der Luft nachgetrocknet werden.
E) Das Kompressorgehäuse wird mit einem sauberen, weichen Tuch abgeputzt.

8. Inhalieren ist nicht gleich Inhalieren!
Welche der folgenden Aussagen treffen zu?

A) Natürliche Kochsalzlösung (0,9 %ige Sole) befeuchtet die Schleimhäute und lockert den Schleim.
B) Höher konzentrierte Sole (2 % und mehr) kann bei Patienten mit einem überempfindlichen Bronchialsystem, wie man es z. B. beim Asthmatiker beobachtet, zu Atemnotanfällen führen.
C) Die Inhalation von ätherischen Ölen (z. B. Anisöl) führt bei Asthmatikern immer zu einer Linderung der bronchialen Überempfindlichkeit.
D) Kamille ist ein Pflanzenextrakt und sollte von Atemwegskranken zur Linderung der Beschwerden möglichst häufig inhaliert werden.
E) Patienten mit überempfindlichem Bronchialsystem sollten ätherische Öle meiden.

9. Welche der folgenden Aussagen sind richtig?

A) Kortisonpräparate lassen sich problemlos mittels Apparateinhalation verabreichen.
B) Die Anwendung von Antibiotika durch Inhalation ist besonderen Situationen vorbehalten (insbesondere bei chronischen Pseudomonas-Infektionen und bei der Mukoviszidose).

C) Bronchialerweiternde Medikamente lassen sich ausgezeichnet inhalativ verabreichen.
D) Schleimlösende Medikamente sind bei Asthma inhalativ immer ohne Nebenwirkungen zu verabreichen.
E) Kortisonpräparate werden überwiegend mittels Dosieraerosolen und Pulverinhalatoren, nur selten über Apparateinhalatoren angewendet.

LÖSUNGEN

Die richtigen Aussagen sind grau unterlegt.

1. Inhalierbares Kortison

A; B; D; E

Inhalatives Kortison hat keineswegs dieselben Nebenwirkungen wie die Tabletten. Dies liegt daran, daß die Inhalativa überwiegend nur dorthin gelangen, wo sie auch wirken sollen, nämlich in die Bronchien. Der Umweg über das Blut und damit über die anderen Organe wird vermieden. Häufigste Nebenwirkungen des inhalativen Kortisons sind Mundpilz (auch Soor oder Candidiasis genannt, häufig bedingt durch falsche Inhaliertechnik) und Heiserkeit. Die Heiserkeit ist harmlos und verschwindet meist nach wenigen Tagen wieder.

2. Welche Aussagen zu den bronchialerweiternden Inhalativa treffen zu?

A; E

Kurzwirksame Adrenergika werden zwar häufig regelmäßig eingenommen, oft kommen sie aber auch nur bei Bedarf, also bei Luftnot, zum Einsatz. Dies gilt insbesondere für leichte Verlaufsformen des Asthma. Wenn gleichzeitig langwirkende Adrenergika verabreicht werden, gilt stets: das kurzwirkende Adrenergikum nur bei Bedarf. Wenn Sie diese Frage falsch beantwortet haben, lesen Sie bitte unbedingt den betreffenden Abschnitt dieses Kapitels (ab Seite 115) noch einmal aufmerksam durch.
Mundpilz (Soor) ist eine Nebenwirkung von inhalativem Kortison, nicht von inhalativen Adrenergika.

3. Beurteilen Sie folgende Aussagen über die inhalative Anwendung von Medikamenten

B; C; D

Bei den Pulverinhalatoren muß der Patient keinen Sprühstoß auslösen, denn es handelt sich um treibgasfreie Inhalatoren. Es ist auch keine Vorschaltkammer erforderlich. Die Nebenwirkungen der Pulverinhalatoren sind wie bei allen Dosieraerosolen und Pulverinhalatoren geringer als bei Tabletten mit dem gleichen Wirkstoff.

4. Welche der folgenden Schritte gehören zu einer korrekten Bedienung von Treibgasdosieraerosolen?

A; B; E

Noch einmal zur Wiederholung die korrekte Inhalationstechnik bei Dosieraerosolen:
1. Schütteln des Dosieraerosols
2. Schutzkappe abnehmen
3. Tief ausatmen
4. Umschließen des Mundstücks mit den Lippen
5. Betätigen des Dosieraerosols beim Beginn der Einatmung. Saugen Sie das Medikament möglichst tief ein.
6. Die Luft anhalten, damit sich die Teilchen in den Bronchien absetzen können, dann ausatmen.
   Keinesfalls vor dem Sprayen einatmen, sondern *während* des Sprayens, sonst gelangt der Wirkstoff nicht in die Lunge! Und nach dem Sprayen auch nicht schnellstmöglich ausatmen, sondern *langsam* ausatmen!
   Wenn Sie sich nicht sicher sind: Lassen Sie Ihre Technik von anderen überprüfen (z. B. vom Arzt oder von der Krankenschwester)!

5. Welche Aussagen zur Bedienung eines Pulverinhalators treffen zu?

B; D; E

Im Gegensatz zu den klassischen Treibgasdosieraerosolen benötigen Pulverinhalatoren weder Treibgas noch Vorschaltkammern. Sie sind daher in ihrer Anwendung vergleichsweise einfach.

6. Folgendes muß vor dem Inhalieren beachtet werden:

A; C; D

Destilliertes Wasser eignet sich **nicht** als Trägerlösung. Es kann zu einer Reizung des überempfindlichen Bronchialsystems führen und dadurch Atemnot auslösen. Wenn man die Kochsalzlösung in großen Behältnissen von 500 ml aufbewahrt, können bei nicht sachgerechter Handhabung Verunreinigungen auftreten. Geeigneter sind daher kleinere Behältnisse (es gibt z. B. 100-ml-Flaschen oder Ampullen mit 5 ml).

7. Nach der Inhalation ist folgendes zu beachten:

B; D; E

8. Inhalieren ist nicht gleich Inhalieren!
Welche der folgenden Aussagen trifft zu?

A; B; E

Die Inhalation von ätherischen Ölen (z. B. Anisöl) oder von Kamille mittels Vernebler kann beim Asthmatiker zu einer Reizung des überempfindlichen Bronchialsystems führen. Daher sollten diese Stoffe bei Asthma besser nicht vernebelt werden.

9. Welche der folgenden Aussagen sind richtig?

B; C; E

Kortison ist schlecht wasserlöslich und daher nur sehr eingeschränkt für die Inhalation über einen Vernebler geeignet. Es wird daher bei der inhalativen Anwendung fast ausschließlich über Dosieraerosole (sowohl treibgashaltige als auch Pulverinhalatoren) verabreicht.
Schleimlösende Medikamente sollten bei Asthmatikern nur mit Vorsicht angewendet werden. Insbesondere das Acetylcystein kann zu Reizungen der überempfindlichen Bronchialschleimhaut führen. Besser ist die Einnahme von schleimlösenden Medikamenten z. B. in Form von Brausetabletten.

Manager der eigenen Krankheit – ärztlich begleitetes Selbstmanagement

Überblick

Das werden Sie in diesem Kapitel erfahren:
- Was ist ärztlich begleitetes Selbstmanagement?
- Asthmaverlaufskontrolle anhand der Symptome, des Peak-Flow-Meter-Protokolls und des Bedarfs an Dosieraerosolen.
- Was ist ein Peak-Flow-Meßgerät?

Therapie nach Maß

Ziel der Selbstkontrolle:
Eine gute Behandlung muß sich der immer wechselnden Krankheitsschwere anpassen. Diese wechselnde Krankheitsschwere kann
- mit dem Peak-Flow-Meter,
- einer genauen Beobachtung der Symptome und
- dem Bedarf an inhalativen Medikamenten

leichter beurteilt werden.
Arzt und Patient können hierdurch die Therapie verbessern. So viele Medikamente wie nötig, so wenig wie möglich, also: Therapie nach Maß!

Was bedeutet ärztlich begleitetes Selbstmanagement?

Es ist der Geist, der sich den Körper baut.
(Schiller, Wallensteins Tod)

Selbstmanagement der Krankheit

Ein chronisch kranker Patient sollte für sich selbst **Verantwortung** übernehmen. Sein Verhalten, seine Lebensweise und seine Einstellung zur Krankheit werden den langfristigen Verlauf seines Leidens erheblich mitbestimmen. So gesehen werden auch Sie als Patient zu einer Art »Manager« Ihrer eigenen Krankheit, Sie bestimmen durch Ihr eigenes

Handeln, Ihre eigenen Entscheidungen den Krankheitsverlauf maßgeblich mit. Ärztliches Handeln ist ohne Ihr Mittun auf Dauer wenig erfolgversprechend.

Ein typisches Beispiel ist das **Rauchen**. Viele Raucher unter den Asthmatikern geben mit zunehmender Schwere der Krankheit das Rauchen auf, entweder aus Einsicht oder weil sie einfach nicht mehr können: Der Zigarettenrauch reizt ihr überempfindliches Bronchialsystem. Leider gibt es aber auch immer wieder Raucher, die diesen Schritt nicht vollziehen. Die Gründe hierfür sind zahlreich. Bei den wenigsten sollte man es als pure Unvernunft, Leichtsinn oder auch einfach Gleichgültigkeit abtun. Wir wollen an dieser Stelle nicht über Sinn und Unsinn des Rauchens moralisieren. Die Diskussion um diesen Punkt wird auch in der Öffentlichkeit immer wieder geführt, die Argumente sind ausgetauscht und allen hinlänglich bekannt. Wichtig ist hier allein der Hinweis, daß Rauchen dem Asthmatiker massiv schadet und alle Anstrengungen von Arzt und Patient auf lange Sicht zunichte macht.

Die **Raucherentwöhnung** erfordert eine große Willensanstrengung vom einzelnen. Sie setzt ein hohes Maß an Selbstverantwortung voraus. Selbstverantwortung, weil dem Raucher niemand diese Anstrengung abnehmen kann. Sicher kann man die Nikotinentwöhnung von ärztlicher und auch von psychologischer Seite her unterstützen, dennoch bleibt der Nikotinverzicht allein ein Willensakt des Rauchers.

Stellen Sie sich vor, Sie hätten starke Knieschmerzen. Gegen diese Knieschmerzen bekommen Sie ein schmerzstillendes Medikament, und Sie erhalten zudem Bestrahlungen. Nach diesen Anwendungen geht es Ihnen wieder richtig gut. Was tun Sie jetzt? Sie fühlen sich prima, nehmen einen großen Hammer und schlagen mit diesem beherzt auf Ihr Knie. Jetzt geht es Ihnen nicht mehr ganz so gut; also nehmen Sie wieder Schmerzmedikamente und erhalten Anwendungen.

Zugegeben, eine etwas schräge Geschichte. Aber sehen Sie Ähnlichkeiten zum Rauchen?

Arzt und Patient – ein Behandlungsteam

Die Selbstverantwortung des Patienten erschöpft sich nicht in der Frage, ob er raucht oder nicht. Die moderne Asthmatherapie bedeutet mehr, als auf das Rauchen oder übermäßiges Essen und zu hohen Alkoholkonsum zu verzichten. Sie als Patient sollen vielmehr lernen, sich aktiv mit Ihrer Krankheit auseinanderzusetzen. Hierzu gehört, einerseits den Krankheitsverlauf richtig einschätzen zu können und andererseits hieraus Konsequenzen für die Therapie zu erkennen und diese

auch umzusetzen. Das bedeutet im modernen Sinne Selbstmanagement des Patienten, und weil dies aus naheliegenden Gründen ohne die Hilfe des Arztes nicht möglich ist, spricht man auch vom **ärztlich begleiteten Selbstmanagement des Patienten.**
Wir haben bereits betont, daß die Grundvoraussetzung für verantwortliches Handeln seitens des Patienten ist, daß dieser den Krankheitsverlauf einschätzen kann. Welche Maßstäbe gibt es nun, einen stabilen von einem ungünstigen, instabilen Krankheitsverlauf zu unterscheiden?

Kennzeichen einer drohenden Krankheitsverschlechterung

Kennzeichen eines stabilen Krankheitsverlaufes:
- Keine oder nur geringe Symptome wie Atemnot, Husten und Auswurf
- Normale Peak-Flow-Werte
- Kein erhöhter Bedarf an Dosieraerosolen

Kennzeichen eines instabilen Asthmaverlaufes:
- Krankheitszeichen wie Atemnot, Husten, Auswurf, nächtliches Erwachen wegen Atemnot oder Husten
- Verschlechterung der Peak-Flow-Werte
- Steigender Verbrauch von atemwegserweiternden Dosieraerosolen

Zunehmende Atemnot, schlimmer werdender Husten oder vermehrter Auswurf müssen Sie alarmieren: Etwas ist nicht in Ordnung, die Therapie muß angepaßt werden!
Häufig versuchen Patienten, eine Verschlechterung der Symptome durch Dosissteigerungen der Medikamente, inbesondere der bronchialerweiternden Dosieraerosole, abzuwenden. Dann werden statt dreimal zwei Hübe täglich plötzlich sechsmal zwei oder siebenmal zwei Hübe täglich genommen. Leider sehen wir immer wieder »gefährliche« Dosissteigerungen bei inhalativen Bronchienerweiterern, die Wirkung läßt immer mehr nach, die Nebenwirkungen können hingegen zur Gefahr werden. Ein stetig steigender Bedarf an inhalativen

Bronchialerweiterern ist ein Hinweis für einen ungünstigen, instabilen Krankheitsverlauf, also auch ein Krankheitszeichen, und muß Anlaß geben, den Arzt aufzusuchen. Dieser wird die Therapie entsprechend ändern.
Grundlegende Voraussetzung für eine aktive Mitarbeit des Patienten ist, daß er seine Lungenfunktion selber mit hinreichender Genauigkeit beurteilen kann. Dies scheint problematisch, denn natürlich stehen dem Patienten nicht die apparativen Möglichkeiten des Arztes zur Verfügung, und die rein subjektive Einschätzung der Lungenfunktion ist nur allzu ungenau. Hier hilft ein kleines, unscheinbar wirkendes Gerät. Die Rede ist vom sogenannten Peak-Flow-Meter (s. Abb. 21).

Wichtiges Hilfsinstrument

Bewußt räumen wir der Darstellung des Peak-Flow-Meters im folgenden breiten Raum ein. Denn es handelt sich um ein für Sie als Patient entscheidendes Hilfsinstrument, um aktiv an der Langzeittherapie Ihrer Atemwegserkrankung mitzuwirken. So einfach Technik und Handhabung dieses Gerätes auch sind, so beträchtlich kann der therapeutische Nutzen sein. An der Fachklinik Bad Reichenhall ist der Peak-Flow-Kurs ein wichtiger Teil der Patientenschulung.

Das Peak-Flow-Meter

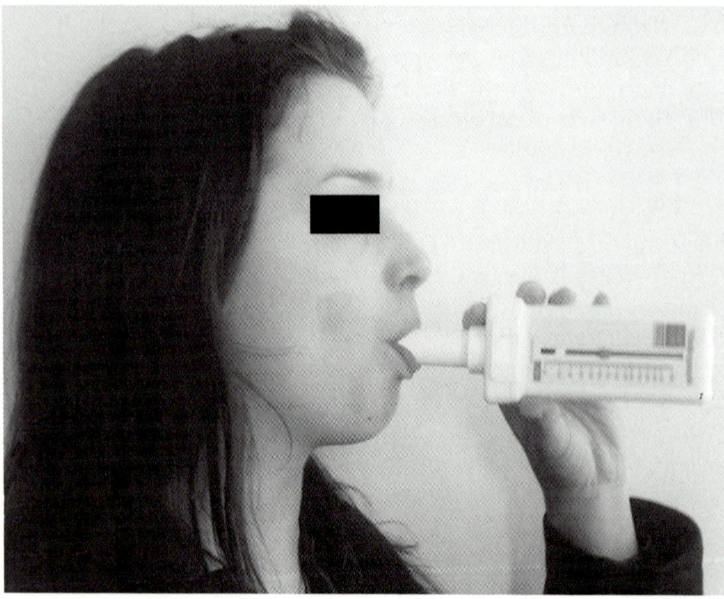

Abb. 21
Peak-Flow-Meter

Mit dem Peak-Flow-Meter können Sie selber Ihren Atemstoß messen. Das bedeutet, Sie können Ihre Lungenfunktion jederzeit selbst rasch und einfach überprüfen.

Wichtig!

! Mit Ihrem Peak-Flow-Meter können Sie bei sich selber eine Verschlechterung der Lungenfunktion rechtzeitig entdecken. Das Peak-Flow-Meter ist wie ein Frühradar für Asthmakranke. Noch bevor Sie selber eine Verschlechterung des Asthmas spüren, zeigt das Peak-Flow-Gerät die Gefahr bereits an: Sie gewinnen Zeit, die Behandlung rechtzeitig anzupassen.

- Sogar Krankenhausaufenthalte werden hierdurch u. U. verhindert.
- Andererseits können auch unnötig viele Medikamente vermieden werden, weil (die immer wieder nötigen) Anpassungen Ihrer medikamentösen Therapie viel genauer möglich sind. Ziel ist eine Therapie nach Maß und nicht von der Stange!

Der englische Begriff »Peak-Flow« (sprich: piek-flou) bedeutet wörtlich übersetzt »Spitzenfluß«.

Was kann man messen?

Mit einem Peak-Flow-Meter mißt man also einen Spitzenfluß. Der Spitzenfluß kennzeichnet die maximale Ausatemgeschwindigkeit bei der stärkstmöglichen Ausatmung.
Mit einem Peak-Flow-Meter kann man zu jeder Zeit seine eigene Lungenfunktion messen. Man kann erkennen, ob die Atmung reibungslos funktioniert oder eine Verengung der Atemwege vorliegt. Das ist wichtig, weil man dies selber oft nur sehr ungenau spürt.

»Kerzentest«

Das Peak-Flow-Meter funktioniert wie der »Kerzentest«, mit dem man sich den Unterschied zwischen gesund und krank verdeutlichen kann. Ein gesunder Mensch bläst eine Kerze aus, die einen Meter von ihm entfernt steht. Ein Patient, der an einer Atemwegserkrankung leidet, kann dies häufig nicht mehr. Die Kraft seines Atemstoßes reicht nicht aus, um die Kerze auszupusten. Es ist einsichtig, daß der Kerzentest nur eine grobe Einteilung ermöglicht. Für eine relativ genaue und wiederholbare Messung der Atemleistung wurden die Peak-Flow-Meter entwickelt.

Wie mißt man mit dem Peak-Flow-Meter?

Richtige Anwendung

Die Verwertbarkeit der Ergebnisse eines Peak-Flow-Meters setzt eine einwandfreie Bedienung voraus. Mit falschen Werten kann man die Behandlung natürlich nicht verbessern!
Wichtig ist, daß Sie so fest wie möglich in einem Stoß ausatmen (mit größter Kraft und Geschwindigkeit). Davon hängt das Ergebnis entscheidend ab.

Typische Fehler

- Ein zu schwacher Atemstoß stellt die häufigste Fehlerquelle dar. Hierbei werden unzutreffend niedrige Werte ermittelt.
- Ähnliches passiert, wenn Sie die Messung durch Ihre Finger behindern, d. h., wenn Sie mit Ihren Fingern die Auslaßdüsen am Ende des Gerätes verdecken. Dies führt zu falsch niedrigen Werten.
- Zu hohe Werte werden beim »Trompetenstoß« (»Hineinspucken«) gemessen. Auch das verfälscht die Werte. Folge: Keine richtige Selbstkontrolle.

So messen Sie korrekt

- Halten Sie das Gerät waagerecht vor den Mund.
- Vergewissern Sie sich, daß das Mundstück fest mit dem Meßgerät verbunden ist.
- Stellen Sie mit dem Finger den Zeiger an der Meßskala auf Null (in Richtung des Mundstücks), behindern Sie den Zeiger bei der nachfolgenden Messung nicht durch Ihre Finger.
- Atmen Sie so tief wie möglich ein, stecken Sie das Mundstück zwischen die Zähne, und schließen Sie dann den Mund fest um das Mundstück (Lippen schließen dicht).
- Atmen Sie so fest Sie können in einem Stoß aus (so, als ob Sie eine Kerze auspusten wollen).
- Lesen Sie den Maximalwert Ihrer Ausatemgeschwindigkeit anhand des Pfeils an der Meßskala ab. Machen Sie ein Kreuz an entsprechender Stelle auf dem beiliegenden Meßprotokoll.
- Messen Sie immer zwei- bis dreimal hintereinander, es gilt immer der beste Wert. Nur dieser wird in das Protokoll eingetragen! Aber Achtung: Manche Asthmatiker mit hochgradiger Bronchienüberempfindlichkeit reagieren schon auf das schnelle Ausatmen mit Bronchienverengung. Hier ist eine dreimalige Wiederholung nicht angezeigt, im Einzelfall ist die Peak-Flow-Messung sogar zu unterlassen. Dies müßten Sie aber mit Ihrem Arzt besprechen.
- Messen Sie zweimal täglich, nach dem Aufstehen und abends.
- Messen Sie ebenfalls immer dann, wenn Sie Atemnot oder starken Hustenreiz verspüren – auch nachts. Tragen Sie diese Werte in Ihr Protokoll ein.

Tageszeitliche Schwankungen

Die ermittelten Peak-Flow-Werte tragen Sie in ein sog. **Peak-Flow-Verlaufsprotokoll** ein (Tabelle). Die Peak-Flow-Kurve eines **Gesunden** wird kaum Schwankungen aufweisen, sein Atemstoß wird sich relativ konstant um den Normwert herum bewegen.

Typische Sägezahnkurve bei Asthma

Typisch für das Asthma sind erhebliche Tagesschwankungen des Peak-Flows. Besonders charakteristisch sind niedrige Werte in den frühen Morgenstunden (sog. Morgentief oder englisch »morning dip«), im weiteren Verlauf des Tages kommt es dann oft zu einem Anstieg der Werte. Folge ist ein »sägezahnartiges« Muster der Peak-Flow-Kurve (s. Abb. 22a).

Diese Schwankungen beruhen auch auf tageszeitlichen Konzentrationsveränderungen der körpereigenen Substanzen und Hormone. So ist beispielsweise der Adrenalinspiegel im Blut frühmorgens besonders niedrig, der Histaminspiegel hingegen hoch. Kortison, das ja auch vom Körper selber gebildet wird und somit ein natürliches Hormon ist, hat in den Nachtstunden sein Minimum. In dieser Zeit ist der körpereigene Schutz gegen Atemnot besonders gering. Daß Asthmatiker in den frühen Morgenstunden häufig über Atemnot klagen, wird vor diesem Hintergrund verständlich.

Ziel: Kurvenglättung

Die starken tageszeitlichen Schwankungen sind für Asthma typisch. Zeichen einer guten Behandlung ist beim Asthmatiker eine geglättete Peak-Flow-Kurve auf hohem Niveau. Dann hat man die Krankheit im Griff, d.h., Sie verhindern aktiv Dauerschäden und Spätfolgen, die bei einer unzureichenden Behandlung zu erwarten sind. Starke Schwankungen sind also ein Zeichen einer unzureichenden Behandlung. Im Gegensatz zum Asthmatiker hat der **Bronchitiker** vergleichsweise geringe Schwankungen in der Peak-Flow-Kurve (s. Abb. 22c).

Die Werte bewegen sich aber durchgängig auf einem relativ niedrigen Niveau. Man könnte auch sagen, die Werte des Bronchitikers sind häufig konstant schlecht. Ziel einer medikamentösen Therapie muß dann ein Anheben dieses Niveaus sein.

Wie kontrolliere ich die Medikamentenwirkung?

Kontrolle der Medikamentenwirkung

Messen Sie den Peak-Flow **vor und** ca. 10 Minuten **nach** Anwendung eines (kurzwirkenden!) **bronchialerweiternden inhalativen Medikamentes** (z.B. Aerodur®, Allergospasmin®, Berodual®, Berotec®, Bronchospray®, Ditec®, Sultanol® und viele andere)! Den Vorgang der medikamentös herbeigeführten Bronchialerweiterung bezeichnet man als »Bronchospasmolyse«. Im Normalfall erhalten Sie nach Anwendung des inhalativen Medikamentes bessere Werte. Sollte dies nicht der Fall sein, setzen Sie sich bitte mit Ihrem behandelnden Arzt in

Verbindung. Entweder liegen Meßfehler vor, oder aber das verwendete Medikament hat nicht die gewünschte Wirkung und muß eventuell durch ein anderes Präparat ersetzt werden. Es ist übrigens sinnlos, den Bronchospasmolysetest nach alleiniger Anwendung eines **inhalativen Kortisonpräparates** (z. B. Beclomet forte®, Flutide®, Inhacort®, Pulmicort®, Sanasthmax® und viele andere) durchzuführen. Inhalatives Kortison ist ein hervorragendes Medikament gegen die chronische Entzündung des Bronchialsystems, es wirkt aber nicht kurzfristig binnen weniger Minuten wie die bronchialerweiternden Inhalativa. Eine erneute Messung nach wenigen Minuten wird daher erwartungsgemäß keine veränderten Werte zeigen. Inhalatives Kortison ist ein klassisches Langzeitmedikament, das seine volle Wirkung nur bei regelmäßiger und langfristiger Verabreichung entfalten kann.
Zur Erinnerung: Inhalatives Kortison ist kein Notfallmedikament. Dies läßt sich auch am Verhalten der Peak-Flow-Werte erkennen.

Infekte führen zu deutlichen Abfällen der Peak-Flow-Werte

Infekte bedeuten Gefahr

Ein besonderes Problem für Atemwegskranke stellen Infekte dar. Jeder Infekt birgt potentiell die Gefahr einer dauerhaften oder akut gefährlichen Verschlechterung des Asthmas. Notfallsituationen kommen besonders bei bronchialen Infekten vor.
Für einen günstigen Verlauf einer chronischen Atemwegserkrankung ist es daher von entscheidender Bedeutung, Infekte und die hiermit verbundenen Verschlechterungen der Lungenfunktion rechtzeitig zu erkennen und ohne unnötigen Zeitverlust entschlossen zu behandeln.
Ein wichtiges Hilfsinstrument hierfür ist das Peak-Flow-Meter.

Notfallsituationen vorbeugen

Bis zu zwei Tage bevor der Patient überhaupt eine Veränderung seiner Atemwegssituation spürt, läßt das Peak-Flow-Protokoll bereits einen deutlichen Abfall der Werte erkennen (s. Abb. 22b). Entsprechend früh kann gehandelt werden. Der Arzt wird nun ohne zeitlichen Verlust eine Anpassung der Therapie vornehmen, hierdurch wird später möglichen Notfallsituationen mit bedrohlicher anfallsweiser Atemnot wirkungsvoll *vorgebeugt*. Ein gut geschulter Asthmatiker kann das u. U. auch selber tun.

Medikamentenanpassung

Das Peak-Flow-Meter ist kein Gerät zur Unterscheidung und Feststellung von Atemwegserkrankungen. Hierfür gibt es viel

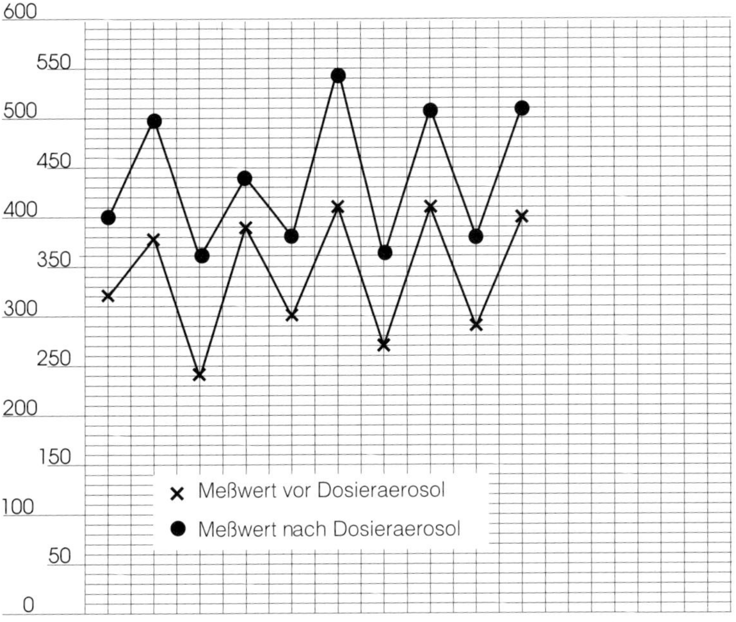

Abb. 22 a) bis c) Typischer Peak-Flow-Verlauf bei
a) Asthma bronchiale
b) Atemwegsinfekt bei Asthma bronchiale
c) chronisch obstruktiver (verengende) Bronchitis

a) Typische Peak-Flow-Verlaufskurve eines Asthmatikers

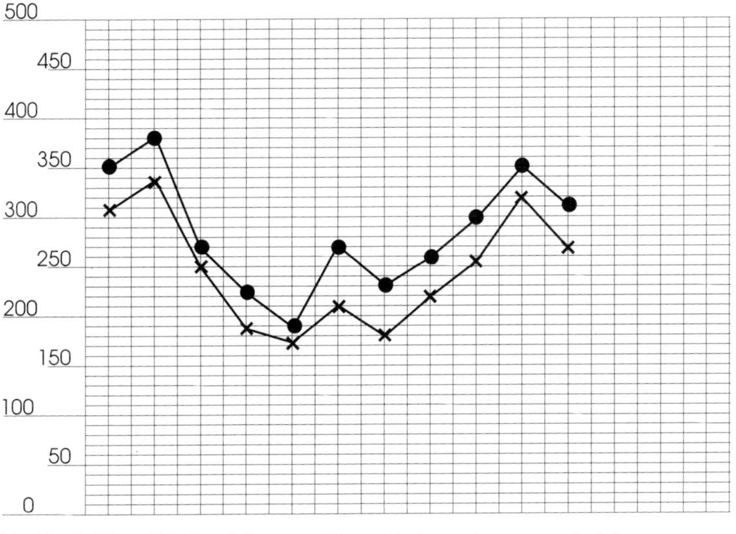

b) Peak-Flow-Verlaufskurve während eines Atemwegsinfekts bei Asthma bronchiale

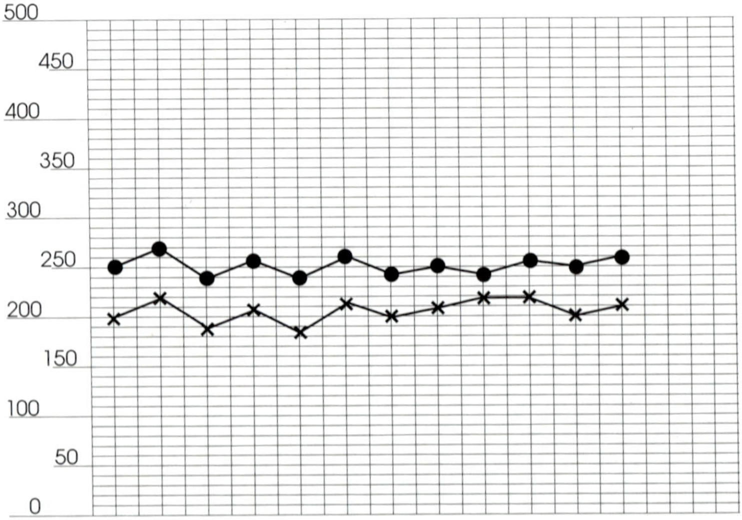

c) Peak-Flow-Verlauf bei chronisch obstruktiver Bronchitis

bessere und aussagekräftigere diagnostische Apparate, z.B. den sog. Ganzkörperplethysmographen (»große Lungenfunktionsmessung«). Eigentlicher Sinn des Peak-Flow-Meters ist es, den Verlauf der Erkrankung zu kontrollieren. In erster Linie kann also hiermit die Wirksamkeit der medikamentösen Therapie überprüft werden. Es handelt sich um ein Mittel der Behandlungskontrolle.

Verlaufskontrolle

Mit dem Peak-Flow-Meter können Sie in regelmäßiger Selbstprüfung Ihre größtmögliche Ausatemgeschwindigkeit messen. Ihnen und Ihrem Arzt wird hierdurch ein Überblick über die tageszeitlichen Schwankungen Ihres Atemvermögens erlaubt. Dies ist für eine genaue Medikamenteneinstellung notwendig. Weisen die Werte große Schwankungen auf, wie es bei Asthmatikern häufig der Fall ist, oder bewegen sich die Werte auf konstant niedrigem Niveau, wie es bei der chronisch obstruktiven Bronchitis typischerweise zu beobachten ist, sollte dies Anlaß geben, die medikamentöse Therapie zusammen mit dem Arzt zu überprüfen und ggf. zu ändern.

Die Verschlechterung der Peak-Flow-Werte geht der subjektiven Verschlechterung des Allgemeinbefindens meist voraus. So lassen sich bis zu zwei Tage gewinnen, um die Medikation rechtzeitig zu verändern, bevor sich der Patient schlechter fühlt.

Das Peak-Flow-Ampelsystem

Anwendung

Bisher haben Sie überwiegend Theoretisches über das Peak-Flow-Meter gelesen. Nun werden Sie erfahren, wie Sie das Erlernte in die Tat umsetzen können. Hierfür wurde das sogenannte Peak-Flow-Ampelsystem entwickelt. Die Peak-Flow-Werte werden entsprechend ihrer Höhe drei Bereichen zugeordnet, damit der Patient die erzielten Werte richtig interpretieren und die evtl. Notwendigkeit einer Therapieanpassung abschätzen kann.

Persönlicher Bestwert

Zunächst wird der sogenannte persönliche Bestwert bestimmt. Das ist der beste Wert, den der Patient in seinem Peak-Flow-Verlaufsprotokoll unter Therapie und günstigen, stabilen Bedingungen korrekt gemessen hat.

Grüne Zone

Die **grüne Zone** bedeutet, daß **alles in Ordnung** ist. Die Peak-Flow-Werte betragen (nach Anwendung eines bronchialerweiternden Sprays!) nicht weniger als 80 % Ihres Bestwertes. Sie haben keine oder nur ganz geringe Krankheitssymptome. Abgesehen von Ihrer Basismedikation sind keine besonderen Maßnahmen erforderlich. Nach einer gewissen Zeit kann evtl. sogar eine Dosisreduktion der Medikamente erwogen werden, dies jedoch nur nach Rücksprache mit Ihrem Arzt.

Gelbe Zone

Befinden Sie sich in der **gelben Zone,** ist Vorsicht geboten. Vielleicht haben Sie selber noch keine Befindensänderung bemerkt, oder aber Sie verspüren Atemnot und der Zustand verschlechtert sich permanent über einige Tage.

Die Peak-Flow-Werte bewegen sich **zwischen 50 und 80 Prozent Ihres persönlichen Bestwertes.**

Wichtig!

Sinn dieser Ausführungen ist es, Hilfe u.a. für diese Situation zu schaffen. Sie sollen lernen, daß Sie auch in diesem Fall durchaus in der Lage sind, sich selbst zu helfen, indem Sie z.B. weitere Medikamente hinzunehmen und/oder bereits eingenommene Medikamente in ihrer Dosierung erhöhen. Ihr Arzt wird mit Ihnen einen »Notfallplan« erstellen. Fragen Sie Ihren Arzt danach! Helfen diese Maßnahmen nicht rasch aus der gelben Zone hinaus: Anruf bei Ihrem Hausarzt.

Verschlechtert sich Ihr Zustand trotz aller Bemühungen so weit, daß der Peak-Flow-Wert **unter 50 Prozent Ihres Bestwertes** liegt, obwohl Sie Ihren inhalativen Bronchialerweiterer

Rote Zone: sofort zum Arzt!

genommen haben, befinden Sie sich in der **roten Zone.** Diese bedeutet **Alarm**: Sie sollten nun unbedingt **sofort** den Arzt anrufen oder aufsuchen und das Vorgehen mit ihm selber besprechen.

Zahlenbeispiel

Herr M. führt ein Peak-Flow-Meter-Protokoll. Sein Bestwert liegt bei 500 Liter pro Minute (l/min).
Die Zonen des Ampelsystems berechnen sich also folgendermaßen:

Grüne Zone:	80–100 % des Bestwertes, also 400–500 l/min.
Gelbe Zone:	50– 80 % des Bestwertes, entsprechend 250 bis 400 l/min.
Rote Zone:	weniger als 50 % des Bestwertes, somit weniger als 250 l/min.

Solange die Werte von Herrn M. zwischen 400 und 500 l/min schwanken, besteht kein Anlaß zur Sorge, sie befinden sich im grünen Bereich. Sinken die Werte unter 400 l/min, befinden sich aber noch über 250 l/min, ist Vorsicht geboten, die gelbe Zone ist erreicht und die Therapie muß umgehend angepaßt werden. Liegen die Werte unter 250 l/min, muß unverzüglich Kontakt mit dem behandelnden Arzt aufgenommen werden.

Der praktische Tip

Tragen Sie in der folgenden Tabelle Ihren Bestwert und Ihre persönlichen Werte für die grüne, die gelbe und die rote Zone ein. Wenn Sie sich nicht sicher sind, lassen Sie sich von Ihrem Arzt helfen.

Meine persönliche Zusammenfassung

Mein persönlicher Bestwert:	Mit meinem Arzt habe ich folgendes Vorgehen besprochen:
Grüne Zone:	
Gelbe Zone:	→
Rote Zone:	→

Den Wert des Ampelsystems belegt folgender Fall:
Frau S. aus H. hat seit ca. zwei Jahren Asthma. In letzter Zeit nehmen die Beschwerden deutlich zu. Und seit vier Tagen wird es immer schlimmer, Frau S. bekommt zusehends schlechter Luft. Vor ca. sechs Monaten war sie zuletzt bei ihrem Hausarzt. Seitdem hat sie ein bronchialerweiterndes Spray. Normalerweise nimmt sie täglich dreimal zwei Hübe. Seit es Frau S. nun immer schlechter geht, versucht sie, durch vermehrtes Inhalieren der Situation Herr zu werden. Das Medikament scheint aber immer weniger zu helfen, schließlich nimmt sie am Tag 20 (!) Hübe ein. Trotzdem wird die Lage zusehends verfahrener. Eines Nachts wacht Frau S. mit hochgradiger Luftnot auf, sie kann kaum noch sprechen. Ihr Ehemann ruft sofort den Notarzt, Frau S. muß umgehend in ein Krankenhaus eingeliefert werden.
Diese Geschichte ist ein typisches Beispiel für eine »Asthma-Karriere«. Bemerkenswert ist, daß dem Notfall, der den Einsatz des Rettungsdienstes erforderlich machte, eine über Tage zunehmende Verschlechterung vorangeht. Der entscheidende Fehler war, daß die Verschlechterung der Atemwegssituation eine falsche Anpassung der Therapie zur Folge hatte. Statt einer Therapieänderung versuchte Frau S. verzweifelt, durch eine im Grunde unsinnige und sogar gefährliche Dosissteigerung des inhalativen bronchialerweiternden Medikamentes die Situation in den Griff zu bekommen.

Die überwiegende Zahl der lebensbedrohlichen Asthmaanfälle könnte vermutlich vermieden werden, wenn auf Tage vorher einsetzende Verschlechterungen der Lungenfunktion rechtzeitig mit einer angemessenen Anpassung der Therapie reagiert würde!

Sie haben gelernt, daß mittels Peak-Flow-Meter Verschlechterungen der Lungenfunktion bereits im Vorfeld erkannt werden können und die medikamentöse Therapie rechtzeitig verändert werden kann.
Frau S. ist mittlerweile aus dem Krankenhaus wieder entlassen worden. Der Schreck sitzt noch tief. Eine solche Situation möchte sie nie wieder erleben. Aber was kann sie tun? Sie beschließt, einen Lungenspezialisten aufzusuchen. Sie vereinbart einen Termin in der Praxis von Dr. E.

Dr. E. hört sich die Vorgeschichte von Frau S. sorgfältig an. Er händigt Frau S. ein Peak-Flow-Meter aus und bittet sie, fortan regelmäßig ein Peak-Flow-Protokoll zu führen. Das Peak-Flow-Ampelsystem wird Frau S. ausführlich erklärt. Und nun gibt Dr. E. seiner Patientin praktische Ratschläge, wie sie sich in Zukunft verhalten soll: »Als Dauermedikation verschreibe ich Ihnen zwei inhalative Medikamente. Das eine kennen Sie schon, es wirkt bronchialerweiternd. Nehmen Sie bitte regelmäßig viermal täglich zwei Hübe, bei akuter Luftnot können Sie auch schon einmal mehr nehmen, aber nicht häufiger als insgesamt sechsmal am Tag. Zusätzlich nehmen Sie bitte ein inhalatives Kortisonpräparat ein, nämlich zweimal zwei Hübe täglich. Solange Sie mit Ihren Peak-Flow-Werten im grünen Bereich liegen, reichen diese Medikamente aus. Sinken die gemessenen Werte aber in die gelbe Zone ab, ist es notwendig, daß Sie vorübergehend zusätzliche Medikamente einnehmen. Damit Sie nicht hierfür jedesmal in meine Praxis kommen müssen, verschreibe ich Ihnen Bronchoretard®, ein bronchialerweiterndes Medikament vom »Typ Koffein« in Tablettenform (Theophyllin-Präparat). Nehmen Sie dann so lange morgens und zur Nacht jeweils eine Kapsel, bis die Werte wieder in den grünen Bereich kommen. Zeigt sich keine Besserung oder verschlechtert sich Ihre Symptomatik sogar noch weiter, dann zögern Sie nicht, anzurufen oder in die Praxis zu kommen.«

Dr. E. hat seiner Patientin eine klare Handlungsanweisung gegeben. Frau S. soll, wenn ihre Peak-Flow-Werte in den gelben Bereich abfallen, ein zusätzliches Medikament so lange einnehmen, bis die Werte wieder die grüne Zone erreichen und die Beschwerden verschwinden. Kommt es binnen kurzer Zeit jedoch zu keiner Normalisierung der Situation, muß der Arzt aufgesucht werden.

Das also ist das »ärztlich begleitete Selbstmanagement«. Der Patient kontrolliert seine Krankheit selbst (Symptome, Bedarf an Dosieraerosolen, Peak-Flow-Meter) und reagiert in den Grenzen selber, die mit dem Arzt vereinbart sind.

Notfallplan

Wenn Sie zu Hause ein Peak-Flow-Protokoll regelmäßig führen, sollten Sie unbedingt mit Ihrem behandelnden Arzt einen Notfallplan ausarbeiten. Hierin liegt eigentlich der tiefere Sinn des Peak-Flow-Meters, nur so gewinnt Ihr Peak-Flow-Meter nämlich praktische Bedeutung für Ihren Krankheitsverlauf. Der Notfallplan muß vom Arzt auf Ihre individuellen Bedürfnisse zugeschnitten werden. Es kann an dieser Stelle daher keine allgemeingültige Richtschnur geschildert werden. Wir möchten Ihnen aber ein paar Fallbeispiele geben, die eine ungefähre Vorstellung von den notwendigen therapeutischen Schritten vermitteln sollen.

Fallbeispiel 1

Ausgangssituation:
Sie haben ein leichtgradiges Asthma. Sie benutzen regelmäßig ein inhalatives Kortisonpräparat (z. B. Pulmicort Turbohaler® zweimal zwei Hübe täglich), zusätzlich inhalieren Sie bei Bedarf einen kurzwirkenden Bronchialerweiterer vom Typ Adrenalin (vgl. Seite 116), nehmen wir einmal an, es sei Bronchospray®.
Problem:
Abfall der Peak-Flow-Werte in den gelben Bereich, sonst keine weiteren Symptome.
Lösungsstrategie:
Sie erhöhen die Dosis des inhalativen Kortisons (z. B. Pulmicort Turbohaler® dreimal zwei Hübe), den inhalativen Bronchialerweiterer nehmen Sie nun regelmäßig ein (z. B. Bronchospray® viermal zwei Hübe). Diese Dosisänderungen behalten Sie so lange bei, bis der Peak-Flow-Wert sich wieder im grünen Bereich befindet. Bessern sich die Werte nicht oder fallen sie sogar noch weiter ab, suchen Sie Ihren Arzt auf! Dies tun Sie auch, wenn die Krankheitszeichen zunehmen oder der Bedarf an Dosieraerosolen steigt.

Fallbeispiel 2

Ausgangssituation:
Sie nehmen bereits regelmäßig ein inhalatives bronchialerweiterndes Medikament ein (z. B. Bronchospray® viermal zwei Hübe oder das langwirkende Serevent® zweimal zwei Hübe). Selbstverständlich inhalieren Sie auch ein inhalatives Kortison (z. B. Pulmicort Turbohaler® dreimal zwei Hübe).
Problem:
Abfall der Peak-Flow-Werte in den gelben Bereich.
Lösungsstrategie:
Zusätzliche Einnahme eines Theophyllinpräparates (z. B. Bronchoretard® je eine Kapsel morgens und zur Nacht, ca. 22 Uhr). Bessern sich die Werte nicht oder fallen sie sogar noch weiter ab, suchen Sie Ihren Arzt auf!

Fallbeispiel 3

Ausgangssituation:
Sie haben ein mittelschweres Asthma. Ihre bisherige Medikation: Ein inhalatives Kortison (z. B. Pulmicort Turbohaler® dreimal zwei Hübe); regelmäßige Anwendung eines inhalativen bronchialerweiternden Medikamentes vom Typ Adrenalin (z. B. Bronchospray® viermal zwei Hübe oder aber ein langwirkendes Präparat wie Serevent® zweimal zwei Hübe); Einnahme eines Theophyllinpräparates (z. B. Bronchoretard® je eine Kapsel morgens und zur Nacht).
Problem:
Abfall der Peak-Flow-Werte in den gelben Bereich.
Lösungsstrategie:
Zusätzliche Einnahme einer Kortison-Tablette (z. B. Decortin H® 20 mg über fünf Tage). Bessern sich die Werte nicht oder fallen sie sogar noch weiter ab, suchen Sie Ihren Arzt auf.

Fallbeispiel 4

Ausgangssituation:
Wie bei Fallbeispiel 3. Sie nehmen aber zusätzlich schon regelmäßig eine Kortisontablette (z. B. Decortin H® 7,5 mg).

Problem:
Abfall der Peak-Flow-Werte in den gelben Bereich.
Lösungsstrategie:
Es ist eine Erhöhung der Kortisondosis erforderlich, z. B. auf 20 mg Decortin H® täglich. Unter Umständen muß auch nachmittags (15–16 Uhr) eine (kleinere) Kortisondosis in Form einer Tablette eingenommen werden. Die erhöhte Dosis kann nur reduziert werden, wenn die Peak-Flow-Werte wieder ansteigen und sich Ihr Befinden bessert. Die Reduzierung muß vorsichtig in Schritten erfolgen. Bessern sich die Werte nicht oder fallen sie sogar noch weiter ab, suchen Sie Ihren Arzt auf.

Fallbeispiel 5

Ausgangssituation:
Sie haben ein leichtes Asthma wie in Fallbeispiel 1. Sie benutzen regelmäßig ein inhalatives Kortisonpräparat (z. B. Pulmicort Turbohaler® zweimal zwei Hübe täglich), zusätzlich inhalieren Sie einen kurzwirkenden Bronchialerweiterer vom Typ Adrenalin, z. B. Bronchospray®, bedarfsweise.
Problem:
Sie haben einen akuten Infekt der Atemwege mit gelbem Auswurf und Fieber. Die Peak-Flow-Werte sind noch normal.
Lösungsstrategie:
Gelber Auswurf und Fieber deuten auf einen bakteriellen Infekt hin. Dieser wird mit Antibiotika behandelt. Aufgrund der normalen Peak-Flow-Werte ist eine Intensivierung der bronchienerweiternden und der entzündungshemmenden Therapie noch nicht erforderlich.
Ergeben sich jedoch Hinweise für eine Verschlechterung der Lungenfunktion, z. B. durch ein plötzliches Absinken der Peak-Flow-Werte in den gelben Bereich, wird die medikamentöse Therapie zumindest für die Dauer des Infektes verstärkt. Im konkreten Fall wird die Dosis von Pulmicort® auf dreimal zwei Hübe angehoben, Bronchospray® wird regelmäßig (viermal zwei Hübe) inhaliert. Bei einem Infekt kann es auch nützlich sein, kurzfristig für wenige Tage Kortisontabletten einzunehmen (z. B. Decortin H® 20 mg über fünf Tage). Der Entzündungsprozeß, der sich während eines Infektes in den Bronchien noch weiter verstärkt, kann hierdurch abgeschwächt werden.

> Um es noch einmal zu betonen: Ihren individuellen Notfallplan müssen Sie zuvor mit Ihrem behandelnden Arzt durchsprechen. Die geschilderten Beispiele bieten nur Anhaltspunkte.

Das Peak-Flow-Meter kann Ihnen zu einem wertvollen Begleiter werden. Es stärkt ganz erheblich Ihre Kompetenz als Patient und ermöglicht es Ihrem Arzt, die Therapie optimal dem Krankheitsverlauf anzupassen. Dies ist aber fundamentale Voraussetzung, um die Folgeschäden der chronischen Atemwegserkrankung zu verhindern oder zumindest auf das mögliche Minimum zu begrenzen.
Sie haben gelernt, daß das Peak-Flow-Meter ein sehr nützlicher

Helfer in der Verlaufskontrolle des Asthma bronchiale ist. Sein Wert ist vergleichbar etwa den Blutzuckermeßgeräten der Diabetiker oder den Blutdruckmeßgeräten der Hochdruckkranken. Ein technisches Beispiel soll diese Nützlichkeit noch einmal verdeutlichen.
Das Peak-Flow-Meter ist einem Benzinanzeiger ähnlich: Sie wissen immer rechtzeitig, wann Sie tanken müssen. So soll das Peak-Flow-Meter Ihnen eine rechtzeitige Behandlungsänderung ermöglichen, bevor Sie selber die Verschlechterung bemerken und z. B. in das Krankenhaus müßten.

Merke!

Das Peak-Flow-Meter
- gewährleistet eine ständige Kontrolle der Lungenfunktion.
- ermöglicht eine rechtzeitige Anpassung der Therapie und kann hierdurch evtl. die Einweisung in ein Krankenhaus verhindern, wichtig ist in diesem Zusammenhang die Anwendung des Ampel-Schemas.
- ist Bestandteil einer modernen Behandlungsstrategie des Asthma bronchiale.

Seien Sie selbst aktiv

Als Patient, der an einer chronischen, also an einer oft das ganze Leben begleitenden Erkrankung leidet, sollten Sie alle Chancen nutzen, sich über diese Krankheit kundig zu machen. Vor allem aber sollten Sie verstehen, warum Ihr Arzt zu welchem Zeitpunkt welches Medikament anordnet. Dies ist lediglich durch **Eigeninitiative** möglich, nur so werden Sie vom duldenden Patienten zum aktiven Partner Ihres Arztes. Der regelmäßige Gebrauch des Peak-Flow-Meters wird Ihnen ein Gefühl dafür vermitteln, welche Situationen für Ihre Atemwege kritisch sind, Sie können die Wirksamkeit der Medikamente jederzeit ohne großen Aufwand prüfen. Natürlich erfordert dies Selbstdisziplin, aber der Erfolg wird Sie motivieren. Werden Sie also zum »Manager der eigenen Krankheit«.

Quiz – Prüfen Sie Ihr Wissen!

Kreuzen Sie bitte die richtigen Lösungen an! Es können auch mehrere Lösungen richtig sein – manchmal sind also mehrere Kreuze erforderlich.

Die Lösungen mitsamt Kommentaren finden Sie ab Seite 162.

1. Was ist der Zweck des Peak-Flow-Meters?
A) Training der Atemmuskulatur.
B) Schleimlösung durch Weiterleiten mechanischer Schwingungen.
C) Selbständige Überwachung der Krankheit.
D) Therapieanpassung.
E) Erkennung einer Veränderung des Krankheitsschweregrades.

2. Vorteile einer regelmäßigen und richtigen Anwendung:
A) Konsequente Reduzierung der Häufigkeit bronchialer Infekte.
B) Rechtzeitige Behandlung bei Verschlechterung.
C) Nicht unnötig viele Medikamente.
D) Möglichkeit der Unterscheidung verschiedener Lungen- und Atemwegserkrankungen.
E) Mehr Eigenverantwortlichkeit und Kompetenz für den Patienten.

3. Was wird mit einem Peak-Flow-Meter gemessen?
A) Die Totalkapazität der Lunge.
B) Der sog. Spitzenfluß (Peak exspiratory flow = PEF).
C) Der Peak-Flow-Wert mißt die Einatemkraft.
D) Die Dehnbarkeit der Lunge.
E) Unter anderem auch der sogenannte Atemwegswiderstand.

4. Welche der folgenden Aussagen zur Bedienung eines Peak-Flow-Meters treffen zu?
A) Wenn man zu stark in das Peak-Flow-Meter bläst, kann es kaputtgehen.
B) Die Auslaßdüsen des Peak-Flow-Meters dürfen nicht von den Fingern verdeckt werden.
C) Man kann nicht »zu stark« blasen.
D) Wenn man in das Peak-Flow-Meter »hineinspuckt«, erhält man zu hohe Werte.
E) Nur wenn man maximal in das Peak-Flow-Meter hineinbläst, kann es als Warninstrument für eine Verschlechterung der Lungenfunktion funktionieren.

5. Bei Asthma findet man bei der Peak-Flow-Messung:
A) Nur geringe Schwankungen.
B) »Sägezahnartiges« Muster der Peak-Flow-Kurve.
C) Meist niedrige Werte.
D) Sogenannte morning highs.
E) Große Unterschiede der gemessenen Peak-Flow-Werte vor und nach Anwendung eines bronchialerweiternden Sprays.

6. Bei Asthma gilt:
A) Starke Schwankungen zeigen, daß die Therapie überprüft werden muß.
B) Typischerweise finden sich in den Morgenstunden besonders schlechte Peak-Flow-Werte (sog. morning dip).
C) Falls keine Schwankungen der Peak-Flow-Werte mehr auftreten, sollte man die Messungen beenden.
D) Wenn es dem Patienten gut geht, kann er die Messungen auf durchschnittlich eine oder zwei pro Woche reduzieren.
E) Bei konstant guten Werten ist evtl. eine Reduzierung der Medikamente durch den Arzt möglich.

7. Wofür ist das regelmäßige Protokollieren der Peak-Flow-Werte besonders geeignet?
A) Für die Diagnosestellung Asthma bronchiale bzw. chronische Bronchitis.
B) Für das frühzeitige Erkennen einer Verschlechterung der Atemwegssituation im Rahmen bronchialer Infekte.
C) Unter Peak-Flow-Meter-Kontrolle ist manchmal eine selbständige Therapieänderung möglich.
D) Das Peak-Flow-Meter ist gerade in der Verlaufsbeobachtung der »großen Lungenfunktion« (sogenannte Bodyplethysmographie) deutlich unterlegen.
E) Selbstkontrolle durch den Patienten.

8. Das Peak-Flow-Ampelsystem
A) Der persönliche »Bestwert« ist ein aus einer Tabelle abzulesender Peak-Flow-Sollwert.
B) Die grüne Zone bedeutet, daß alles in Ordnung ist. Der Patient hat keine oder nur ganz geringe Krankheitssymptome. Die Peak-Flow-Werte betragen nicht weniger als 80 % des Bestwertes.
C) Befindet man sich in der gelben Zone, ist Vorsicht geboten. Die Therapie muß der verschlechterten Situation angepaßt werden.
D) Wenn sich die Peak-Flow-Werte in der roten Zone befinden, sollten Sie umgehend Ihren Arzt aufsuchen.
E) Das Peak-Flow-Ampelsystem ist für Sie als Patient von entscheidender Bedeutung für die praktische Anwendung des Peak-Flow-Meters.

9. Welche Aussage(n) trifft (treffen) zu?
A) Die Verschlechterung der Peak-Flow-Werte geht der Verschlechterung des subjektiven Allgemeinbefindens um bis zu zwei Tage voraus.
B) Sie tragen den Peak-Flow-Wert vor und nach Einnahme Ihres bronchialerweiternden Dosieraerosols ein und das mindestens zweimal am Tag.
C) Es ist sinnvoll, nach Inhalation eines kortisonhaltigen Dosieraerosols (z. B. Pulmicort®, Sanasthmax®, Inhacort®, Flutide®) den Peak-Flow-Wert nach etwa zehn Minuten erneut zu prüfen.
D) Inhalatives Kortison führt zu einer raschen und durchgreifenden Besserung der Lungenfunktion binnen weniger Minuten.
E) Es ist sinnvoll, nach Einnahme von Tabletten gegen Asthma oder Bronchitis den Peak-Flow-Wert nach etwa zehn Minuten erneut zu prüfen.

LÖSUNGEN

Die richtigen Aussagen sind grau unterlegt.

1. Was ist der Zweck des Peak-Flow-Meters?

C; D; E

Das Peak-Flow-Meter »merkt« Veränderungen im Schweregrad der Atemwegserkrankung früher als Sie selber. Solche Veränderungen des Schweregrades der Erkrankung treten immer wieder auf. In guten Phasen brauchen Sie eventuell weniger Medikamente, in schlechten eventuell mehr. Solche Phasen werden mittels Peak-Flow-Meter genauer erfaßt, es ist also immer eine maßgeschneiderte Therapie möglich.

2. Vorteile einer regelmäßigen und richtigen Anwendung:

B; C; E

Siehe oben. Das Peak-Flow-Meter ist als Unterscheidungsinstrument verschiedener Lungenerkrankungen nicht geeignet. Es dient als Überwachungs- und Therapiesteuerungsgerät. Verschlechterungen werden zwar nicht verhindert, aber früher erkannt. Zeitgewinn zum Einleiten einer wirksamen Gegenbehandlung.

3. Was wird mit einem Peak-Flow-Meter gemessen?

B

Totalkapazität und Atemwegswiderstand sind Werte, die im Rahmen einer »großen Lungenfunktionsprüfung« (Bodyplethysmographie) bestimmt werden. Die Messung der Lungendehnbarkeit ist eine Spezialuntersuchung.

4. Welche der folgenden Feststellungen bzgl. der Bedienung eines Peak-Flow-Meters treffen zu?

B; C; D; E

5. Bei Asthma findet man bei der Peak-Flow-Messung:

B; E

Ziel der Behandlung bei Asthma: »Nur geringe Schwankungen der Werte, ohne Morgentief«.

6. Bei Asthma gilt:

A; B; E

7. Wofür ist das regelmäßige Protokollieren der Peak-Flow-Werte besonders geeignet?

B; C; E

Für die Diagnose ist das Peak-Flow-Meter nicht gut geeignet. (Das geht besser mit der »Großen Lungenfunktionsprüfung«.) Die Messung ermöglicht, die Behandlung immer genau an den Krankheitsschweregrad anzupassen (Therapiekontrolle). Solche Therapieanpassungen können vorher mit dem Arzt besprochen werden, dann kann sie der Patient oft selber durchführen (Notfall-Antibiotikum, Änderung der Medikamentendosierung usw.).

8. Das Peak-Flow-Ampelsystem

B; C; D; E

Diese Fragen sind ganz wichtig! Haben Sie hier noch Wissenslücken, sollten Sie den entsprechenden Abschnitt noch einmal gründlich durchlesen! Der persönliche Bestwert wird nicht aus einer Tabelle abgelesen. Es handelt sich vielmehr um den Wert, den Sie bei optimaler Behandlung maximal geblasen haben: Soviel ist erreichbar – dieser Wert muß »gehalten« werden. Werden die Werte schlechter, dann stimmt die Behandlung nicht mehr. Grün = mindestens 80 % des persönlichen Bestwertes. Diese Zonen müssen Sie genau kennen! Schreiben Sie die Werte in Ihr Patiententagebuch. Liegen die Werte unter 50 % des persönlichen Bestwertes, so befinden Sie sich in der roten Zone: Der Arzt muß Sie am gleichen Tag untersuchen – nicht erst in den nächsten Tagen!

9. Welche Aussagen treffen zu?

A; B

Kortisonsprays wirken erst nach einigen Tagen. Sie taugen daher nicht als Notfallmedikament. Eine Wirkungsüberprüfung nach einigen Minuten ist somit zwecklos. Auch Tabletten wirken nicht schon nach einigen Minuten. Die bronchialerweiternden Sprays wirken hingegen rasch – nach 5 bis 10 Minuten zeigt dies das Peak-Flow-Meter an. Ändert sich nichts, dann muß die Therapie überprüft werden!

Mein Arzt – Partner im Management

Überblick

Das werden Sie in diesem Kapitel erfahren:
- Wie sollte man sich auf das Gespräch mit dem Arzt vorbereiten?
- Patientenschulung – wo und welche Inhalte?
- Wer ist der für den Asthmatiker zuständige Facharzt?

Vorbereitung auf das Arztgespräch

Sie richten hohe Erwartungen an Ihren Arzt, und zwar relativ unabhängig davon, welcher Fachrichtung er angehört. Wichtige Grundlage jeder Arzt-Patient-Beziehung ist das Vertrauen des Patienten in den behandelnden Arzt. Dies ist in zweierlei Hinsicht von entscheidender Bedeutung. Zum einen vertraut der Patient das eigentlich wichtigste, das er besitzt, nämlich seine Gesundheit, dem Arzt an. Zum anderen benötigt auch der Arzt für die gute Durchführung von Diagnose und Therapie das Vertrauen des Patienten. Wenn der Patient aus Mißtrauen, Angst oder einfach Nachlässigkeit die Vorschläge des Arztes nicht beachtet, wichtigen Untersuchungen trotz ausführlicher Erläuterungen seine Zustimmung versagt oder Medikamente unregelmäßig oder überhaupt nicht einnimmt, macht er seinem Arzt jegliches Helfen unmöglich.

Vorbereitung auf den Arztbesuch

Von besonderer Wichtigkeit ist das vertrauensvolle Gespräch zwischen Arzt und Patient. Bereiten Sie sich deshalb auch aktiv auf dieses Gespräch vor:
- Schreiben Sich sich Ihre Fragen und Probleme vorher auf.
- Bringen Sie Ihre Peak-Flow-Kurve mit.
- Seien Sie sich darüber im klaren, welche Medikamente Sie in welcher Dosierung regelmäßig einnehmen.

Präzise Angaben

Wenn Sie einen Arzt erstmalig aufsuchen oder sich wegen neu aufgetretener Beschwerden an ihn wenden, sollten Sie möglichst präzise Antworten zu folgenden Fragen geben können:

- Welche Symptome führen Sie zum Arzt?
  Antworten wie »Ich hab's mit den Bronchien« oder »Irgendwie geht es mir nicht gut« drücken zwar Ihr Befinden aus, sind aber für eine klare Diagnosefindung aus naheliegenden Gründen weniger hilfreich.
  Um Ihnen wirksam helfen zu können, möchte Ihr Arzt z. B. folgendes wissen:
  Haben Sie Luftnot? Wenn ja, wie häufig, zu welcher Tageszeit (nachts?)? Tritt die Atemnot anfallsartig auf? Bessert sie sich rasch nach Einnahme der Medikamente? Ist die Luftnot in den letzten Tagen und Wochen schlimmer geworden?
  Haben Sie Husten? Ist es trockener Reizhusten oder handelt es sich um einen sog. produktiven Husten mit Auswurf?
  Haben Sie Auswurf? Wenn ja, wie sieht er aus, hell oder gelb-grünlich? Wieviel Auswurf produzieren Sie täglich? Ist es morgens besonders schlimm?
- Zeigen Sie dem behandelnden Arzt Ihr regelmäßig geführtes Peak-Flow-Meter-Protokoll.
- Haben Sie Ihre Medikamente regelmäßig eingenommen? Haben Sie zusätzliche Präparate verwendet oder andere Präparate abgesetzt?
- Haben Sie eine Vermutung, welcher Umstand die Verschlechterung Ihres Allgemeinbefindens ausgelöst haben könnte? Denken Sie an häusliche Umgebung, Arbeitsplatz und Freizeit.

Ihr Arzt wird Sie nach diesen Dingen fragen. Er benötigt die Antworten, um die notwendigen diagnostischen und therapeutischen Schritte einzuleiten. Wenn Sie präzise Angaben machen können, tragen Sie einen wichtigen Teil hierzu bei.
Zeit ist ein wichtiger Faktor. Ein guter Arzt wird seinen Patienten die erforderliche Zeit widmen. Auf der anderen Seite muß der Patient natürlich akzeptieren, daß der Arzt viele Patienten fachgerecht zu versorgen hat. Wenn Sie das Gefühl haben, daß Ihr Arzt Ihnen bestimmte Dinge ausführlicher erklären sollte, sprechen Sie ihn direkt darauf an, also stellen Sie auch die Sie bewegenden Fragen.

Initiative ergreifen

Nutzen Sie aber auch andere Möglichkeiten zur Informationsgewinnung. Besuchen Sie Patientenschulungen, lesen Sie über Ihre Krankheit (was Sie ja gerade tun!), werden Sie Mitglied bei Selbsthilfegruppen (vgl. Adressen im Anhang). Entscheidend ist, daß Sie selber die Initiative ergreifen und die Möglichkeiten, die Ihnen geboten werden – und es werden immer mehr –, auch tatsächlich wahrnehmen.

Patientenschulung

Zu einer modernen Therapie von Asthma gehört die Patientenschulung. Moderne Asthmatherapie bedeutet Zusammenarbeit zwischen Arzt und Patient. Der Patient benötigt viele Kenntnisse, um die speziellen Notwendigkeiten einer Langzeittherapie wirklich zu verstehen und auch selber handelnd eingreifen zu können. Typisches Beispiel sind die Führung eines Peak-Flow-Meter-Protokolls und die Selbstanpassung der Therapie nach dem Ampelschema. Aber neue Inhalte verlangen auch neue Wege. Erwarten Sie bitte nicht, daß Ihr Arzt Sie in die Tiefen medizinischen Wissens einführt, während draußen das Wartezimmer voll besetzt ist. Es gibt aber schon viele niedergelassene Lungenspezialisten, die zu bestimmten Zeiten Patientenschulungen durchführen. Fragen Sie danach! Ideal ist auch ein stationäres Heilverfahren (Rehabilitation, »Kur«) in einer spezialisierten Lungenklinik. Oft werden hier ausführliche Schulungsprogramme angeboten. Während eines Heilverfahrens, das ja mehrere Wochen dauert, bleibt Zeit, ein solides Grundwissen zu vermitteln und auch schwierige Probleme anzusprechen und zu klären.

Spezielle Schulungsprogramme

Die Patientenschulung sollte aus einer Basisschulung und Sonderschulungen bestehen. Die Basisschulung vermittelt Kenntnisse und Fertigkeiten, die jeder Asthmatiker benötigt. Sonderschulungen umfassen Themen, die nur für bestimmte Patienten interessant sind, für diese aber eine sehr wichtige Bedeutung besitzen.

Basisschulung

Eine **Basisschulung** sollte dem Patienten Antworten auf folgende Fragen geben:

- Was ist Asthma?
- Ist die Ursache meiner Erkrankung bekannt (z. B. allergisch)?
- Muß eine dauerhafte Therapie erfolgen? Wenn ja, mit welchen Medikamenten, wie wirken diese, welche Stoffe (Kortison, Adrenergika etc.) enthalten sie? Dosis, Wirkung und Nebenwirkungen der einzelnen Medikamente.
- Wie benutze ich Dosieraerosole?
- Wie führe ich ein Peak-Flow-Meter-Protokoll? Welchen Sinn hat das Ampelschema?

- Wie verhalte ich mich im Notfall?
- Wie setze ich Atemtechniken wie Lippenbremse und Entspannungsübungen ein?

Sonderschulungen sollten Themenbereiche umfassen wie:

- Allergien – Hausstaubmilben, Pollen, Tierhaare, Schimmelpilzsporen
- Apparateinhalationen
- Sauerstoff-Langzeittherapie (bei Asthmatikern im Gegensatz zu Bronchitikern eher selten nötig).

Sonderschulung

Fazit

Aufklärung tut not! Mehr Wissen des Patienten bedeutet eine ungleich größere Chance für einen stabilen Krankheitsverlauf. Der Patient wird zum Partner des Arztes – Grundlage für mehr Zufriedenheit auf beiden Seiten.

Arzt und Facharzt

Allgemeinärzte und praktische Ärzte nehmen die medizinische Grundversorgung wahr. Sie haben die Übersicht über das gesamte riesige Fachgebiet »Medizin«. Und dann gibt es die Spezialisten, die Fachärzte. Diese beschäftigen sich mit einem kleineren Ausschnitt aus der Medizin, damit aber intensiver. Beide ergänzen sich – wichtig ist, den richtigen Arzt für den jeweiligen Patienten zu finden. Der Hausarzt ist hier sozusagen der »Wegweiser«.

Welcher Arzt?

Erste Anlaufstelle für einen Patienten ist der Hausarzt, oft ein praktischer Arzt oder Allgemeinarzt. Er gewährleistet die Basisdiagnostik und -therapie und ist erster Ansprechpartner. Ein Asthmatiker sollte sich dann in gewissen Abständen zusätzlich bei einem Lungenspezialisten (Pneumologe) vorstellen, um die Grundlagen der Therapie von Zeit zu Zeit überprüfen zu lassen. Der Facharzt verfügt über eine oft hochspezialisierte technische Ausstattung, mit der man über den aktuellen Stand der Krankheit detaillierte Aussagen gewinnen kann.

Der praktische Tip

Am besten sollte ein Asthmatiker zweimal im Jahr beim Lungenspezialisten vorstellig werden, bei schwerem Krankheitsverlauf entsprechend häufiger. Dies sollte in Übereinkunft mit Ihrem Hausarzt und auf seine Veranlassung hin geschehen.

Optimale Zusammenarbeit

Für die Dauerbetreuung eines Asthmatikers ist das reibungslose Zusammenspiel zwischen Hausarzt und Pneumologen (s. u.) wichtig. So wird der hausärztliche Gesamtüberblick verbunden mit den spezifischen Möglichkeiten des Facharztes. Dies erst ermöglicht eine optimale Therapie.

Der für den Asthmatiker zuständige Facharzt ist der Internist mit der Schwerpunktbezeichnung Pneumologie (Lungen- und Bronchialheilkunde).

Welche Ausbildung haben Fachärzte?

Diese Ärzte verfügen nach einer mindestens sechsjährigen Weiterbildung über ein breites internistisches Wissen und haben auf dem Gebiet der Lungen- und Bronchialerkrankungen eine mindestens zweijährige Zusatzausbildung absolviert. Meist sind sie auch im Besitz der Zusatzbezeichnung »Allergologie«, für die eine weitere einjährige, nach der neuen Weiterbildungsordnung sogar zweijährige Fortbildung im Bereich der allergischen Erkrankungen absolviert werden muß.
»Fachärzte für Lungenheilkunde« haben eine insgesamt mindestens vierjährige Ausbildung absolviert. Diese Bezeichnung war früher weit verbreitet, wird mittlerweile jedoch nur noch von einigen wenigen Landesärztekammern vergeben.

Prüfsteine für eine gute Arzt-Patient-Beziehung sind:

- eine klare gemeinsame Strategie
- eine klar festgelegte Basistherapie
- klare Notfallanweisungen
- ein gutes Vertrauensverhältnis.

Diese Punkte sind mindestens genauso wichtig wie eine Zusatzbezeichnung!

Infekt, Notfall, Rückfall

Überblick

Das werden Sie in diesem Kapitel erfahren:
- Wie verhalte ich mich im Notfall?
- Therapie eines bronchialen Infektes
- Kann man Infekten medikamentös vorbeugen?

Vorboten

Obwohl der Asthmaanfall ein akutes und plötzlich auftretendes Geschehen ist, gehen ihm doch meist Vorboten voraus. Oft bemerkt der Patient schon Tage zuvor eine zunehmende Verschlechterung seines Allgemeinbefindens. Dies kann beispielsweise im Rahmen eines Infektes oder eines beginnenden Pollenfluges vorkommen. Der Asthmatiker bekommt schlechter Luft, und ihn quält ein hartnäckiger Hustenreiz. Die Peak-Flow-Werte fallen deutlich ab. Wird nun nicht rasch medikamentös gegengesteuert, droht ein schwerer Asthmaanfall.
Wichtig für das frühzeitige Erkennen einer bedrohlichen Verschlechterung der Lungenfunktion ist das Peak-Flow-Meter-Protokoll. Der Verschlechterung des subjektiven Allgemeinbefindens geht oft eine Verschlechterung der Peak-Flow-Werte voraus. Hierdurch läßt sich wertvolle Zeit für eine Therapieänderung gewinnen.

Ampelschema

Eine wichtige Vorsorge gegen einen Asthmaanfall ist somit das konsequente Führen eines Peak-Flow-Meter-Protokolls nach dem Ampelschema mit rechtzeitiger Therapieanpassung. Viele, wenn nicht die meisten Asthmaanfälle, ließen sich durch diese einfache Maßnahme bereits im Vorfeld verhindern.

An dieser Stelle wollen wir jedoch auf die Frage eingehen, was zu tun bleibt, wenn trotz aller Sorgfalt ein Asthmaanfall plötzlich auftritt.

Verhalten im Notfall

Wichtig! Selbsthilfemaßnahmen im Notfall

!

1. Ruhe bewahren. Sie verfügen über alle notwendigen Kenntnisse, Techniken und Medikamente, um diese Situation zu meistern.
2. Nehmen Sie zwei Hübe eines bronchialerweiternden Dosieraerosols. Geeignet sind die kurzwirkenden Adrenergika. Dies können Sie bei fehlender Besserung nach 15 Min. nochmals durchführen. Achten Sie auf die korrekte Inhalationstechnik.
3. Lippenbremse! – Ruhig atmen!
   Atemerleichternde Haltung (vgl. Seite 99).
4. Wenn sich trotz dieser Maßnahme der Peak-Flow-Wert immer noch im roten Bereich befindet und Sie keine durchgreifende Besserung der Luftnot spüren, ist akute Gefahr im Verzug. Setzen Sie sich umgehend mit einem Arzt in Verbindung. Wenn Sie glauben, daß die Situation sich dramatisch verschlechtert und Sie immer schlechter Luft bekommen, zögern Sie nicht, einen Rettungswagen mit Notarzt anzufordern.
5. Bis der Notarzt eintrifft oder, wenn die Situation weniger dramatisch ist, bis Ihr behandelnder Arzt Sie aufsucht oder Sie ihn, können Sie die Lage durch Einnahme zusätzlicher Medikamente verbessern: Trinken einer Theophyllinlösung[11]. Eine Solosin®-Plastikampulle enthält 50 Tropfen, schütten Sie eine halbe oder eine ganze Ampulle in ein halbes Glas Wasser, und trinken Sie dies aus. Sprechen Sie die Dosierung für den Notfall vorher mit Ihrem Arzt ab, Überdosierungen sind zu vermeiden! Diese Verabreichungsform des Theophyllins wirkt übrigens ähnlich schnell wie die Theophyllinspritze in die Vene. Im Notfall ist immer auch die Einnahme einer Kortisontablette (z. B. Decortin H® 20 mg oder 50 mg) sinnvoll. Auch dies muß vorher mit Ihrem Arzt abgesprochen sein. Diese Medikamente sollten Sie für den Notfall bereithalten.

[11] Theophyllin Retardtabletten sind als Notfallmedikament nicht geeignet. Wenn Sie bereits Theophyllin als Dauermedikament einnehmen, müssen Sie mit einer weiteren Theophyllineinnahme sehr vorsichtig sein, weil dann die Gefahr einer Überdosierung durchaus hoch ist (vgl. dazu S. 75).

Selbsthilfemaßnahmen im Notfall stellen einen weiteren wichtigen Aspekt des Selbstmanagements des Patienten dar. Dies ersetzt aber nicht die Verständigung eines Arztes, es soll lediglich die Zeit bis zum Eintreffen des Notarztes überbrückt werden!

Üben Sie den Notfall

Üben Sie Ihr Verhalten für den Notfall vorher ein! Überlegen Sie, wie Sie eine solche Situation bewältigen würden, welche Medikamente Sie einnehmen müssen. Üben Sie atemerleichternde Sitzpositionen. Oft ist auch das Inhalieren eines bronchialerweiternden Medikamentes (Adrenergikum) mit einem Vernebler sinnvoll. Eine solche Apparateinhalation kann insbesondere im Frühstadium noch einen zusätzlichen Effekt bringen.

Eine vorherige Schulung kann die Gefährlichkeit eines Atemnotanfalls ganz erheblich vermindern. Wichtig ist auch das Wissen um Dosierung und Nebenwirkungen der Notfallmedikamente. Wenn zwei oder vier Hübe eines korrekt inhalierten kurzwirkenden bronchialerweiternden Dosieraerosols keine ausreichende Wirkung zeigten, ist eine höhere Dosierung nicht nur sinnlos, sondern wegen Nebenwirkungen wie Herzrasen, Übelkeit und Erbrechen auch gefährlich. Ähnliches gilt für das Überdosieren von Theophyllinpräparaten. Die größte Gefahr ist und bleibt jedoch, daß die Schwere eines Anfalls anfangs unterschätzt wird und die notwendigen Maßnahmen wie Medikamenteneinnahme und evlt. das Rufen des Notarztes zu spät erfolgen, wodurch wertvolle Zeit vertan wird.

Meine persönliche Zusammenfassung

Schreiben Sie sich folgende Nummern heraus und halten Sie diese direkt am Telefon bereit:
Die Telefonnummer
meines Hausarztes lautet ____________________
des Rettungsdienstes lautet ____________________

Mein Notfallplan:

____
____
____
____
____
____

Verhalten bei Infekten und Rückfällen

Merke!

Ein akuter Atemwegsinfekt beim Gesunden ist mit einem akuten Atemwegsinfekt bei einem Asthmapatienten nicht vergleichbar!

Sie wissen bereits, daß ein Infekt zu einer Verschlechterung des Asthmas und sogar zu einer Notfallsituation mit schwerem Asthmaanfall führen kann. Solche Verschlechterungen des Asthmas durch Infekte werden auch als akute Exazerbationen bezeichnet. Wichtig ist die Unterscheidung in einen Infekt, der durch Viren, also viral, verursacht ist, und einen durch Bakterien – bakteriell – hervorgerufenen Infekt. Die überwiegende Mehrzahl von Infekten ist durch Viren bedingt. Viren lassen sich nicht mit Antibiotika behandeln. Antibiotika helfen nur bei bakteriellen Infektionen. Oft wird ein Infekt beim Asthmatiker zunächst durch Viren verursacht, typisch ist dann vermehrter Auswurf, der eine helle, klare Farbe hat. Im weiteren Verlauf ändert sich die Farbe des Auswurfes, er wird grüngelblich. Diese Änderung des Auswurfes ist ein Hinweis dafür, daß sich nun auch Bakterien am Infektgeschehen beteiligen. Eine bakterielle Infektion hat sich damit sozusagen der ursprünglich rein viralen Infektion »aufgepfropft«, der Arzt spricht auch von »bakterieller Superinfektion«.

Ursache: Viren oder Bakterien

Für Sie als Patient ist folgendes wichtig: Wenn sich während einer Erkältung eine grün-gelbe Verfärbung des Auswurfs zeigt, deutet dies auf eine Infektion durch Bakterien hin. Ein solcher Infekt kann und sollte mit Hilfe von Antibiotika behandelt werden. Dies gilt um so mehr, wenn gleichzeitig Fieber besteht.

Manchmal ist es aber gar nicht so leicht, einen Atemwegsinfekt als solchen zu erkennen.

Untypische Zeichen können sein:

- allgemeines Unwohlsein
- Kurzatmigkeit
- Verschlechterung der Peak-Flow-Werte
- nächtliches Erwachen
- Nachtschweiß
- Schnupfen.

Früherkennung wichtig

Bronchialinfekte sind für Sie als Asthmatiker eine Gefahr, Sie müssen daher Spezialist in der Infektfrüherkennung werden.

- Handelt es sich »nur« um einen viralen Infekt (allgemeine Gliederschmerzen, Mattigkeit, heller Auswurf), so helfen oft

Methoden der Naturheilkunde oder aus der physikalischen Therapie (vgl. Seite 96).

- Handelt es sich aber um einen bakteriellen Atemwegsinfekt, so sollten Sie als Asthmapatient mit einer Behandlung nicht zögern. Lassen Sie sich in diesem Punkt von niemandem irremachen!
- Denn Sie wissen: Ein Atemwegsinfekt beim Asthmakranken darf man nicht mit einem Atemwegsinfekt beim Gesunden vergleichen.

Asthma geht mit einer chronischen Entzündung der Bronchialschleimhäute einher, die zu einer Überempfindlichkeit des Bronchialsystems führt. Sie können sich leicht vorstellen, daß während eines Infektes diese Entzündung der Bronchien noch ganz erheblich zunehmen kann. Dies ist der Grund dafür, daß jede banale Erkältungskrankheit für den Asthmatiker das Risiko birgt, daß seine Asthmabeschwerden kurz- oder aber auch langfristig zunehmen. Man muß die Entzündung im Rahmen eines grippalen Infektes daher entschlossen bekämpfen.
Das Medikament, das hierfür in Frage kommt, ist das entzündungshemmende Kortison.

»Kortisonstoß« bei Atemwegsinfekt

Haben Sie also keine unbegründete Furcht, wenn Ihnen Ihr Arzt während eines Infektes vorübergehend Kortisontabletten verschreibt oder bei schon vorhandener Dauertherapie mit Kortisontabletten die Dosis kurzzeitig erhöht. Dies ist notwendig, um Schaden, und zwar eventuell bleibenden Schaden, von Ihrem Bronchialsystem abzuwenden.

Der praktische Tip

Entscheidend bleibt: Suchen Sie bei einer Erkältung den Rat Ihres behandelnden Arztes. Er wird entscheiden müssen, ob Antibiotika und/oder Kortison notwendig sind. Befolgen Sie im eigenen Interesse seinen Ratschlag.

Notapotheke

Kennt Sie Ihr Arzt als verläßlichen und informierten Partner, dann halten wir es für sinnvoll, wenn er Ihnen entsprechende Notfallmedikamente verordnet. Jeder ausreichend geschulte und kooperative Asthmapatient sollte eine Packung Kortisontabletten für den Notfall daheim (und auf Reisen) haben. Wie und wann diese anzuwenden sind, muß mit dem Arzt aber genau und zuverlässig vereinbart sein. Schreiben Sie sich diese Notfallanweisungen auf!
Auch ist es unseres Erachtens absolut richtig, insbeson-

dere bei wiederholt auftretenden eitrigen Atemwegsinfekten, einem kooperativen und ausreichend geschulten Asthmapatienten eine Packung eines für ihn geeigneten Antibiotikums zu verordnen. Ein eitriger Atemwegsinfekt sollte nämlich schnell und ohne Zeitverlust behandelt werden, z.B. am Freitag abend und nicht erst nach der Montagssprechstunde.
All dies setzt aber das schon oft angesprochene Bündnis gegen die Krankheit zwischen einem informierten und zuverlässigen Patienten und seinem Arzt voraus.

Immunmodulation

Wir werden häufig gefragt, ob es nicht ein Mittel gibt, mit dem sich ständig wiederholende Infektionen der Atemwege verhindern lassen. In diesem Zusammenhang ist eine Therapie mit abgetöteten Bakterien, man spricht auch von »Bakterienlysaten«, interessant. Es gibt Präparate, die in Kapselform (Broncho-Vaxom®, Ribomunyl®, Luivac®) oder inhalativ (I.R.S. 19®) verabreicht werden. Ziel ist es, das körpereigene Abwehrsystem anzuregen, man spricht daher von »Immunstimulation« oder auch »Immunmodulation«. Die Erfahrungen mit diesen Medikamenten sind gut. Weiteres zu diesem Thema finden Sie auf den Seiten 62f.

Meine Zukunft

Das werden Sie in diesem Kapitel erfahren:
- Krankheitsverlauf bei Kindern
- Krankheitsverlauf bei Erwachsenen
- Das soll durch eine gute Therapie vermieden werden: die Asthmaspätfolgen.

Überblick

Asthmaverlauf und Perspektiven bei Kindern

Asthma bronchiale ist die häufigste chronische Erkrankung im Kindesalter. In Mitteleuropa weisen bis zu 10 % aller Kinder zumindest vorübergehend asthmatische Symptome auf, Jungen häufiger als Mädchen. Mit zunehmendem Alter gleicht sich dieser Geschlechterunterschied aus. Auch für den Arzt ist es anfangs oft schwierig, zwischen einem kindlichen Asthma und einer meist infektbedingten »spastischen Bronchitis« zu unterscheiden. Wichtige Hinweise für ein echtes Asthma sind: Nachweis einer bronchialen Überempfindlichkeit (vgl. unspez. Provokationstest, S. 51) auch im Intervall, Nachweis einer Allergiebereitschaft sowie mehr als dreimal/Jahr Auftreten einer »spastischen Bronchitis«. Also: Nicht jedes Kind, das während eines Infekts einmal »pfeift und giemt«, hat Asthma! Eine sorgfältige Abklärung ist aber immer erforderlich, weil gerade bei Kindern der Anteil an allergischem Asthma besonders hoch ist. Durch Allergenvermeidung und Hyposensibilisierungsbehandlung ist hier prinzipiell eine echte Heilung möglich. Dies aber nur am Beginn der Krankheit – daher darf wertvolle Zeit nicht verschenkt werden.

Früherkennung

Der weitere Verlauf bei echtem kindlichen Asthma ist schwer vorauszusehen: Bei durchschnittlich 30 % der Kinder bilden sich die Asthmabeschwerden zurück, bei leichtem Asthma ist die Heilungsrate eher höher (ca. 50 %), bei schwerem Asthma eher niedriger (ca. 20 %). Je früher und je schwerer Asthma

beginnt, um so geringer sind die Chancen auf eine Spontanheilung während der Pubertät. Allerdings behalten viele dieser ehemaligen Asthmakinder eine bronchiale Überempfindlichkeit zurück.
Trotzdem ist die Prognose des kindlichen Asthmas eher besser als bei Erwachsenen, bei denen die Chance einer Spontanheilung gering ist.

Wichtig!

! Insbesondere bei asthmatischen Kindern und Jugendlichen ist in manchen Fällen die Wahrnehmung von Atemnot gering ausgeprägt. Daher ist gerade bei Kindern und Jugendlichen die regelmäßige Peak-Flow-Kontrolle erforderlich, um gefährliche Asthmaattacken rechtzeitig zu erfassen. Am besten lernen das die Kinder in einer speziellen Asthmaschulung (s. S. 166).
In Deutschland sterben jährlich ca. 200 Asthmatiker unter 30 Jahre.

Zukunftsaussichten bei Erwachsenen

Asthma niemals unterschätzen

Die Wahrscheinlichkeit einer Spontanheilung bei Erwachsenen ist gering, sie liegt sicher unter 20%. Insbesondere die Überempfindlichkeit der Atemwege bleibt meist ein Leben lang bestehen. Daraus resultiert, daß Asthma bronchiale eine chronische Erkrankung ist. Asthma verursacht aber keine Schmerzen, und im Intervall besteht oft volle Beschwerdefreiheit und Leistungsfähigkeit. Dies führt leider dazu, daß Asthma vom Betroffenen und von der Umgebung verharmlost wird. Das wiederum hat zur Folge, daß die Behandlung oft inkonsequent durchgeführt wird, so daß der Rückfall und die Verschlechterung der Krankheit vorprogrammiert sind. Das Asthma nimmt an Häufigkeit und Beschwerdestärke zu. Es drohen die Asthmaspätfolgen.

Asthmaspätfolgen

Abwehrschwäche nimmt zu

Im weiteren Verlauf können **gehäufte Atemwegsinfekte** hinzukommen. Manchmal besteht dann eine regelrechte Abwehrschwäche. Es kann zu schwerem **Dauerasthma** kommen und bei dauernder und schwerer Atemwegsverkrampfung und Überblähung zu chronischem Sauerstoffmangel. Schließlich kann diese schwere chronische Form des Asthma bronchiale

zur **Herzbelastung,** im Extrem auch zum Herzversagen führen.
Dies ist Gott sei Dank selten. Zwar ist der bekannte, 100 Jahre alte Satz des berühmten kanadischen Arztes Wiliam Osler »Ein Asthmatiker keucht bis ins hohe Alter« nicht tröstlich, er illustriert aber, daß nur ein kleiner Teil der Asthmatiker an der Asthmakrankheit selber stirbt, die meisten jedoch lange an dieser Krankheit leiden.
Was kann getan werden, um einen ungünstigen Verlauf der Krankheit zu verhindern?

Vorsorge entscheidend

Entscheidend ist die frühzeitige und konsequente Behandlung. Darüber haben Sie bereits viel erfahren, bitte setzen Sie diese Ratschläge in die Tat um! Und verlassen Sie sich auf erprobte und bewährte Behandlungsformen, seien Sie insbesondere skeptisch gegenüber falschen Propheten, die Ihnen rasche, bequeme und dauernde Heilung versprechen. Verschenken Sie durch solche falschen Versprechungen nicht wertvolle Zeit.

Merke!

Asthma bronchiale früh erkannt und ernst genommen:
Die Heilungschancen sind gegeben.

Asthma bronchiale früh erkannt, aber nicht optimal behandelt:
Die Heilungschancen werden vergeben.

Asthma bronchiale spät erkannt und nicht optimal behandelt:
Eine Heilung ist praktisch nicht möglich.

Asthma und Beruf

Überblick

Das werden Sie in diesem Kapitel erfahren:
- Welche Berufe eignen sich für den Asthmatiker, welche nicht?
- Welche Möglichkeiten gibt es für innerbetriebliche Umsetzung und für eine Umschulung?
- Berufskrankheiten – Definition und für den Asthmatiker wichtige Gesichtspunkte.

Geeignete und ungeeignete Berufe

Einen Großteil unseres Lebens verbringen wir im beruflichen Umfeld. Für den Asthmatiker stellen somit die äußeren Einflüsse, denen er im Beruf ausgesetzt ist, ein ganz wesentliches Problem dar. Grundsätzlich sind Berufe ohne inhalative Belastungen mit nur körperlich leichten Tätigkeiten für den Asthmatiker besonders gut geeignet.

Ungeeignete Berufe

Umgekehrt sollte der Asthmatiker Berufe meiden, die mit hohen inhalativen Belastungen oder schweren körperlichen Anstrengungen verbunden sind. Typische Beispiele hierfür sind Arbeitsplätze mit hoher inhalativer Belastung durch Stäube, Dämpfe oder Lösungsmittel. Vermieden werden sollten Tätigkeiten mit thermischen Belastungen wie Hitze oder stark wechselnden Temperaturen. Häufig sehen wir Schweißer, Maler und Lackierer, Fliesenleger oder auch Bäcker, die an ihrem Arbeitsplatz über zunehmende gesundheitliche Probleme klagen. Körperlich schwere Tätigkeiten, z. B. in Speditionen oder in der Schwerindustrie, beinhalten für den Asthmatiker langfristig ein erhebliches arbeitsmedizinisches Risiko.

Wenn Sie glauben, daß Ihre Atembeschwerden während der Arbeit besonders ausgeprägt sind, dann können Sie während Ihrer beruflichen Tätigkeit (über einige Wochen) ein **Peak-Flow-Meter-Protokoll** führen. Vergleichen Sie diese Werte mit jenen Werten, die Sie zu Hause und in der Freizeit ermitteln. Ergeben sich hierbei auffällige Unterschiede, dann zeigen Sie die Protokolle Ihrem behandelnden Arzt oder dem Betriebsarzt, und sprechen Sie ihn auf einen möglichen Zusammenhang zwischen Ihrer beruflichen Tätigkeit und Ihren Beschwerden an.

Berufswahl Jugendlicher

Die Eltern von asthmakranken Kindern tragen eine hohe Verantwortung für deren Berufswahl. Sie müssen den Jugendlichen die Tragweite ihrer Berufswahl für den weiteren Verlauf der Atemwegserkrankung deutlich machen und sie bei ihren Entscheidungen beratend unterstützen. Gespräche mit dem behandelnden Hausarzt und insbesondere auch dem Lungenspezialisten sollten ebenso erfolgen wie die gründliche Beratung über Berufsmöglichkeiten und -aussichten beim Arbeitsamt. In manchen Fällen ist auch eine spezielle Berufsfindungsmaßnahme erforderlich. So gibt es beispielsweise in Berchtesgaden das Asthmazentrum Buchenhöhe, wo unter fachärztlicher Aufsicht für asthmakranke Jugendliche geeignete Berufe praktisch erprobt werden (Asthmazentrum Buchenhöhe, 83471 Berchtesgaden, Tel.: 08652/6 00 00).

Umschulungsmöglichkeiten

Leider ist es aber in den meisten Fällen so, daß das Asthma zu einem Zeitpunkt auftritt oder zumindest akut wird, wo die Berufswahl längst getroffen ist und der Beruf auch schon mehrere Jahre ausgeübt wurde. Oft hängen die Patienten an ihrem Beruf und möchten ihn nicht aufgeben. Heute wird es ab einem bestimmten Alter immer schwieriger, einen neuen Arbeitsplatz mit günstigeren Arbeitsbedingungen zu finden. Und diese Altersgrenze sinkt kontinuierlich! Patienten mit einem Lebensalter von über 40 Jahren haben hier mitunter schon massive Probleme. Natürlich hängt dies in erster Linie vom erlernten Beruf und vom Ausbildungsstand ab, Verallgemeinerungen müssen in diesem Zusammenhang vermieden werden. Dennoch sehen sich Patienten zunehmend mit dem Problem konfrontiert, daß selbst noch relativ junge Asthmapatienten an ihrem für die Gesundheit ungünstigen Arbeitsplatz verbleiben müssen, weil realistische Alternativen fehlen.
Wie aber kann man nun helfen? Wichtig ist, daß die Möglichkeiten der medikamentösen Therapie voll ausgeschöpft werden. Bei inhalativer Belastung am Arbeitsplatz ist es von besonderer

Vorsorge und Therapie voll ausnutzen

Bedeutung, daß die bronchiale Überempfindlichkeit gedämpft wird. Die langfristige, regelmäßige Anwendung eines inhalativen Kortisonpräparates ist in diesem Zusammenhang von herausragender Bedeutung. Am Arbeitsplatz selbst müssen alle möglichen Vorkehrungen getroffen werden, um die inhalativen Belastungen zu reduzieren. Hierzu können Staubschutzmasken beitragen oder entsprechende Absaugvorrichtungen. Stets sollte auch geprüft werden, ob eine innerbetriebliche Umsetzung möglich ist, der Asthmatiker also innerhalb seines Betriebes an einen geeigneteren Arbeitsplatz versetzt werden kann.

Berufliche Rehabilitation

Ist dies alles nicht möglich oder führt es nicht zum gewünschten Erfolg, kann eine Umschulung erwogen werden. Der Betroffene erlernt dann einen neuen Beruf. Es handelt sich hierbei um eine berufliche Rehabilitation in einem Berufsförderungswerk, die Maßnahme dauert bis zu zwei Jahre und endet mit einer Prüfung vor der Industrie- und Handelskammer bzw. der Handwerkskammer. Diese neue Ausbildung ist für den einzelnen zwar zunächst mit Kosten und somit finanziellen Einbußen verbunden, kann sich aber auf Dauer sehr lohnen.

Auskunft erhalten Sie bei der Bundesversicherungsanstalt für Angestellte (BfA) oder bei der zuständigen Landesversicherungsanstalt (LVA). Auch Ihr Hausarzt kann Ihnen erste Orientierungshilfen geben.

Der praktische Tip

Besonders geeignet für Asthmatiker sind Berufe mit geringer inhalativer Belastung und körperlich eher leichte Tätigkeiten. Hier sind in erster Linie Büro-, Verwaltungs-, Lehr- oder Wachtätigkeiten zu nennen. Selbständige Berufe bieten oft für den Asthmatiker geeignete Berufsfelder ebenso wie technische und künstlerische Planungsberufe.

Berufskrankheiten

Der Gesetzgeber hat den Begriff der Berufskrankheit wie folgt festgelegt:

§ 551 Reichsversicherungsordnung (RVO):
»Berufskrankheiten sind die Krankheiten, welche die Bundesregierung durch Rechtsverordnung mit Zustimmung des Bundesrates bezeichnet und die ein Versicherter an einer in den §§ 539, 540 und 543–545 genannten Tätigkeiten erleidet.«

Definition

Viele Asthmatiker klagen am Arbeitsplatz über gesundheitliche Probleme. Deshalb hat nicht jeder dieser Patienten gleich eine Berufskrankheit! Vielmehr ist ein ursächlicher Bezug zwischen der beruflichen Tätigkeit und der Krankheit zu fordern. Häufig sind aber die Beschwerden am Arbeitsplatz nur Ausdruck einer durch das Asthma bronchiale hervorgerufenen allgemeinen Überempfindlichkeit gegenüber den unterschiedlichsten Stoffen (bronchiale Überempfindlichkeit!). Wenn der Asthmatiker beispielsweise auf Nebel, Küchengerüche, Parfüm, Autoabgase oder Zigarettenrauch im Rahmen seiner allgemeinen Überempfindlichkeit mit einer Verschlechterung der Lungenfunktion reagiert, dann wird er auch an einem Arbeitsplatz mit hoher Staubbelastung reagieren. Dies ist dann ein unspezifisches Symptom der Grundkrankheit, die in Folge zu den Problemen am Arbeitsplatz führt und nicht umgekehrt.

Wann wird Berufskrankheit anerkannt?

Für die Anerkennung einer **Berufskrankheit** ist also laut Gesetz ein **ursächlicher Zusammenhang zwischen Arbeit und Krankheit** notwendig, man spricht in diesem Fall auch von einer haftungsbegründenden Kausalität. Außerdem wird ein Zusammenhang zwischen der Erkrankung und den beklagten Symptomen gefordert (haftungsausfüllende Kausalität).
Im juristischen Sinne ist die Berufskrankheit ein Arbeitsunfall. Gemäß § 3 der Berufskrankheitenverordnung (BeKV) ist es Aufgabe der Unfallversicherungsträger (z. B. Berufsgenossenschaften), den Versicherten vor dem Auftreten oder dem Fortschreiten einer Berufserkrankung mit geeigneten Maßnahmen zu schützen.
Jeder Arzt ist verpflichtet, bei entsprechenden Hinweisen eine ärztliche Anzeige über den Verdacht auf das Vorliegen einer Berufskrankheit an die zuständigen Stellen (z. B. Berufsgenossenschaften oder an den staatlichen Gewerbearzt des Bundeslandes) weiterzuleiten. Diese Meldung setzt nun ein gutachterliches Verfahren in Gang, das zum einen prüfen soll, ob der Verdacht auf das Vorliegen einer Berufserkrankung wirklich

begründet ist, und das zum anderen im positiven Falle den Grad der Minderung der Erwerbsfähigkeit (MdE) festsetzt. Die Einschätzung der MdE erfolgt in bezug auf den allgemeinen Arbeitsmarkt. So kann z. B. ein Maler und Lackierer wegen einer Allergie gegenüber bestimmten Inhaltsstoffen von Lösungsmitteln (Isozyanaten) zwar nicht mehr in seinem bisherigen Beruf, wohl aber auf dem allgemeinen Arbeitsmarkt tätig sein. Die Höhe der MdE ist abhängig vom Ausmaß der durch die Krankheit verursachten Funktionseinschränkungen. Beim Asthmatiker sind hierbei insbesondere die Einschränkung der Lungenfunktion und das Ausmaß der bronchialen Überempfindlichkeit von Bedeutung.

Rente und Berufskrankheit

Wird eine **MdE von unter 20%** ermittelt, liegt zwar eine anerkannte Berufskrankheit vor, eine Rente wird jedoch nicht gewährt. Möglich ist aber die Übernahme von Kosten für Umschulungs- oder Rehabilitationsmaßnahmen durch den zuständigen Unfallversicherungsträger. Bei einer MdE von über 20% spricht man von einer zu entschädigenden Berufskrankheit, bei der auch Rentenzahlungen erfolgen.
Für den Asthmatiker enthält die Liste der Berufskrankheiten der BeKV drei wesentliche Ziffern:

Nr. 4301

- Durch allergisierende Stoffe verursachte obstruktive Atemwegserkrankungen (einschließlich Rhinopathie), die zur Unterlassung aller Tätigkeiten gezwungen haben, die für die Entstehung, die Verschlimmerung oder das Wiederaufleben der Krankheit ursächlich waren oder sein können (Nr. 4301).
  obstruktiv = mit einer Verengung der Atemwege einhergehend
  Rhinopathie = Erkrankung der Nase, in diesem Falle Schnupfen

Nr. 4302

- Durch chemisch-irritativ oder toxisch wirkende Stoffe verursachte obstruktive Atemwegserkrankungen, die zur Unterlassung aller Tätigkeiten gezwungen haben, die für die Entstehung, die Verschlimmerung oder das Wiederaufleben der Krankheit ursächlich waren oder sein können (Nr. 4302).

Nr. 1315

- Erkrankungen durch Isozyanate, die zur Unterlassung aller Tätigkeiten gezwungen haben, die für die Entstehung, die Verschlimmerung oder das Wiederaufleben der Krankheit ursächlich waren oder sein können (Nr. 1315).

Die BeKV-Nr. 4301 bezieht sich auf eine allergische Ursache des Asthmas. Typisches Beispiel ist das sogenannte »Bäckerasthma«. Eine Allergie gegenüber bäckereitypischen Stoffen, insbesondere gegenüber Weizen- und/oder Roggenmehl, kann zur Entwicklung einer schweren asthmatischen Erkrankung führen und zur Berufsaufgabe zwingen.
Ein weiteres Beispiel für ein beruflich ausgelöstes Asthma ist das **»Isozyanatasthma«.** Isozyanate (TDI = Toluylendiisozyanat, MDI = Diphenylmethandiisozyanat, HDI = Hexamethylendiisozyanat) werden insbesondere in Lackierereien und in der Schaumstoffherstellung verwendet. Isozyanate können sowohl über einen allergischen Mechanismus eine Atemwegserkrankung auslösen als auch irritativ-toxisch wirken.
Beispiele für chemisch-irritativ oder irritativ-toxisch wirkende Substanzen sind Acetaldehyd, Formaldehyd, Chrom-, Mangan- oder Berylliumverbindungen, Säuren und Basen wie Salpetersäure oder Kalilauge.

Die schönste Zeit des Jahres: Urlaub und Asthma

Überblick

Das werden Sie in diesem Kapitel erfahren:
- Gibt es spezielle Urlaubsziele für Asthmatiker?
- Empfehlungen für Allergiker
- Notwendigkeit einer ausreichenden Reiseapotheke

Welches Klima?

Damit die »schönste Zeit des Jahres« auch ihren Namen verdient, sollten Sie als Asthmatiker einige Dinge bei Ihrer Urlaubsplanung berücksichtigen. Häufig werden wir gefragt, ob denn nun das Reizklima an der See oder das Gebirgsklima für den Asthmatiker geeigneter sei. Diese Frage kann man aber nicht pauschal beantworten. Vielmehr muß jeder Asthmatiker für sich selber herausfinden, welches Klima ihm besser liegt. So haben wir von vielen Patienten, insbesondere mit Pollenallergien, erfahren, daß ihnen das Seeklima sehr geholfen hat, sie konnten besser abhusten, ihre Krankheitssymptome besserten sich. Andere wiederum berichten, daß ihnen das Reizklima nicht bekommen ist. Woran diese Unterschiede im einzelnen liegen, ist weitgehend unklar. Richtschnur bleibt hier die persönliche Erfahrung des einzelnen.

Für viele **Allergiker** sind Höhenlagen zu empfehlen. So kann der Hausstaubmilbenallergiker z. B. davon ausgehen, daß oberhalb einer Höhe von 1500 m diese Allergene kaum noch vorhanden sind. Eine deutliche Besserung der Beschwerden kann die Folge sein.

Günstig: Mittelmeer

Günstig für einen Großteil der Asthmatiker ist ein warmes und trockenes Klima, beispielsweise im Mittelmeerraum. Auch auf Gran Canaria sind viele Asthmakranke beschwerdefrei. Besonders geeignet kann Wüstenklima (z. B. Tunesien oder Israel) sein. Mehrmonatige Beschwerdefreiheit oder zumindest Beschwerdearmut scheint hier möglich. Pollenallergiker können z. B. die Pollensaison für eine solche Fahrt nutzen (Einzelheiten vgl. Allergikertrainingsprogramm S. 214).

Reiseapotheke

Vergessen Sie nicht, sich eine **ausreichende Reiseapotheke** zuzulegen. Die wichtigsten Medikamente, natürlich auch die für den Notfall, sollten stets griffbereit sein. Denken Sie auch daran, daß viele Medikamente im Ausland nicht oder nur unter anderem Namen erhältlich sind. Sie können sich viel Ärger und Aufregung im Urlaub ersparen, wenn Sie genügend Medikamente von zu Hause mitnehmen.

Wenn Sie ein **Inhalationsgerät** mit in den Urlaub nehmen wollen, vergessen Sie nicht, daß im Ausland evtl. unterschiedliche Stromspannungen bestehen, auch an die Steckdosen muß gedacht werden. Informieren Sie sich daher vor der Reise über die diesbezüglichen Verhältnisse im Urlaubsland (z.B. im Reisebüro nachfragen oder bei der Botschaft des jeweiligen Staates in Bonn bzw. bei einem Konsulat) und klären Sie, ob Ihr Inhalationsgerät den dortigen Anforderungen genügt (evtl. beim Gerätehersteller nachfragen). Mit den geeigneten Geräten ist auch das Inhalieren im Flugzeug, im Auto oder im Zug möglich. Immer aber gilt: Vorher gründlich informieren!

Asthma und Familie

Überblick

Das werden Sie in diesem Kapitel erfahren:
- Asthma und Partnerschaft
- Asthma und Familie: Gefahren und Chancen
- Asthma und Schwangerschaft

Nicht gegen, sondern mit der Familie

Was im Beruf und in der Öffentlichkeit anzustreben ist, das sollte in der Familie eine Selbstverständlichkeit sein: Schämen Sie sich nicht, weil Sie krank sind! Legen Sie Ihre Atemwegserkrankung Ihrer Umgebung offen dar. Das bewußte oder unbewußte Verstecken der Krankheitszeichen nutzt weder Ihnen noch Ihrer Familie. Sagen Sie, wenn Sie Atemnot haben. Scheuen Sie sich nicht, Ihre inhalierbaren Medikamente für jedermann sichtbar zu benutzen. Erklären Sie Ihrer Familie die Notwendigkeit einer dauernden Medikamenteneinnahme, auch wenn es Ihnen gut geht. Erbitten Sie dafür sogar Unterstützung. Erbitten Sie auch Rücksicht bezüglich der privaten Luftverschmutzung: Rauchende Familienmitglieder und Freunde rauchen außerhalb der Wohnräume.

So sollte es nicht sein

Herr Sch., ein 32jähriger Asthmatiker, war seit seiner »Kur« vor einem halben Jahr bezüglich seines Asthmas »stabil«, d.h., er leidet nicht mehr unter wechselnder Atemnot in Ruhe, er schläft nachts ohne Husten und Atembeklemmungen durch, und er ist auch körperlich normal belastbar. Sein Bedarfsmedikament, ein bronchialerweiterndes »Spray«, brauchte er höchstens ein- bis zweimal pro Woche. Während des Heilverfahrens war er auf ein inhalatives Kortisonmedikament eingestellt worden. »Dieses Teufelszeug« war seiner Frau jedoch höchst suspekt. Mehrfach hatte sie ihn aufgefordert, diese »chemische Krücke« wegzuwerfen. Zunächst hatte Herr Sch. daher sein Medikament nicht mehr im Beisein seiner Frau inhaliert, schließlich, während des Campingurlaubes, das regelmäßige Inhalieren ganz eingestellt. Der Urlaub mußte wegen bald darauf auftretender Atemnotsanfälle vorzeitig abgebrochen werden.

Was können Sie tun?

- Erklären Sie Ihrer Familie Ihre Krankheit und die notwendige Behandlung! Nehmen Sie ggf. Ihren Ehepartner zum nächsten Arzttermin mit.
- Legen Sie insbesondere Wert darauf, daß eine chronische Erkrankung einer dauernden Therapie bedarf!
- Erklären Sie, daß der Verzicht auf eine regelmäßige medikamentöse Behandlung, auch während relativ beschwerdearmer Phasen, auf Dauer eine Verschlechterung der Krankheit bewirkt. Die inhalative Kortisontherapie dämpft die chronische Bronchialschleimhautentzündung. Eine solche Dauerentzündung ist keinesfalls »natürlich«!

Widerstehen Sie aber auch Tendenzen, Ihre Krankheit als Mittel zur Durchsetzung von Wünschen und Forderungen einzusetzen. Dadurch gefährden Sie die Partnerschaft und langfristig auch die Unterstützung durch Ihre Familie.

Was Angehörige wissen müssen

Die Familie und der schwere Asthmaanfall:
Jeder in der Familie muß wissen, was dann zu tun ist:

- Ruhe bewahren
- Wo sind die erforderlichen Medikamente?
- Was sind die notwendigen atemtherapeutischen Maßnahmen (atemerleichternde Stellungen, Lippenbremse, Hustentechnik, Zwerchfellatmung)?
- Wo ist das Peak-Flow-Meter?
- Wie ist ggf. das Inhaliergerät zu bedienen?
- Welcher Arzt ist notfalls unter welcher Tel.-Nr. zu informieren?

Üben Sie das vorher (vgl. S. 170).

Falls Sie eine Kortisondauertherapie mit Tabletten durchführen, müssen Ihre Angehörigen über diese Therapie informiert sein, auch darüber, daß eine solche Therapie nicht abrupt abgebrochen werden darf (z.B. im Falle eines Unfalls oder einer plötzlich erforderlichen Operation, dann müssen Ihre Angehörigen die behandelnden Ärzte über die Kortisondauertherapie informieren).

Meine persönliche Zusammenfassung

Meine Notfallmedikamente, das Peak-Flow-Meter und der Inhalierapparat sind (wo?): ____________________
Die Tel.-Nr. von Dr. ____________________
lautet ________/ ____________________
Die Tel.-Nr. des Notarztdienstes
lautet ________/ ____________________

Vermeidung von Auslösern
Was für das Rauchen gilt, gilt auch für andere Asthmaauslöser: Erklären Sie Ihrer Familie die Bedeutung von Allergiestoffen und anderen Atemwegsreizstoffen und erbitten Sie entsprechende Rücksichtnahme (Tierhaltung, Hobbies, Wohnungsausstattung).
Urlaub
Besprechen Sie unter diesem Gesichtspunkt auch den Familienurlaub, Hinweise dazu finden Sie auf Seite 184.

Schwangerschaft

Kein erhöhtes Risiko bei richtiger Behandlung

Ist die Schwangerschaft für Asthmatikerinnen gefährlich? Bedeuten die zur Behandlung notwendigen Medikamente eine Gefahr für Mutter und Kind? Fragen, die viele junge Asthmatikerinnen beunruhigen. Aber hier können wir Sie beruhigen: Unter einer optimalen Asthmabehandlung besteht während der Schwangerschaft für Mutter und Kind kein erhöhtes Risiko. Die Therapie muß jedoch während der Schwangerschaft wirklich optimal durchgeführt werden, am besten lassen Sie sich durch einen Lungenfacharzt beraten.
In der Regel verschlimmert sich eine Asthmaerkrankung während der Schwangerschaft nicht. Im Gegenteil, manchmal findet sich gerade während der Schwangerschaft eine Besserung der Beschwerden. Eine Schwangerschaft ist kein Grund, die notwendige medikamentöse Therapie auszusetzen. Die oben beschriebenen Asthmamedikamente sind nicht fruchtschädigend. Ihre Asthmabehandlung kann normal weitergeführt werden. Die Hauptgefahr ist eine Unterbehandlung des Asthmas mit einer Sauerstoffuntersättigung im Blut der Mutter und damit auch im Blut des Kindes.
Auch das Stillen ist kein Grund, auf eine Weiterführung der adäquaten medikamentösen Asthmabehandlung zu verzichten. Die Medikamente sind für das Kind nicht schädlich.

Hobbies, Haushalt und Wohnen

Das werden Sie in diesem Kapitel erfahren:
- Asthmaverschlechterung durch Hobby und Haushalt?
- Gefahr erkannt – Gefahr gebannt!

Überblick

Meine Krankheit und meine Hobbies

Hier gilt das, was auch für die sportliche Betätigung gesagt werden kann: Gut ist, was Ihnen gut tut! Es gibt aber einige Hobbies, die zwar Freude machen, aber bei Ihnen Husten und Atemnot auslösen können. Diese »unspezifischen Atemwegsreize« (vgl. S. 45) heizen aber die chronische Atemwegsschleimhautentzündung an und verschlechtern so Ihre Krankheit. Auch hier kann ein Peak-Flow-Meter als Kontroll- und Warngerät sinnvoll sein.
Abzuraten ist von Hobbies und Freizeitbeschäftigungen, die zu einer allergischen oder nicht-allergischen Atemwegsreizung führen können.

Ungeeignete Hobbies/Freizeitaktivitäten

Einige Beispiele:
- Heimwerker, Bastler- und Autobastlertätigkeiten
  Schweißen, Löten, Kleben, Schleifen, Abbeizen, Lackieren und Malerarbeiten verursachen u. U. eine erhebliche Staub- und Reizgasbelastung. Diese sollte gemieden werden. Meist ist es für Sie günstiger, etwas mehr Geld auszugeben und zugunsten der Gesundheit den Fachmann arbeiten zu lassen! Zumindest aber sollten Sie bei Ihren Hobbies die gleichen Schutzmaßnahmen ergreifen wie im Beruf (Lüftung, Abzug, Staubmaske, am besten im Freien arbeiten)!
- Gartenarbeiten
  Rasenmähen (insbesondere bei Pollenallergikern!), Versprühen von Schädlingsbekämpfungsmitteln, Kompostieren (Pilzallergiker) u. a.

- Tierhaltung
  Allergikern und ihren Familien ist von einer Tierhaltung dringend abzuraten (vgl. Allergikertrainingsprogramm, Anhang)!

Haushalt/Wohnumfeld

Wir halten uns 90 % des Tages in geschlossenen Räumen auf (Beruf, Haushalt, Einkaufen, Auto). Zumindest unser eigenes Wohnumfeld können wir selbst beeinflussen.

Das sollen Asthmatiker wissen

- Offene Kamine, Holz- und Kohleöfen können zu einer erhöhten Staub- und Rauchbelastung der Raumluft führen. In verschiedenen Untersuchungen fand sich ein Zusammenhang zwischen dem Benutzen solcher Feuerungsquellen (in geschlossenen Räumen) und der Häufigkeit von Asthmaanfällen. Zumindest von einer Neuanschaffung ist daher abzuraten. Strikt unterbleiben sollte insbesondere die Verbrennung von Restmüll, behandelten Holzresten und dergleichen. Abzüge müssen dicht sein. Ofenklappen dürfen nicht zu früh geschlossen werden, sonst steht dem Feuer nicht genug Sauerstoff zur Verfügung, infolge der unvollständigen Verbrennung entsteht vermehrt Kohlenmonoxid.
- Gasherde bewirken innerhalb kurzer Zeit hohe Stickstoffdioxidkonzentrationen (NO_2). Eine abschließende Bewertung über die möglichen Auswirkungen bei Asthmatikern steht noch aus. Aber es gibt Hinweise, daß dadurch die Infektrate und auch die Überempfindlichkeit der Atemwege gesteigert werden könnten. Zumindest für eine gute Lüftung der Küche beim Kochen mit dem Gasherd sollten Sie daher sorgen (Abzug an, ggf. Fenster öffnen). Bei einer Neuanschaffung sollten Sie einen Elektroherd bevorzugen.
  Unabhängig von der Art Ihres Herdes: Dunstabzug an und/oder Fenster auf, wenn gebraten wird oder starke Dämpfe und Gerüche entstehen.
- Nachtspeicheröfen wirbeln durch das Gebläse vermehrt Staub auf, sind daher für Allergiker (Allergiestoffe im Hausstaub wie Hausstaubmilben, Schimmelpilze, Tierhaare) und Asthmatiker eher nicht geeignet.
- Nicht alles, was glänzt, ist gesund! Vermeiden Sie soweit möglich scharfe und reizende Putzmittel (Ammoniak, hochkonzentrierte Säuren). Alternativen sind Schmierseife, milde Allzweckreiniger, ggf. auch Scheuerpulver, Essig oder

Essigessenz. Vorsicht: Beim gleichzeitigen Anwenden von WC-Reiniger (stark sauer) und Sanitätsreiniger (stark alkalisch) können unter Umständen giftige Chlorgase entstehen, die zu Atemnot und Verschlechterung des Asthmas führen. Verwenden Sie chlor- und phosphatfreie Mittel.

- Meiden Sie unnötige Sprays (Möbelpolitur, Lederpflegemittel, Putzmittel u. a.)! Wenn unbedingt erforderlich, dann im Freien anwenden.
- Bei Möbelkauf auf unbedenkliches Material achten. Es ist sicher kein Fehler, möglichst wenig spanplattenhaltige Möbel zu kaufen (Formaldehyd). Wenn, dann achten Sie auf die Qualitätsnorm E 1 (= weniger Formaldehydabgabe). Formaldehyd entweicht u. U. auch aus Klebstoffen, Lacken, Tapeten und Textilien.
- Holzschutzmittel in Innenräumen sind überflüssig und sollten schon deshalb nicht eingesetzt werden.
- Bei Farben, Tapeten, Teppichböden usw. auf weitmöglichste Schadstoffarmut achten. Wenn Ihnen die Augen brennen, nachdem Ihr neuer Teppichboden verlegt ist, dann wird auch Ihr Asthma nicht besser! Das gilt auch für Autoinnenräume.
- Feuchtigkeit in Wohnungen fördert das Wachstum von Schimmelpilzen, Hausstaubmilben und Bakterien, ist also insbesondere für Allergiker bedenklich (vgl. Allergikertrainingsprogramm S. 195). Auch allgemein ist eine feuchte Wohnung ungesund und sollte saniert werden. Rat erhalten Sie z. B. bei Ihrem Energieversorgungswerk.
- Richtiges Lüften. Die »Luftwechselrate« in neueren, besser isolierten Wohnungen ist gegenüber früher stark herabgesetzt. Daher können sich »schlechte Luft« und Schadstoffe anreichern. Lüften Sie täglich mehrmals (Fenster weit auf).
- Rauchen sollte in Ihrer Wohnung absolut vermieden werden, sowohl aktives als auch passives Rauchen verschlechtert das Asthma.

Asthma und Sport

Überblick

Das werden Sie in diesem Kapitel erfahren:
- Ist Sport bei Asthma erlaubt?
- Welche Sportarten sind geeignet?
- Trainingstips

Ist Sport erlaubt?

Sport und körperliche Bewegung sind für unser Wohlbefinden und unser seelisches Gleichgewicht wichtig. Dies gilt auch, wenn man unter Asthma leidet.

Asthma und Sport – kein Widerspruch

Prinzipiell gilt: **Asthma und Sport sind kein Widerspruch.** Es gab sogar Olympiasieger mit Asthma! Verstehen Sie das aber bitte nicht als Aufforderung zum Leistungssport, uns geht es hier um ein sinnvolles körperliches Fithalten. Richtig durchgeführt, kann regelmäßige sportliche Betätigung Teil eines guten »Asthmamanagements« sein. Dazu einige Vorbemerkungen:

- **Trainingsmangel verursacht Atemnot:** Wer sich infolge seiner Asthmaerkrankung über längere Zeit körperlich unzureichend betätigt, leidet bald unter einer zweiten Krankheit: Trainingsmangel. Eine typische Folge von Trainingsmangel ist Atemnot bei geringer Belastung. Damit haben Sie sozusagen zwei Sorten von Atemnot (»Asthma-Atemnot« und »Trainingsmangel-Atemnot«). Ein Teufelskreis, der gar nicht so selten ist. Eine regelmäßige körperliche Betätigung ist also gerade für den Asthmatiker erforderlich!
- **Anstrengungsasthma erschwert oft ein regelmäßiges körperliches Training:** Insbesondere bei asthmatischen Kindern führt körperliche Anstrengung oft zu Atemnot, typischerweise kurz nach der körperlichen Belastung. Diese verursacht (u. a. über die schnellere Atmung) also einen Asthmaanfall. Ob dies bei Ihnen der Fall ist, können Sie leicht durch eine Peak-Flow-Meter-Messung feststellen.

Körperliche Betätigung ist aber wichtig. Hier hilft *die vorherige* Anwendung eines kurzwirkenden bronchialerweiternden Dosieraerosols vom Typ Adrenalin (vgl. Seite 115). Hier sind insbesondere solche inhalierbaren Medikamente wirksam, die neben dem bronchialerweiternden Medikament vom Typ Adrenalin noch DNCG (vgl. Seite 114) enthalten (z.B. Aarane®, Allergospasmin®, Ditec® u.a.). Ein solches Dosieraerosol muß bei Sport oder anderen Anstrengungen immer dabei sein. Sprechen Sie ggf. mit Ihrem Arzt darüber!
Wichtig: Wenn irgend möglich, sollten Asthmakinder am normalen Schulsport teilnehmen. Andernfalls geraten sie leicht in eine Außenseiterrolle. Informieren Sie aber den Sportlehrer über die Krankheit und die notwendigen Maßnahmen. Gegebenenfalls hilft Ihnen hier auch ein ärztliches Attest.

- **Regelmäßiger Sport (z.B. Jogging) stabilisiert unser seelisches Gleichgewicht.** Alles, was unser seelisches Gleichgewicht stabilisiert, wirkt sich auch stabilisierend auf das Asthma aus.

Meine persönliche Zusammenfassung

Vor einer sportlichen Betätigung hat mir mein Arzt ______ Hübe des bronchialerweiternden Medikaments __________________ empfohlen.

Welche Sportarten sind zu empfehlen?

Ausdauersportarten mit einer gleichmäßigen Dauerbelastung sind günstiger als solche, die kurzfristige Leistungspitzen erfordern. Daraus ergibt sich schon, daß z.B. Gewichtheben oder Kurzstreckensprints keine guten Asthmasportarten darstellen. Auch vom Tauchen ist abzuraten. Hingegen gilt das Schwimmen als der ideale Asthmatikersport. Und: Natürlich werden Sie keine Sportart wählen, die Sie aus anderen Gründen nicht durchführen sollten, z.B. wegen einer Herzschwäche u.a. Geeignete Sportarten sind:

Geeignete Sportarten für Asthmatiker

Schwimmen, Wandern, (gemäßigtes) Jogging oder auch ganz einfach regelmäßiges Spazierengehen, Gymnastik, Radfahren (nicht aber Rennfahren oder Mountain-Biking) und Rudern.

Wichtigstes Prinzip

Es muß Ihnen Spaß machen, und es muß Ihnen gut tun. Pauschale Ratschläge taugen da nichts. Probieren Sie verschiedene Sportarten aus, entscheiden Sie sich für Ihr sportliches Programm, führen Sie dieses dann aber regelmäßig durch.

Der praktische Tip

Trainingstips

- Daß ein Pollenallergiker keine Waldläufe während der Pollensaison machen soll, versteht sich eigentlich von selber. Ähnliche Probleme ergeben sich bei Allergien auf Pilzsporen (vgl. Allergikertrainingsprogramm im Anhang).
- Vorsicht bei Nebel, kaltem Wetter oder Smogsituationen. Das ist für Sie kein richtiges Wetter zum Trainieren. Alternative: Sport in der Halle, Schwimmen in der Halle.
- Trainieren Sie nicht bei Atemnot. Überprüfen Sie ihren Zustand mittels Peak-Flow-Meter. Benutzen Sie ggf. vorher Ihr bronchialerweiterndes Medikament. Sind Sie doch einmal in Atemnot geraten: Pause, atemerleichternde Stellung, Lippenbremse.
- Atmen Sie durch die Nase ein und durch den Mund aus. (Nasenatmung erwärmt und filtert die Atemluft).
- Machen Sie ausreichend Pausen. Durch die richtige Kleidung beugen Sie auch Erkältungen vor (Umziehen nach Schwitzen, Vorsicht vor Nässe und Zug).
- Kein Sport bei Infekten!
- Bewußtes Aufwärmen (»keine Kaltstarts«) vor dem Sport ist insbesondere für Sie als Asthmatiker wichtig!
- Vor allem: Sport soll Spaß machen und das Wohlbefinden steigern, meiden Sie daher unnötigen Streß und falschen Ehrgeiz. Machen Sie Sport im Verein. Informieren Sie Ihren Trainer über Ihre Krankheit.
- Es gibt auch Asthmatiker-Sportgruppen von Patienten-Selbsthilfeverbänden. Adressen finden Sie im Anhang.
- Gegen einen Saunagang bei Asthma ist meist nichts einzuwenden, achten Sie aber darauf, ob Ihnen der »Aufguß« guttut, ggf. müssen Sie diesen auslassen (Husten oder Atemnot). Dampfbäder führen häufiger zu Hustenreiz, es ist davon abzuraten.

Anhang

Allergikertrainingsprogramm – der Fachklinik Bad Reichenhall

An der Klinik Bad Reichenhall gibt es für Allergiekranke ein richtiges »Allergikertraining«. Im ersten Kursteil lernt man, was eine Allergie eigentlich genau ist, wie man sie feststellt und welche Behandlungsmöglichkeiten es gibt. In einem zusätzlichen zweiten Teil dieser Kurse lernen die Patienten ganz praktisch, wie sie sich vor den Allergenen bestmöglichst schützen können. So gibt es z. B. spezielle Trainingsprogramme für Hausstaubmilbenallergiker und für Pollenallergiker. Eine schriftliche Kurzfassung dieses Trainingsprogramms bekommt jeder Patient in Form eines Kursheftes. Während des Kurses werden diese Informationen durch kurze Filme, Dias und vor allem durch praktische Übungen und durch Meinungsaustausch vertieft.
Im folgenden wird das Kursheft dieses Allergikertrainingsprogramms vorgestellt. Dies ist für alle diejenigen wichtig, die an einem allergischen Asthma leiden. Ist das bei Ihnen nicht der Fall, können Sie die nächsten Seiten überspringen.

Das Patiententrainingsprogramm für Allergiker der Fachklinik Bad Reichenhall

Fachklinik für Erkrankungen der Atmungsorgane und Allergien der LVA Niederbayern-Oberpfalz

Überblick

I. Grundlagenwissen »Atemwegsallergien«

- *Was ist Allergie?*
- *Wie entsteht eine Allergie?*
- *Verschiedene Formen von Allergien*
- *Ist Allergie erblich?*
- *Verändern sich Allergien?*
- *Was bedeutet das für mich und meine Familie?*
- *Warum muß eine Allergie erkannt werden?*
- *Warum muß eine Allergie behandelt werden?*
- *Wann und wie lange muß eine Allergie behandelt werden?*
- *Behandlungsschritte*
  - *1. Schritt: Allergenvermeidung*
  - *2. Schritt: Medikamentöse Therapie und / oder Hyposensibilisierung*
- *Berufswahl*

II. Trainingsprogramm für Hausstaubmilbenallergiker

- *Vorkommen und Lebensweise der Hausstaubmilben*
- *Möglichkeit der Milbenvermeidung bzw. der Milbenverminderung*
- *Was bewirkt Verminderung der Milbenzahl?*
- *Wie kann man die Milbenzahl messen?*
- *Acarex®-Test, praktische Übung*
- *Vorstellung verschiedener milbenundurchlässiger Bezüge mit praktischen Übungen. Kosten?*
- *Allergiker-Bett, was ist das?*
- *Schlafzimmersanierung (praktische Übungen)*
- *Staubsauger, Gerätekunde, Filtertypen, praktische Übungen*
- *Teppiche*
- *Acarosan® und andere chemische Antimilbenmittel*

III. Trainingsprogramm für Pollenallergiker (Asthma und »Heuschnupfen«)

- *Was sind eigentlich Pollen?*
- *Sind alle Pollen gefährlich?*
- *Wann und wo fliegen welche Pollen?*
- *Polleninformationsdienst*
- *Kann ich mich schützen? Wie?*
- *Allgemeinmaßnahmen*
- *Hyposensibilisierung*
- *Medikamentöse Therapie*
- *Urlaubsplanung*
- *Berufsplanung*

IV. Ergänzende Hinweise zu anderen Atemwegsallergien

- *Tierallergien*
- *Pilzsporenallergien, andere Allergien*
- *Besprechung individueller Probleme*

Grundlagenwissen »Atemwegsallergien«

- *Was ist Allergie?*
- *Wie entsteht eine Allergie?*
- *Verschiedene Formen von Allergien*
- *Ist Allergie erblich?*
- *Verändern sich Allergien?*
- *Was bedeutet das für mich und meine Familie?*
- *Warum muß eine Allergie erkannt werden?*
- *Warum muß eine Allergie behandelt werden?*
- *Wann und wie lange muß eine Allergie behandelt werden?*
- *Behandlungsschritte*
  - *1. Schritt: Allergenvermeidung*
  - *2. Schritt: Medikamentöse Therapie und/oder Hyposensibilisierung*
- *Berufswahl*

Was ist eine »Allergie der Atemwege«?

→ Atemwegsallergien entstehen infolge einer Fehlreaktion unseres Abwehrsystems bei der Auseinandersetzung des Körpers mit der Umwelt.

Wofür brauchen wir das Abwehrsystem und was läuft da schief?

- **Das Abwehrsystem** bekämpft normalerweise Infektionserreger, z. B. Bakterien. Dies geht mit Abwehrvorgängen einher, z. B. Fieber, Entzündung, Schwellung. Diese Abwehrreaktion ist lebenswichtig.
- **Bei einer Allergie** finden ebenfalls Abwehrvorgänge statt – aber jetzt gegen normalerweise harmlose Umweltstoffe, z. B. Blütenpollen oder Hausstaubmilben.

→ Diese »Abwehrreaktion« ist fehlgesteuert, überschießend und daher krankhaft.

- Das Abwehrsystem führt also eine Art **sinnlosen Abwehrkampf** gegen **harmlose Umweltstoffe.**
- Der Körper »wehrt sich unnötigerweise« mit einer **allergischen Entzündung.**

Diese Überempfindlichkeit gegen harmlose Umweltstoffe nennt man Allergie.

Wie entsteht die Atemwegsallergie?
Abwehrstoffe und Allergie

Ein wesentlicher Teil des körpereigenen Abwehrsystems (**Immunsystem**) beruht darauf, daß der Körper im Blut **Abwehrstoffe** bilden kann. Sie können schädliche Fremdstoffe im Körper erkennen und bekämpfen. Diese speziellen Abwehrstoffe im Blut heißen Antikörper.

→ Gegen jeden Fremdstoff, d. h. z. B. gegen jede Virusart, kann der Körper lernen, solch einen speziellen Abwehrstoff zu bilden. Dieser spezielle Antikörper schützt aber nur gegen eine spezielle Virussorte, so wie ein Schlüssel nur für ein Schloß paßt.

→ Wenn der Körper einmal gelernt hat, den passenden Abwehrstoff gegen eine Virusart zu bilden, dann besteht Immunität gegen diese Virusart. Das bedeutet: Diese Virusart wird durch das Abwehrsystem sofort erkannt und vernichtet, falls sie den Körper erneut angreift. Diese Virusart ist damit für uns unschädlich. Daher erkranken wir z.B. an Kinderkrankheiten in der Regel nur einmal (erworbenes Abwehrsystem).

Immunitätsentstehung:

- Erstkontakt = Krankheit (Bildung von »guten« Antikörpern)
- Zweitkontakt = Immunität (keine Krankheit, weil Krankheitsschutz durch Antikörper besteht)
  Normalerweise sind Antikörper also gut und wichtig. Ohne Antikörper könnten wir nicht leben, wir würden an banalen Erkältungskrankheiten sterben.
  Bei einer Allergie werden nun überschießend krankhafte (fehlgesteuerte) Abwehrstoffe (Antikörper) gegen an sich harmlose Umweltstoffe gebildet. Als Folge dieser fehlgesteuerten Abwehrreaktion kommt es zu einer Entzündung.
  Durch diese allergische Entzündung treten Krankheitszeichen auf, z.B. Niesen oder Asthma. Wenn solche entzündlichen Krankheitszeichen auf der beschriebenen Fehlsteuerung des Abwehrsystems beruhen, handelt es sich um eine Allergie.

→ Nicht jeder Juckreiz, jedes Niesen, jede Bronchienverengung ist also eine Allergie, sondern nur, wenn dies Folge einer Fehlregulation des Abwehrsystems ist (»also im Blut krankhafte Abwehrstoffe gebildet werden«).

Allergische Reaktion:

- Erstkontakt = unbemerkt (Bildung allergieauslösender Antikörper = Sensibilisierung)
- Zweitkontakt = Allergische Reaktion (krankhafte allergische Entzündung auf harmlose Umweltstoffe)

Was sind Allergene?

- Allergene sind Stoffe, gegen die ein Allergiker allergieauslösende Abwehrstoffe (Antikörper) bilden kann, d.h. gegen die er allergisch reagiert. Statt einer sinnvollen Infektionsabwehr (normale Antikörper) bewirken diese krankhaften Antikörper einen unnötigen Abwehrkampf gegen harmlose Umweltstoffe (Allergie).
- Dabei entstehen entzündungsähnliche Krankheitszeichen.
  (Heuschnupfen, Bronchienentzündung mit Asthma)
  Dieser »unnötige Krieg« wird gegen harmlose Umweltstoffe geführt.
  Solche Umweltstoffe werden Allergene genannt.
- Zwar gibt es fast nichts, auf das wir nicht allergisch reagieren könnten, aber manche Stoffe führen erfahrungsgemäß häufiger zu allergischen Reaktionen.
- *Stoffe, gegen die oft allergisch reagiert wird (wichtige Inhalationsallergene):*
  * *Tierhaare* * *Pollen*
  * *Hausstaubmilben* * *Pilzsporen* * *Nahrungsmittel*[12]

---

[12] Man kann zwischen Allergiestoffen unterscheiden, die eingeatmet werden (Inhalationsallergene), und solchen, die mit der Nahrung aufgenommen werden (Nahrungsmittelallergene). Für Atemwegsallergien sind die Inhalationsallergene sehr viel wichtiger als die Nahrungsmittelallergene (vgl. Kreuzallergien im Abschnitt Pollenallergie, vergl. S. 214).

Verschiedene Formen von Allergien

Allergie ist nicht gleich Allergie!

1. **Verschiedene Allergietypen**
2. **Verschiedene allergische Erkrankungen**

Es gibt verschiedene Typen der Allergieentstehung. Diese verschiedenen Allergietypen verursachen verschiedene allergische Krankheiten.
Für Sie am wichtigsten ist der Mechanismus der **Allergie vom Soforttyp.** Dieser Allergiemechanismus ist für verschiedene Krankheitsbilder verantwortlich:

- **Allergisches Asthma**
- **Allergische Bindehautentzündung**
- **Allergischer Fließschnupfen (Heuschnupfen)** u. a.
  Dieser Allergietyp wird über die Bildung von allergieauslösenden Abwehrstoffen im Blut (Antikörper) vermittelt. Treffen Allergiestoffe (Allergene) auf die Atemwegsschleimhäute, so bewirken diese Antikörper eine allergische Entzündung: Innerhalb kurzer Zeit (d.h. schon nach wenigen Augenblicken bis wenigen Minuten: »Soforttyp«) kommt es dadurch zu den Krankheitszeichen, also z. B. dem Asthmaanfall oder dem Heuschnupfen.
- **Zu diesem Allergietyp gehört Ihre Krankheit.**
  Sehr häufig ist auch ein anderer Allergiemechanismus, die Allergie vom Spättyp. Die häufigste Krankheit dieses Allergietyps ist das Kontaktekzem. Hier wird die Allergie über einen anderen Mechanismus vermittelt. Krankhafte Abwehrkörper spielen hier keine Rolle. Die Reaktionszeit ist deutlich länger (Tage). Solche Allergien werden meist vom Hautarzt behandelt.
  Es gibt noch andere Allergiemechanismen, diese werden hier jedoch jetzt nicht besprochen.

Wie können Medikamente dies verhindern?

Bei Allergikern mit einer Allergie vom Soforttyp hängen die allergieauslösenden Abwehrstoffe (Antikörper) an besonderen »Allergiezellen«. Diese heißen Mastzellen. Diese für die Allergieentstehung notwendigen Zellen befinden sich in den Schleimhäuten des Körpers, z.B. in der Bronchial- oder Nasenschleimhaut. Gelangt jetzt ein Allergen auf die Schleimhaut, kommt es zu einer Reaktion mit den allergieauslösenden Antikörpern, d. h., die Antikörper verkennen das Allergen als »Feindstoff« und »verkleben« mit ihm. Dabei »platzt« die Schleimhaut-Mastzelle, an welcher diese Antiköper (wie dichtgedrängte Antennen) hängen. Dadurch werden verschiedene **Entzündungsbotenstoffe** frei. Die Mastzelle ist sozusagen das »Munitionsdepot der Allergie vom Soforttyp«. Der bekannteste Entzündungsbotenstoff ist das **Histamin.** Es gibt aber noch viele andere solcher Botenstoffe bei einer allergischen Reaktion. Sie alle bewirken eine **allergische Entzündung.** Diese Entzündung ist für die Krankheitszeichen von Asthma oder Heuschnupfen verantwortlich.
Allergie ist eine Entzündung infolge einer Fehlsteuerung unseres Abwehrsystems.
Das Ganze noch mal vereinfacht als Bild: Ein fehlerhaftes Radar meldet einen vermeintlichen feindlichen Raketenangriff (krankhafte Antikörper). Daher werden die eigenen Raketen alarmiert und abgeschossen. (Mastzellen platzen und Entzündungsbotenstoffe werden frei.) Und alles z. B. wegen ein paar Luftballons! Die Blütenpollen wollten Ihnen ja gar nichts tun.

Hier setzen die **Antiallergie-Medikamente** an:

- **Mastzell-Schützer** (verhindern teilweise das Platzen der Allergiezellen, die die Entzündungsbotenstoffe enthalten)
- **Antihistaminika** (verhindern teilweise die Wirkung der Entzündungsbotenstoffe)
- **Entzündungshemmende Medikamente** (verhindern die allergisch verursachte Entzündung)

Alle diese Medikamente verhindern also leider nicht die Ursache der Allergie (Bildung von Antikörpern gegen harmlose Umweltstoffe), wohl aber die allergische Entzündung. Und diese Entzündung ist für die Krankheitszeichen und für die Spätfolgen einer allergischen Erkrankung verantwortlich. Daher ist oft eine medikamentöse Behandlung dieser allergischen Entzündung erforderlich. Läßt man die Medikamente weg, so geht die allergische Entzündung weiter und führt zu dauerhaften Schäden z. B. an den Bronchien.

Folge: Verselbständigung und Chronischwerden der ursprünglich allergischen Erkrankung, z. B. Asthma auch bei Nebel, Kälte oder anderen Reizstoffen. Die Krankheit gewinnt also neben der allergischen zusätzlich eine nicht-allergische Komponente.

Fazit: Antiallergische Medikamente müssen so lange eingenommen werden, wie Allergene vorhanden sind.

- Keine Krankheitszeichen = Medikamentenwirkung
- Weglassen der Medikamente = Weiterbestehen der allergischen Entzündung
  = dauerhafte Organschäden
  = Verselbständigung einer ursprünglich allergischen Krankheit

Die einzelnen Allergiemedikamente werden noch ausführlich besprochen (S. 203).

Verändern sich Allergien?

Allergie ist eine Fehlsteuerung des körpereigenen Abwehrsystems. Wer mit einem solchen »Systemfehler« (Allergie) auf **einen** Umweltstoff reagiert, reagiert mit der Zeit oft auch auf **andere** Umweltstoffe allergisch. Dadurch kann die Anzahl der Stoffe, auf die man allergisch reagiert, immer umfangreicher werden.

- Dies nennt man **Verbreiterung des Allergenspektrums.**

Auf der anderen Seite kann sich auch der Krankheitsschauplatz ändern: So kann z. B. zu Heuschnupfen (allergische Entzündung der oberen Atemwege) zusätzlich Asthma (allergische Entzündung der tiefen Atemwege) hinzukommen.

Das geschieht häufig! Nach 10 Jahren entwickelt sich fast bei jedem vierten Heuschnupfenpatient ein allergisches Pollenasthma!

- Dies nennt man **Etagenwechsel.**

Durch rechtzeitige und regelmäßige Behandlung versucht man

- **Verbreiterung des Allergenspektrums**
- **Etagenwechsel**

zu vermeiden. Dies gelingt keinesfalls immer – aber sollte immer versucht werden.

Merke: Allergien müssen frühzeitig erkannt und behandelt werden, um eine Verschlechterung zu verhindern!

Allergien verändern sich - was bedeutet das für mich?

1. Verbreiterung des Allergenspektrums
Ein Allergiker ist vermehrt gefährdet, gegen weitere Stoffe allergisch zu reagieren. Nun gibt es Umweltstoffe, auf die besonders leicht allergisch reagiert wird. Dazu gehören z.B. **Tierhaare, Hausstaubmilben** und verschiedene **Pollen.**

→ Deshalb sollte z.B. ein Hausstaubmilbenallergiker keine Tiere im Haus halten. Die Gefahr, daß er sich »eine zusätzliche Allergie zuzieht«, ist groß. Aus dem gleichen Grunde sollte einem Kind, das auf Katzen allergisch ist, kein Goldhamster als »Trost« geschenkt werden.
→ Allergiker sollen also Stoffe vermeiden, die bekanntermaßen leicht Allergien verursachen, selbst wenn sie dagegen (noch) nicht allergisch sind.

2. Etagenwechsel
Ein nicht behandelter Heuschnupfen kann zu einem Asthma werden. Um dies zu verhindern, ist frühzeitig die richtige Diagnose und dann die richtige und regelmäßige Therapie erforderlich. Dies gelingt keinesfalls immer, aber nach den vorliegenden Kenntnissen zumindest bei einem Teil der richtig behandelten Patienten.

Ist eine Allergie erblich? Kann man vorbeugen?

Etwa zwei Drittel der Patienten mit allergischen Erkrankungen sind familiär mit anderen allergischen Erkrankungen belastet, sprich Verwandte sind ebenfalls Allergiker.
Aber Allergie wird nicht ausschließlich vererbt. Dies lehrt uns die Zwillingsforschung. Bei eineiigen Zwillingen (völlig gleiche Erbanlage) findet sich in bis zu 75 % eine Allergie bei beiden Geschwistern – aber eben nicht in 100 %. Bei zweieiigen Zwillingen (Geschwistern mit verschiedenen Erbanlagen) ist dies viel seltener der Fall.
Die Veranlagung zur Allergie scheint also vererbbar, ob aber die Krankheit ausbricht, hängt von vielen anderen Faktoren ab. Ein solcher Faktor ist z.B. das vermehrte Vorhandensein von allergisierenden Stoffen wie Hausstaubmilben oder Haustieren.

→ *Kinder von Allergikern sollten beispielsweise auf keinen Fall Haustiere halten.*
→ *Auch sollten sie vor der Berufswahl mit einem Allergologen sprechen.*
→ PS: Auch das Rauchen der Eltern erhöht das Risiko der Kinder, eine Allergie zu entwickeln!

Berufsplanung

Für Allergiker gilt: Sie sind gefährdet, gegen weitere Stoffe eine Allergie zu entwickeln.

→ **Sie und ihre Kinder sollten daher Berufe meiden, die oft zu Allergien führen.** Solche Berufe sind z.B.:
- Bäcker
- Friseur
- Floristin
- Tierpfleger/Tierarzt u.a.

→ Vor der Berufswahl sollten Sie sich von einem allergologisch erfahrenen Arzt beraten lassen.

Wie stellt man eine Allergie fest?

→ Das Wichtigste bei der Allergiediagnostik ist die Befragung durch den erfahrenen Arzt. Aber ohne Ihre Mithilfe geht das nicht!

- Beobachtung des Patienten
  - Symptomkalender
  - Peak-Flow-Protokoll
- Befragung durch den Arzt
  - Familienvorgeschichte
  - Arzt als Detektiv
- Hauttest und Blutuntersuchungen
  - Dadurch werden die allergieauslösenden Abwehrstoffe (Antikörper) im Blut oder in der Haut nachgewiesen.
  - Diese Tests sagen aber zunächst nichts darüber aus, ob z. B. das Asthma wirklich durch diese Antikörper verursacht wird. Denn manchmal liegt nur eine allergische Reaktion an der Haut, nicht aber an den Bronchien oder der Nase vor!
  - **Die Hauttestung alleine ist vielfach keine ausreichende Allergiediagnostik!**
- Provokationstest
  - Aufbringen des Allergens auf die Schleimhaut der Nase oder der Atemwege.
  - Letztlich beweist nur der Nasen-Allergietest die Allergie an der Nase, der Bronchien-Allergietest die allergische Entstehungsursache des Asthmas! Ob eine solche Untersuchung bei Ihnen erforderlich ist, muß der Allergologe (Allergiespezialist) im Einzelfall entscheiden.
  - Allergiespezialisten gibt es für die Haut (Hautarzt), für die Nase (HNO-Arzt) und für die oberen und unteren Atemwege (Lungenarzt). Wählen Sie den Richtigen!

Stufentherapie bei Allergien

Voraussetzung: Sichere Diagnose
1. Schritt: Allergenvermeidung (= Allergenkarenz)
2. Schritt: Ergänzende medikamentöse Therapie
Zusätzlich zu prüfen ist, ob eine **Hyposensibilisierung** angezeigt ist.

Hyposensibilisierung
Spritzenkur

- Langwierig, aufwendig und nicht unumstritten
- Komplikationen möglich
- nur am Krankheitsbeginn erfolgreich
- nur wenn Allergenvermeidung nicht möglich ist
- nur wenn eine Allergie gegen nur wenige Allergene vorliegt
- nur bei gesicherter Diagnose (d. h., unter Umständen ist eine spezielle Provokationstestung zur sicheren Diagnosefindung erforderlich, das ist Sache des Spezialisten)
- am besten bei Heuschnupfen
- deutlich weniger wirksam bei Milbenasthma (Voraussetzung: gesicherte Diagnose = pos. spez. Provokationstest)

- bei Tierhaarallergie meist nicht angezeigt
- angezeigt z. B. bei einer Insektengiftallergie (z. B. Wespenstich)

Keine Hyposensibilisierung und keine Allergiediagnostik während der Schwangerschaft!
In der Regel keine Hyposensibilisierung über 40 Jahre.
Eine solche Behandlung – beim richtigen Patienten zur richtigen Zeit – kann für den Kranken sehr segensreich sein. Aber es ist keine Wundertherapie für alle. Die Behandlung erfordert seitens des Arztes spezielle Erfahrung. Lassen Sie sich sorgfältig beraten! Keine Allergiediagnostik oder -therapie zwischen Tür und Angel.

Medikamente

1. »Allergie = Zellen = Schützer« (Mastzellschützer)

Hemmen die **Freisetzung von Entzündungsbotenstoffen** aus den »Allergiezellen« (Mastzellen).

- Medikamente vom **Typ der Cromoglycinsäure** (bzw. Nedocromil)
- → Die Anwendung erfolgt dort, wo die allergische Entzündung stattfindet.
- → Die Anwendung erfolgt vor und während der Zeit, in der die Allergene vorhanden sind.
- Wirken nur gut bei regelmäßiger, drei- bis viermal täglicher Anwendung. Volle Wirkung oft erst nach einigen Tagen.

Nase – **Nasentropfen/-spray** bei allerg. Schnupfen
vor und während der Allergenkontaktzeit
z. B. Allergocrom® Nasenspray, duracroman® Nasenspray, Intal® nasal, Vividrin® Nasenspray gegen Heuschnupfen, Lomupren® Nasenspray, Irtan® Nasenspray u. a.

Auge – **Augentropfen** bei allergischer Bindehautentzündung
vor und während der Allergenkontaktzeit
z. B. Opticrom® Augentropfen, Allergocrom® Augentropfen, Crom-Ophtal®, Duracroman® Augentropfen, Irtan® Augentropfen u. a.

Bronchien – **Inhalieren** bei Asthma bronchiale
z. B. Intal®
(Bestandteil in Aarane/Allergospasmin/Ditec®)
Tilade® u. v. a.

- Nebenwirkungen: Bei diesen Medikamenten sind keine bedeutsamen Nebenwirkungen zu befürchten.

2. Antihistaminika

Hemmen die Histaminwirkung.
- → Spielen in der Asthmatherapie keine wesentliche Rolle.
- → Wirken gut bei allergisch bedingtem Juckreiz/Hautausschlägen.
- → Werden oft erfolgreich bei Heuschnupfen angewendet.
  - **Tabletten**
    z. B. Allergodil®, Lisino®, Zyrtec® u. v. a.
- Nebenwirkung: »Ältere Präparate« verursachen Müdigkeit – Achtung: Verkehrstüchtigkeit!
  - Gegenanzeige: nicht bei Kleinkindern (vgl. Packungshinweise).

- **Augentropfen**
- **Nasentropfen**
  z. B. Livocab®, Allergodil® Nasenspray

→ Antihistaminika als Nasen- oder Augentropfen wirken rascher als die Mastzellschützer.

3. Kortison

Hemmt die allergische Entzündung über verschiedene Wege und ist das stärkste antiallergische Medikament. Durch Kortison wird die Allergie nicht verhindert – wohl aber die durch die Allergie verursachte Entzündung. Dadurch kann der Verschlechterung des Asthmas entgegengewirkt werden.

- **Nase** z. B. allergischer Schnupfen
  Pulmicort topinasal®, Beconase Aquosum®, Beclorhionol®, Syntaris®
- **Bronchien** z. B. Asthma
  Sanasthmax®, Pulmicort®, Inhacort®, Flutide®, Atemur®
  oder als Tabletten (z. B. Urbason®, Decortin H®, Ultralan® u. v. a.)

Was ist besser: Meiden der Allergene (= Allergenkarenz[13]) oder Medikamenteneinnahme?

Der **erste Schritt** bei der Behandlung einer Allergie ist immer die **Allergenkarenz.** Bei Hausstaubmilben und Pollenallergien ist dies aber meist nicht vollständig möglich. Das bedeutet, daß die Allergie meist trotz aller Karenzmaßnahmen weiterbesteht:

→ **Chronische Schleimhautentzündung**
→ dauernd verlegte Nasenatmung
→ ständige Dauerentzündung der Bronchialschleimhaut
Folge: Es drohen Etagenwechsel oder Verselbständigung!

- Aus diesem Grunde ist es oft erforderlich, zusätzlich eine medikamentöse Dauertherapie der Allergie durchzuführen.

→ Insbesondere beim **Heuschnupfen** reichen hier oft die Antiallergiemedikamente vom Typ Mastzellschützer oder Antihistaminika. Insbesondere wenn mit diesen Medikamenten bereits vor der Pollensaison begonnen wird.
→ Beim **Asthma** ist meist aber eine Behandlung mit einem Kortisonspray oder -pulver erforderlich. Bei einer Pollenallergie mit Asthma reicht es oft, dies nur vor und während der Pollenzeit zu tun, bei einem Hausstaubmilbenasthma ist eine ganzjährige Medikamententherapie erforderlich.
→ Dadurch wird die Allergie zwar nicht beseitigt, aber die allergische Entzündung verhindert oder abgeschwächt. Dadurch lassen sich Verselbständigung und Spätschäden oft vermeiden.

Wie lange muß diese medikamentöse Therapie durchgeführt werden?
→ So lange, wie die Allergie vorhanden ist, d. h. oft lebenslang.

---

[13] Karenz = Vermeidung. Allergenkarenz = Vermeidung von Allergiestoffen

Allgemeine und besondere Schutzmaßnahmen bei einer Atemwegsallergie

Theoretisch kann eine Allergie, z. B. ein allergisches Asthma, durch das Meiden der Allergiestoffe (Allergene) geheilt werden. Daher muß eine Allergie auch unbedingt rechtzeitig erkannt werden. Leider ist das in der Praxis oft viel schwieriger als allgemein angenommen.
Wichtig ist aber, daß nicht nur eine **Allergenkarenz** (Karenz = Vermeiden schädlicher oder allergisierender Stoffe, Allergenkarenz = Meiden der Allergiestoffe) durchgeführt wird, sondern eine **umfassende Vermeidung** von Schad-/Reiz- **und** der individuellen Allergiestoffe erfolgt.

1. **Meiden der Allergiestoffe**
2. **Meiden allgemeiner Atemwegsreizstoffe: Rauchen, Bratendunst, starkes Parfüm, Umweltschadstoffe, Berufsschadstoffe.**

Trainingsprogramm für Hausstaubmilbenallergiker

• *Vorkommen/Lebensweise der Hausstaubmilben*	
• *Möglichkeit der Milbenvermeidung*	
• *Möglichkeiten der Milbenverminderung*	was bewirkt Verminderung der Milbenzahl? wie kann man die Milbenzahl messen?
• *Acarex®-Test, praktische Übung*	
• *Allergiker-Bett*	was ist das? wo bekommt man das? was kostet das?
• *Milbenundurchlässige Bettbezüge*	Vorstellung verschiedener milbenundurchlässiger Bezüge praktische Übungen Kosten?
• *Schlafzimmersanierung*	praktische Übungen
• *Staubsauger*	Gerätekunde Filtertypen praktische Übungen
• *Teppiche*	
• *Acarosan®*	

Was sind eigentlich Hausstaubmilben?

Hausstaubmilben sind winzige (0,3 mm) spinnenartige Tiere (Insekten), die mit dem bloßen Auge nicht zu sehen sind. Sie leben von Hautschuppen. Sie sind vor allem dort zu finden, wo es Hautschuppen und Textilien gibt: in Matratzen, Teppichen, Kissen und Polstermöbeln. Überall wo Menschen – aber auch Tiere – leben.

→ **Lieblingsort ist das Schlafzimmer und hier besonders die Matratze und das Federbett.**

Normalerweise sind Hausstaubmilben völlig ungefährlich, meiden Licht und Menschen und übertragen auch keine Krankheiten. Sie werden erst bei einer Allergie bemerkt.

Hausstaubmilben kommen weltweit vor, und ihr Vorkommen hat nichts mit mangelnder Sauberkeit zu tun.

Sie lieben es warm und feucht, vermehren sich daher von Mai bis Oktober. Zwar sterben die meisten Milben während der Heizungsperiode ab (trocken), da die **eigentliche Allergieursache** aber ein Allergen im **Kot** der Milben ist, bleibt die Allergie auch im Winter bestehen. In kalten Zonen und im Hochgebirge (ab ca. 1500 m) können Hausstaubmilben nicht leben, diese Regionen sind oft milbenfrei.

Milben kommen in jeder Wohnung vor. Die Milbenzahl ist aber in verschiedenen Wohnungen sehr unterschiedlich. Für eine allergische Reaktion ist eine Mindestkonzentration an Milben erforderlich. Die Milbendichte kann mittels **Acarex**®-Test festgestellt werden.

Je mehr Milben vorhanden sind,

- desto größer wird die Gefahr einer Milbenallergie,
- desto schlimmer wird die Krankheit (wenn schon eine Allergie besteht).

→ Wichtigste Maßnahme zur Krankheitsverhinderung und zur Krankheitsbehandlung ist daher die Verringerung der Milbenzahl.

Wie häufig ist die Hausstaubmilbenallergie?

Genaue Zahlen fehlen, geschätzt wird die Häufigkeit auf 5%, d.h., jeder zwanzigste Mensch kann auf Hausstaubmilben allergisch reagieren.

Bei jugendlichen Asthmatikern wird die Häufigkeit auf bis zu 50% geschätzt. Die Hausstaubmilbenallergie ist also häufig!

Möglichkeiten der Milbenzahlverringerung[14]

1. Abschaffen von Milbenbrutstätten
2. Absaugen
3. Umhüllen
4. Lüften (Luftfeuchtigkeit/Temperatur)
5. Waschen – Erhitzen
6. Chemische Milbenabtötung

1. Abschaffen der Milbenwohnstätten:

... soweit möglich, zumindest im Schlafzimmer:

- Abschaffen von alten Matratzen[15], Bettdecken und Kopfkissen
- Verbannen von Staubfängern (alte Polstermöbel[16], dicke Wolldecken, Bettvorleger)
- Teppiche (wischbarer Boden)
- Textiltapeten

[14] Diese Punkte werden im Kurs ausführlicher besprochen und praktisch eingeübt!

[15] Vgl. Einhüllen der Matratze mit milbenundurchlässigen Bezügen. Auch eine neue Matratze ist rasch erneut milbenbesiedelt.

[16] Gut sind z.B. Polstermöbel mit glattem Lederzeug (kein Wildleder!).

2. Staubsaugen[16]

→ Ist nur sehr bedingt wirksam und für den Hausstaubmilbenallergiker keinesfalls unbedenklich!
→ eine Minute pro m^2 Teppich ist weitgehend wirkungslos. Theoretisch müßte man zwei Stunden pro m^2 staubsaugen, um die Milben weitgehend zu entfernen. (Die Milben halten sich in der Tiefe des Teppichs fest.)
• Nur moderne Staubsauger mit Mikrofilter verwenden, sonst werden die Milben nur in der Raumluft verteilt! Filtertüten nicht wiederverwenden! Feinstaubfilter oft wechseln!
• Staubsaugen/Filterwechsel/Filtertütenwechsel möglichst nicht durch den Allergiker selber!
Fenster auf beim Saugen, evtl. Staubmaske!

3. Umhüllen

• Durch Umhüllen von Matratze und Kissen/Bettdecke mit einem milbenundurchlässigen Überzug kann die Milbenbelastung deutlich reduziert werden. Solche Überzüge sind in jedem Sanitätshaus erhältlich. Bei gesicherter Hausstaubmilbenallergie wird ein Teil des Kaufpreises von der Krankenkasse ersetzt (Attest vom Arzt).
• Dies ist die **wirkungsvollste Schutzmaßnahme!**

4. Lüften (Luftfeuchtigkeit und Temperatur)

• bewirkt eine niedrigere Luftfeuchtigkeit. Die Milben sind sehr empfindlich gegen trockene Luft.
• Regelmäßiges Lüften von Zimmer und Betten verringert die Milbenzahl.
• Aus diesem Grunde sind Luftbefeuchter und Pflanzen (Feuchtigkeitsabgabe) im Schlafzimmer von Milbenallergikern schädlich.
→ Milben mögen es warm und feucht – halten Sie Ihr Schlafzimmer daher kühl (max. 18°C) und trocken (ca. 50% Luftfeuchtigkeit)! Für die restliche Wohnung werden konstante 20°C empfohlen.

5. Waschen – Erhitzen

→ Milben überleben Temperaturen über 60°C nicht. Regelmäßiges Waschen von Bettdecken und Bettwäsche reduziert die Milbenzahl. Waschen Sie Ihre Bettwäsche häufig bei über 60°C. Das ist der Sinn von »Allergikerbettdecken« – sie (synthetisches Material) sind waschbar! Ohne regelmäßiges Waschen sind auch sie milbenbewohnt.
→ Für Textilien, die nur bis 30°C waschbar sind gibt es spezielle Waschzusätze (z. B. Con-ex®).
→ Kuscheltiere können im Backofen (Brandgefahr!) oder in der Tiefkühltruhe »saniert« werden. Alternative: Waschen über 60°C.

6. Chemische Anti-Milben-Mittel (u. a. Acarosan®)

• Lösen alleine das Problem nicht – weil der Milbenkot dadurch nicht beseitigt wird.
→ Sind teuer und müssen regelmäßig (6 Monate) wiederholt werden.
→ Umstritten und weniger wirksam als ursprünglich gehofft.

Warum nutzt das Abtöten der Hausstaubmilben dem Allergiker zunächst nichts?

Nicht die Hausstaubmilbe selber, sondern ihr Kot ist für die allergischen Reaktionen verantwortlich. Die Kotballen der Hausstaubmilben enthalten das wichtigste Allergen. Diese Kotballen verursachen allergische Symptome auch dann noch, wenn die Hausstaubmilbe selber abgestorben ist. Die Kotballen werden durch mechanische Einflüsse zu Feinstaub. Der Feinstaub wird immer wieder aufgewirbelt und gelangt leicht in die Atemluft.
Daher sind die Krankheitszeichen bei einer Hausstaubmilbenallergie ganzjährig vorhanden.

Wo ist die Wohnungssanierung am wichtigsten? – Im Schlafzimmer!

Der **Schwerpunkt** der **Hausstaubmilbensanierung** liegt im **Schlafzimmer.** Einerseits, weil wir dort ein Drittel des Tages und des Lebens verbringen, andererseits, weil dort die Milbenkonzentration am höchsten ist.

Allgemeinmaßnahmen
Die **Menge an Hautschuppen** (Milbennahrung) muß möglichst gering gehalten werden:

- Bettwäsche mindestens wöchentlich wechseln und möglichst kochen
- jede Woche die Matratze mit dem Staubsauger absaugen
- Kopfkissen und Bettdecken aus Schaumstoff sind waschbar
- nicht im Schlafzimmer kämmen oder bürsten
- nicht mit nassen Haaren ins Bett
- Hautpflege (Verhindern von trockener Haut mit Schuppenbildung)
- Kleider im geschlossenen Kleiderschrank aufbewahren
- keine Tiere ins Schlafzimmer
- im Schlafzimmer kein Teppich, keine Polstermöbel

Die **Luftfeuchtigkeit im Schlafzimmer** soll niedrig sein,

- d.h. keine Befeuchter, keine Pflanzen, keine Hydrokulturen
- Zimmer stets gut lüften
- keine Wohnschlafzimmer

Die **Temperatur im Schlafzimmer** sollte 18° C nicht überschreiten (Milben lieben 20–30° C)

- d.h. ausreichend lüften.

Die wirkungsvollste Maßnahme sind aber die milbenundurchlässigen Betthüllen (Matratze, Kissen, Bettdecke, auch beim Partner!)

Acarex®-Test

Wie kann ich feststellen, ob und wo meine Wohnung milbenbefallen ist?
- Die Höhe und Verteilung der Milbenbelastung ist in jedem Haushalt unterschiedlich. Eine zielgerichtete Sanierung erfordert Kenntnisse darüber, wo sich die meisten Milben aufhalten.
- Die Milbendichte kann mit dem **Acarex®-Test** bestimmt werden. Der Test mißt ein Ausscheidungsprodukt der Hausstaubmilben und schließt so auf die Milbenkonzentration (soll nicht vom Allergiker selbst durchgeführt werden).
- Rot = viele Milben.

Nutzt Lüften gegen Hausstaubmilben?

Hausstaubmilben bestehen zu 75 % aus Wasser. Sie regeln ihren Wasserhaushalt über die Körperoberfläche, und hier liegt ihr wunder Punkt: Ist die Luftfeuchtigkeit zu niedrig, sterben die Milben oder können sich zumindest nicht fortpflanzen[17]. Deshalb:
- regelmäßig lüften
- kein Luftbefeuchter
- keine Pflanzen

Allergiker-Bett – gibt's das?

Das Bett ist der bevorzugte Aufenthaltsort für Milben. 60 %, d. h. mehr als die Hälfte aller in Wohnungen gefundenen Hausstaubmilben, befinden sich im Bett. Ihr Vorkommen ist jedoch nicht vom Material, aus dem Matratze, Bettdecke und Kopfkissen gefertigt wurden, abhängig. Auch »Kunststoffbetten« (Matratzen oder Bettdecken aus Synthetikmaterial) sind daher nicht milbenfrei. Weil man diese aber regelmäßig kochen kann, kann man sie milbenfrei halten.

→ **Merke: »Synthetikbetten« sind nur dann »Allergikerbetten«, wenn man diese regelmäßig (bei mehr als 60° C) wäscht.**

- Weit praktikabler sind die milbenundurchlässigen Bettbezüge!

Reisen

Vorsicht, Hausstaubmilbenallergiker: Ihr Hotelzimmer ist wahrscheinlich nicht milbensaniert. Nehmen Sie Ihre Bettwäsche bzw. Ihre »Milbenüberzüge« mit. Denken Sie daran:
- wenig Milben gibt es z. B. im Hochgebirge
- wenig Milben gibt es auch im trockenen Mittelmeerklima
- viele Milben sind immer da, wo es feucht und warm ist.

---

[17] Aus diesem Grunde sollen Fußbodenheizungen für Milbenallergiker besonders geeignet sein.

Trainingsprogramm für Pollenallergiker

»Heuschnupfen« und Asthma

- *Was sind eigentlich Pollen?*
- *Sind alle Pollen gefährlich?*
- *Wann und wo fliegen welche Pollen?*
- *Polleninformationsdienst*
- *Kann ich mich schützen? Wie?*
- *Allgemeinmaßnahmen*
- *Hyposensibilisierung*
- *Medikamentöse Therapie*
- *Urlaubsplanung*
- *Berufsplanung*

Was sind eigentlich Pollen?

Pollen (Blütenstaub) sind die Samenzellen (männliches Erbgut) von Pflanzen. Die Pollen sind also winzig kleine Zellen, die in den Staubbeuteln der Blüte gebildet werden, von wo sie sich nach der Öffnung der Staubbeutel verbreiten. Pollen »fliegen« mit der Luft viele hundert Kilometer weit und mehrere tausend Meter hoch. Diese Art der Besamung nennt man Windbestäubung. Dies ist aber nicht bei allen Pollen der Fall.
Pollen werden entweder mit dem **Wind** oder durch **Insekten (Insektenbestäubung)** auf andere Pflanzen übertragen.

- Nur die Pollen von windbestäubenden Pflanzen fliegen weit durch die Luft.
- Für Allergien der Atemwege sind daher vor allem die windbestäubenden Pflanzen wichtig.

Was ist eigentlich Heuschnupfen?
Was hat dies mit Asthma zu tun?

Für die allergische Schleimhautreaktion von Nase und Augen auf Pollen gibt es verschiedene Namen: **Heuschnupfen, Heufieber, Pollinose oder saisonale Rhinokonjunktivitis.**
Dabei ist es aber fast nie das Heu, auf das der »Heuschnupfenkranke« reagiert, sondern es sind die Pollen der blühenden Gräser.
Keineswegs spielen aber nur **Gräser** eine Rolle, wichtig sind auch die Pollen von Bäumen und Kräutern. Da aber die Allergie auf Gräserpollen am häufigsten ist, hat sich der Name Heuschnupfen für allergische Erkrankungen der oberen Atemwege fest eingebürgert. Genauso logisch wäre der Name »Kräuter- oder Baumschnupfen«. Besser reden wir von **der allergisch bedingten Schleimhautentzündung der Augen- (= Konjunktivitis) und Nasenschleimhäute (= Rhinitis).**
Die Ärzte sprechen von der **allergischen Rhinokonjunktivitis** auf Gräser-, Baum- oder Kräuterpollen.

→ Auch **Hausstaubmilben und Schimmelpilze oder Tierhaare** können so eine Schleimhautentzündung (Nasen-, Augen-, Bronchialschleimhaut) verursachen.

Heuschnupfen und Asthma

→ Sind von der Allergie nur die Nasen- und Augenschleimhaut betroffen, so führt dies zu allergischem **Schnupfen und Augenreizung.**
→ Greift die allergische Entzündung von den oberen Atemwegen auf die Bronchien über, dann entsteht **Asthma (Etagenwechsel).** Das ist leider nicht selten (25 %).

Sind Pollenallergien häufig? Sind Pollenallergien wichtig für die Asthmaentstehung? Wer erkrankt an einer Pollenallergie?

- Fast die Hälfte der allergischen Krankheitszeichen an den Atemwegen werden durch Pollen ausgelöst.
- Mindestens jeder zehnte Deutsche hat Heuschnupfen – also in der Regel eine Pollenallergie.

→ Pollenallergien kommen bei **Kindern und Jugendlichen** häufiger als bei Älteren vor.

Pollen sind wir alle ausgesetzt, aber nur jeder Zehnte entwickelt eine Pollenallergie. Warum? Unter anderem, weil die Anlage dazu vererbt wird. Erst Veranlagung + Allergenexposition verursachen die Allergiekrankheit.

→ Sind die Eltern nicht allergisch, ist das Risiko einer Pollenallergie für ein Kind ca. 10 %,
→ es beträgt ca. 40 %, wenn ein Elternteil bereits Pollenallergiker ist,
→ und steigt bis auf 80 %, wenn beide Elternteile Allergien haben.

Sind alle Pflanzen für mich gefährlich? – Nein!

- Die durch Insekten befruchteten Pflanzen haben meist bunte Blätter. Typisches Beispiel sind die Blumen. Ihre Pollen sind sehr schwer und klebrig. Sie fallen praktisch nur von den Pflanzen herab, d. h., sie fliegen nicht! Außerdem produzieren die insektenbestäubten Pflanzen viel weniger und vor allem schwerere Pollenkörnchen. Diese kleben an den Insektenbeinchen. Zwar gibt es auch Allergien gegen insektenbestäubte Arten, dies aber nur bei sehr engem Kontakt (Gärtner, Floristinnen). »Blumenallergien« sind also sehr selten, Schnittblumen sind für klassischen Pollenallergiker in der Regel keine Gefahr.

→ Für Pollenallergiker sind also nicht die Blumen die gefährlichen Pflanzen, sondern die **grünen windbestäubenden Pflanzen.**

- Diese geben sehr große Pollenmengen in die Luft ab. Wenige Pollen reichen für einen Asthmaanfall aus – und eine Roggenähre enthält 4 Mio Pollen, denken Sie mal an ein Roggenfeld.

Wie weit können Pollen fliegen? Warum gibt's auf Helgoland keine Pollen? Gibt es auf dem Watzmann Pollen?

- Pollen können mehrere tausend Meter hochsteigen und fliegen bis zu mehreren hundert Kilometern weit. Aus diesem Grund kann es auch mal Pollen in Helgoland geben, wegen des Seewindes ist dies aber seltener.
- Zwar können Pollen sehr hoch fliegen, erst ab 5000 m ist die Luft völlig pollenfrei, im **Hochgebirgsklima** gibt es aber viel weniger Pollen als im Flachland. Daher bessern sich dort auch viele allergische Erkrankungen.

→ Andererseits: Im **Bergland** blühen die Pflanzen später, d.h., die Pollen fliegen später. Wer also nach der Pollensaison z.B. im Flachland ins Mittelgebirge in den Urlaub fährt, erlebt dort die Pollensaison ein zweites Mal.

Welche Pflanzen verursachen Atemwegsallergien?

In Deutschland können einige 100 Pflanzenarten Allergien auslösen. Es handelt sich meist um windbestäubende Pflanzen. Von diesen sind aber in der Praxis nur etwa 12 wirklich wichtig.
Häufig allergieauslösend sind:

- früh im Jahr die Pollen der **frühblühenden Bäume** (oft ab Januar) → **Frühjahrspollinose**
- im späten Frühjahr und im Sommer die **Gräser und Roggenpollen** → **Frühsommerpollinose**
- **Pollen von Kräutern** → **Spätsommerpollinose**

Welche Pollen sind für Pollenallergiker wichtig? Wann fliegen welche Pollen?

- Die wichtigsten »Allergiepollen« in Deutschland sind die **Gräser.**
  Interessanterweise ist für den Allergologen der Roggen das wichtigste Gras. Wer auf eine Graspollenart allergisch ist, ist es meist auch auf die anderen. Dies nennt man Kreuzallergie.
  - Gräser blühen meist vom späten Frühjahr bis in den Sommer hinein. (Meist von Mai bis Juli.)
  - Dies ist aber regional sehr unterschiedlich. So blühen die Gräser im Bergland und in Norddeutschland oft deutlich später als beispielsweise in der Rheinebene oder am Bodensee.
- Auch **Baumpollen** sind für viele Allergien verantwortlich.
  Bäume blühen z.T. schon ganz früh im Jahr, meist ab Februar. Je wärmer aber der Winter ist, desto eher fliegen die Baumpollen, manchmal schon Ende Dezember. Birken blühen hingegen deutlich später (April/Mai).
- Die **Kräuter** blühen meist ab dem Hochsommer, etwa im Juli und August. Hier sind am wichtigsten Beifuß und Wegerich.
  Nadelbäume produzieren zwar sehr viele Pollen, diese sind aber nur selten »allergen« wirksam.

Merke:

Pollenart	*wichtige Beispiele*	*Anhaltspunkte zur Blütezeit*	
Bäume	Hasel, Erle	ab Ende Januar	→ **Frühjahrspollinose**
	Birke	April/Mai	
Gräser	Roggen	Mai – Juli/August	→ **Frühsommerpollinose**
Kräuter	Beifuß	August	→ **Spätsommerpollinose**
	Wegerich	Juni/Juli	

Warum ist es wichtig zu wissen, wann welche Pollen fliegen?

- Weil das die Grundlage für die Allergenvermeidung und die Dauer die medikamentösen Behandlung ist.

- Weil man daraus oft schon ableiten kann, was für eine Allergie vorliegt. Der Arzt muß zudem noch wissen, daß manche Schimmelpilzarten ebenfalls saisonal (d. h. nur zu bestimmten Jahreszeiten) vorkommen. So könnte man eine Pollenallergie und eine Schimmelpilzallergie verwechseln. (Hier hilft z. B. der Hauttest als Bestätigungstest.)

Polleninformationsdienste

Natürlich gibt es Erfahrungswerte, wann welche Pollen fliegen (Blühkalender). Aber:

– Die Pollenflugzeiten schwanken von Ort zu Ort ganz erheblich. Deshalb gibt es in Deutschland viele regionale **»Pollenfallen«.**

– Für die Verbreitung der Pollenkörner spielt das regionale Wetter (Temperatur, Luftfeuchtigkeit, Windstärke und Windrichtung) eine große Rolle. Der Pollengehalt der Luft kann gemessen werden (Pollenfalle). Zusammen mit der normalen Wetterprognose und der allgemeinen Beobachtung der Blühphasen kann daraus eine Pollenvorhersage ermöglicht werden.

→ **Polleninformationsdienst**

- Die Pollenflugvorhersage kommt meist zusammen mit dem Wetterbericht (Radio).
- Über den Telefonansagedienst **(Tel.: 0190 - 11 54 80)** kann man die Vorhersage abrufen.

Wetterlagen – wann geht's dem Pollenallergiker schlecht – wann gut?

- Das **»gefährlichste« Wetter** für Sie als Pollenallergiker ist mäßiger Wind an einem trockenen, warmen Tag. Dann fliegen die Pollen! (**Besser** geht es Ihnen bei Windstille.) An warmen Tagen sollten Sie daher (in der Pollensaison) längere Tätigkeiten im Freien meiden, die Fenster möglichst geschlossen halten.
- Aber auch in den **ersten Minuten eines Sommerregens** kann es zu einer Verstärkung der allergischen Symptome kommen. Der Regen drückt die Pollen quasi nach unten: Fenster zu! **Anhaltender Regen** reinigt die Luft von Pollen, die Beschwerden lassen nach. Allerdings schon eine Stunde danach kann eine Birke wieder Pollen abgeben. Gräserpollen sind dagegen etwa einen Tag nach einem Regen nicht mehr in der Luft. Ursache: Pollenabgabe ist eine Art Austrocknungsprozeß, und die Baumpollen trocknen schneller als die tieferen Gräser.
- **Morgennebel** (»lokale Inversionswetterlage«) = viele bodennahe Pollen.

Stadt- und Landpollenallergiker

Während auf **dem Land** über Nacht (Abkühlung der Luft) eine Senkung des Pollenfluges zu verzeichnen ist, finden sich **über großen Städten** gerade während der Nacht hohe Pollenkonzentrationen. Dies wurde aber nicht in allen Untersuchungen bestätigt. Aber ein Versuch ist es wert!

→ Also: **»Stadt-Pollenallergiker«:** nachts Fenster zu, morgens lüften

→ **Land-Pollenallergiker:** tagsüber Fenster zu, nachts lüften.

Geht dies immer? Nein, natürlich nicht – aber versuchen sollten Sie diesen einfachen Trick.

Kann ich mich schützen? Wie?

Allgemeine Tips

- Vermeiden Sie Aufenthalte im Freien, auf Feldern und Wiesen besonders an trockenen Tagen.
- An diesen Tagen: Fenster zu!
- Häufiges Wechseln der Kleidung (nicht ins Schlafzimmer hängen), Wäsche nicht im Freien trocknen (Pollenfänger).
- Häufiges Haarwaschen, tägliches Wechseln des Kopfkissenbezuges.
- Sonnenbrille (putzen).
- Planen Sie Ihren Urlaub richtig (s. u.).
- Pollenfilter im Auto, ggf. Urlaubsfahrt nachts.

N.B. Entfernen der Nachbarbäume meist nicht wirkungsvoll, auch rechtlich nicht durchsetzbar.

Urlaubspläne

Allergenvermeidung (1. Schritt der Allergiebehandlung!) bei Pollenallergie ist schwierig. Bei einer Pollenallergie gegenüber einer einzigen Pollenart (z. B. auf Birkenpollen) ist Allergenkarenz noch am besten möglich.

- **Sie könnten z. B.:**
  - In der Pollenzeit verreisen, z. B. zum Skifahren – oder nach Helgoland – oder ans Mittelmeer bzw. auf die Kanarischen Inseln. Ein guter Tip für Pollenallergiker ist im allgemeinen Gran Canaria.
  - Im Hochgebirge gibt es deutlich geringere Pollenkonzentrationen.
  - Auch an der **Nordsee** und den **Nordseeinseln,** z. B. auf Helgoland, fliegen weniger Pollen, dem Pollenallergiker geht es hier oft deutlich besser. Aber Vorsicht – zwar kommt an der Nordsee vorwiegend Wind von See, aber bei Landwind fliegen auch dort Pollen. Hingegen ist von manchen Ostseebädern und Ostseeinseln ein vorwiegender Land- und Ostwind bekannt.
- **Beachten Sie andererseits:**
  - Umgekehrt verlängert ein Pollenallergiker seine Saison, wenn er z.B. Urlaub in den Bergen oder in Regionen mit späteren Blühzeiten macht, weil die Pflanzen z.B. in den höheren Regionen später blühen, die Pollen also später fliegen.
  - Schlecht für Pollenallergiker: Campingurlaub, Wanderferien, Radtouren usw. während der Pollenzeit.
- Selbstverständlich sollten im Auto/Zug die Fenster geschlossen bleiben.
- Für die Autolüftung gibt es spezielle Feinfilter!

Kreuzallergien

Vor allem unter den **Gräsern** besteht eine starke **Kreuzallergie,** d. h., wer gegen eine Gräsersorte allergisch ist, reagiert in der Regel auch gegen andere allergisch.

Aber nicht nur zwischen verschiedenen Pollenarten gibt es Kreuzallergien – Pollenallergien können mit Nahrungsmitteln »kreuzreagieren«. Dies trifft insbesondere für Baumpollenallergiker zu:

- Ein Birkenpollenallergiker kann z. B. mit Magenschmerzen, Übelkeit oder Durchfall auf Müsli zum Frühstück reagieren. Ursache: **Kreuzreaktivität von Baumpollenallergien** mit **Steinobst, Kernobst oder Nüssen.**
  - z. B. Zungenbrennen oder Magenschmerzen/Durchfall nach Essen eines Apfels.
  - Sehr selten kann auch Schnupfen oder Atemnot auftreten.
- **Baumpollenallergiker** vertragen auch oft keine exotischen Früchte wie Kiwi, Mango oder Maracuja. Selbst Gemüse wie Möhren können Beschwerden auslösen. Diese klingen aber in der Regel rasch ab und sind nicht speziell behandlungsbedürftig. Aber es kann auch vorkommen, daß ein Haselpollenallergiker auf ein Müsli mit Äpfeln oder gar Haselnüssen mit Juckreiz im Hals oder in der Nase oder aber mit Asthma oder Durchfall reagiert. (Äpfel: Allergen in der Schale – schälen!)
- **Kräuterpollenallergiker**[18] (seltener auch Baumpollenallergiker) reagieren oft auch auf Küchenkräuter oder Gewürze. Besonders häufig passiert dies auf Sellerie, Anis, Curry, Kümmel, Paprika, Pfeffer oder Koriander.

Können Kreuzreaktionen gefährlich sein?

- Meist sind diese Kreuzreaktionen eher lästig, Asthmaanfälle z. B. sind die seltene Ausnahme. Es gibt aber auch hochgradig allergische Patienten, bei denen solche Kreuzreaktionen zu Atemnot oder anderen allgemeinen Krankheitszeichen führen können.
- Diese hochgradig allergischen Patienten sollten vorsichtig sein mit Kräutertees, Kräuterbonbons, Kräuterlikör, Honig, Naturkosmetika oder Naturheilmittel.
- Gefährlich kann beispielsweise das Gelee royale sein, also ein Pollennaturheilpräparat. Hier ist über Todesfälle berichtet worden.

Asthmafrüherkennung bei Heuschnupfenkranken
(Ziel: Asthmafrühbehandlung)

- Heuschnupfenkranke sind deutlich vermehrt gefährdet, zusätzlich an Asthma zu erkranken. **Das hat für Sie zwei wichtige Konsequenzen:**
  - Die Gefahr kann wahrscheinlich durch eine frühzeitige und konsequente Heuschnupfentherapie verringert werden. (1. Schritt: Versuch einer weitestmöglichen Meidung [Karenz]. 2. Schritt: Abklären, ob Hyposensibilisierung möglich. 3. Schritt: Konsequente medikamentöse Therapie.)
  - Sinnvollerweise sollte aber regelmäßig geprüft werden, ob sich nicht doch schon ein Asthma entwickelt. Das kann man z. B. mit Hilfe von Lungenfunktionstests feststellen. Ein beginnendes Asthma kann und muß man aber sofort behandeln. Gerade am Anfang sind die Behandlungschancen am besten.
- Manchmal muß man seinen Arzt daran auch erinnern. Tun Sie's!

---

[18] Gekochtes Stein- oder Kernobst wird bei einer **Baumpollen-Obst-Kreuzallergie** in der Regel vertragen, nicht aber z. B. Sellerie oder Gewürze bei der **Kräuter-Gewürz-Kreuzallergie.**

Hyposensibilisierung

Bei einer neu festgestellten Pollenallergie ist immer auch die Frage zu prüfen, ob eine sog. Hyposensibilisierungstherapie angezeigt ist. Insbesondere in den ersten vier Jahren ist dies oft erfolgversprechend.

Gute Erfolgsaussichten:
- »Heuschnupfen«
- kurze Krankheitsdauer (weniger als etwa fünf Jahre)
- nur wenige Allergene

Nicht angezeigt ist eine Hyposensibilisierung
- wenn Karenz möglich wäre (z. B. Tiere)
- nach jahrzehntelangem Verlauf
- bei zahlreichen Allergien (»auf alles allergisch«)
- Schwangerschaft, Lebensalter über 40 Jahre

Voraussetzung:
- Sorgfältige und ausreichende Voruntersuchungen (eventuell Provokationstestung zur sicheren Allergiediagnose erforderlich)
- erfahrener Arzt

Gefahren:
- Schock und Unverträglichkeitsreaktionen (Einhalten der notwendigen Nachbeobachtungszeiten: Hyposensibilisierung erfordert Zeit und Disziplin)
- Zunahme der Krankheitszeichen
- lokale Entzündungsreaktionen

Erfolgschancen:
- Bei Heuschnupfen ca. 75 %

Medikamentöse Behandlung bei Pollenallergien

Trotz aller Schulung: Sie können Pollen nicht vermeiden (ihnen allenfalls teilweise aus dem Wege gehen)!
Aber: Sie müssen die Pollenallergie behandeln!

1. Schritt: Versuch einer weitestmöglichen Meidung (Karenz)
2. Schritt: Abklären, ob Hyposensibilisierung angezeigt ist (erfahrener Allergologe!)
3. Schritt: Konsequente zusätzliche medikamentöse Therapie

Einige ergänzende Hinweise zur medikamentösen Therapie (vgl. Grundlagenkurs: Allergiemedikamente)
- Die Medikamente bei Pollenallergie wirken besser, wenn vor dem Allergenkontakt behandelt wird. Das heißt, ein Allergiker mit Birkenpollenallergie sollte seine Medikamente bereits vor der Birkenpollensaison einnehmen. Er muß also wissen, wann Birkenpollen fliegen (Pollenkalender, Polleninformationsdienst).
- Insbesondere bei gleichzeitigem Asthma ist eine freie Nasenatmung sehr wichtig. (Mundatmung schlecht, fördert Asthmaverschlechterung!), daher ist eine konsequente Behandlung des allergischen Schnupfens erforderlich.

- **»Antiallergische Augentropfen«**
  - **Mastzellschützer** (DNCG oder Nedocromil, vgl. Allergiegrundlagenkurs)
    wirken nur ausreichend bei regelmäßiger (drei- bis viermal täglicher) Anwendung
    müssen möglichst vor der Pollensaison begonnen werden
  - **Örtlich angewandte Antihistaminika**
    wirken oft schneller
    Bedarfsmedikation möglich

- **»Antiallergische Nasensprays«**
  - **Mastzellschützer**
  - **Örtlich angewandte Antihistaminika**
  - **Kortisonhaltige Nasensprays**

- **Asthmamedikamente bei »Pollenasthma«**
  - Bei einem streng saisonalen Asthma ist oft eine saisonale Asthmabehandlung ausreichend.
  - Basistherapie ist ein **inhalatives Kortisonpräparat** (Beginn vor der Pollensaison!!)
  - Bei Bedarf zusätzlich bronchialerweiternde Medikamente

Trainingsprogramm: Atemwegsallergien

Einige ergänzende Hinweise zu anderen Atemwegsallergien (u. a. Tier- und Schimmelpilzallergien)

- Tierallergien
  Beispiel: Katzenallergie
  - Gibt es Alternativen zum Abschaffen der Tiere?
  - Reicht das Abschaffen?
  - Gibt es Katzenallergien ohne Katze?
- Schimmelpilzallergien
- Besprechung von individuellen Problemen

Atemwegsallergien durch Tierallergene

Wir mögen Haustiere!

- In mehr als einem Drittel aller deutschen Haushalte werden Haustiere gehalten.
- In Deutschland soll es über fünf Millionen Katzen geben, d.h. in jedem 7. Haushalt lebt eine Katze.

Aber – Tiere können auch krank machen

- Fast bei jedem zehnten Patienten mit einer Atemwegsallergie ist eine Sensibilisierung gegen Tierallergene festzustellen.
- Von vielen Experten wird die zunehmende Haustierhaltung in der Wohnung als eine der Ursachen für die Zunahme allergischer Erkrankungen angesehen.

Wer erkrankt an einer Allergie gegen Tiere?

Tierallergien kommen selten als »Einzelallergie« vor. Es erkranken nämlich vorwiegend allergisch vorbelastete Menschen. Wenn also bereits eine Pollen- oder Hausstaubmilbenallergie vorliegt, dann ist das Risiko einer zusätzlichen Tierallergie sehr hoch. Gerade bei diesen Menschen sollte daher vorsorglich keine Haustierhaltung erfolgen. Dies gilt auch für ihre Kinder und Enkel!

Erkranken nur Katzenhalter an einer Katzenallergie?

→ **Erstaunlicherweise nein!**

- »Katzenallergene« kann man bei uns nämlich **fast überall nachweisen,** d. h. sie kommen auch in »Nicht-Katzenhalter-Haushalten« vor. Katzenallergene sind somit, wie Hausstaubmilben, im normalen Hausstaub fast jeder Wohnung zu finden.
- Das Allergen wurde auch in Schulräumen usw. gefunden.
- Dies ist der Grund, warum eine Katzenallergie manchmal auch ohne eigene Katzenhaltung vorkommen kann.

Katzenallergene kommen überall im normalen Hausstaub vor! Was bedeutet das für die Behandlung einer Katzenallergie?

→ Alleiniges Abschaffen der Katze reicht also nicht aus, um eine rasche Besserung der Allergiesymptome zu erreichen.

Drei Schritte zur Behandlung der Katzenallergie

1. Schritt = Abschaffen der Katze!
- Daran führt kein Weg vorbei! Dies ist schmerzlich, aber Sie müssen abwägen: »Mein Haustier oder meine Gesundheit, was ist mir wichtiger?«
- Diese oft schmerzliche Maßnahme kann durch nichts ersetzt werden!
- Keinesfalls ausreichend ist die Tierhaltung außer Haus.

2. Schritt: Notwendig ist anschließend eine richtige »Wohnungssanierung«, ähnlich wie bei einer Hausstaubmilbenallergie (Katzenallergene sind z. B. im Hausstaub, in Textilien, in der Matratze ...)
- Katzenallergene sind im Hausstaub weit verbreitet, d. h. alle Staubfänger sind mögliche Allergenspeicher!
- Die ganze Wohnung muß (aber nicht durch den Allergiker selber!) gründlichst gereinigt werden.
- Matratze: gründlich absaugen, eventuell gegen neue ersetzen.
- Polstermöbel: gründlich absaugen, eventuell gegen neue ersetzen.
- Teppiche: gründlich absaugen, besser sind gar keine Teppiche/Teppichböden.

3. Schritt: Notwendig ist anschließend eine Dauervorsorge vor erneuter stärkerer Beimengung von Katzenallergen des Hausstaubes.
- Möglichst wenig Staub im Haus.
- Vermeidung aller unnötigen Staubfänger.
- Staubsauger: Nur moderne Staubsauger mit Mikrofilter für die Wohnungsreinigung verwenden, sonst führen Sie bei jedem Staubsaugen eine Allergieprovokation durch.
- Achtung: Katzenallergene werden z. B. in den Kleidern von Katzenhaltern verschleppt.

Pferdehaarallergien

Ein weiteres Beispiel einer Tierallergie:

→ Pferdeallergene sind oft sehr aggressiv.
Bei ungünstiger Windrichtung ist ein Asthmaanfall von Nachbars Pferden durchaus möglich.
- Es gibt aber auch Berichte über Pferdeallergien bei Menschen, die nie ein Pferd geritten oder gehalten haben (z. B. bei einem Reitstall in der Nachbarschaft).

→ Letztlich hilft hier oft nur:
Einer muß weichen, d. h. ggf. ist hier sogar ein Umzug nicht zu vermeiden.

→ Achtung: Roßhaarmatratze.

Weitere mögliche Allergenquellen für Tierallergiker

Federbett, Felle, Pelze, Schurwolle, Rheumadecken u. a.

Gibt es Tricks, wenn ich mich (entgegen dem ärztlichen Rat) zum Verbleiben meines Haustieres entscheide?

- In Untersuchungen an (leicht narkotisierten) Katzen wurde der Allergengehalt des Fells durch wöchentliches Waschen gesenkt. Ob dies praktikabel ist, muß aber sehr bezweifelt werden. Ob dies auf andere Haustiere zutrifft, ist nicht bekannt.
- Wer auf einen Hund allergisch ist, muß es nicht auf einen anderen sein (Rasseunterschiede). Aber die Gefahr, sich gegen andere Hunderassen zu sensibilisieren, ist immer gegeben.
- Wechseln Sie Kleidungsstücke, die beim Tierkontakt getragen wurden, möglichst im Keller oder im Waschraum, und bewahren Sie diese dort auch auf, also nicht im Schlaf- oder Wohnzimmer.
- Tägliches Haarwaschen bei Tierkontakt, damit weniger Allergene auf Ihr Kopfkissen kommen.

Hinweise für Schimmelpilzallergiker

Was sind eigentlich Schimmelpilze?

Schimmelpilze gehören zu den »niederen Pflanzen«. Es gibt ca. eine viertel Million verschiedene Schimmelpilzarten, von denen aber nur einige wenige allergologisch bedeutsam sind.

Wichtig sind

- Cladosporium
- Alternaria
- Aspergillus
- Penicillium
- Mucor

Wovon leben Schimmelpilze? Wie vermehren sie sich?

Pilze »ernähren« sich von organischem Material. Sie brauchen Wärme und Feuchte. Schimmelpilze setzen zu ihrer Vermehrung Sporen frei. Sporen sind winzig kleine Partikel, kleiner beispielsweise als Pollen. Diese Sporen enthalten die Allergene und lösen so die Beschwerden (z. B. Asthma oder allergischen Schnupfen) aus.

Wann treten die Beschwerden durch Schimmelpilzallergien auf?

Schimmelpilzsporen können **ganzjährig** oder aber **saisonal** Beschwerden verursachen:

- **ganzjährig** bei Schimmelbefall in der Wohnung oder in Gebäuden (Aspergillus, Penicillium)
- **saisonal** (Juli bis zum ersten Frost) bei Schimmelpilzwachstum im Freien (Alternaria und Cladosporium)

Deshalb kann eine Schimmelpilzallergie auch leicht mit einer Pollenallergie verwechselt werden. Typische »Pilzsporen-Jahreszeiten« sind der Herbst und der Spätsommer. Die Konzentration der Schimmelpilzsporen hängt stark vom Wetter und der Jahreszeit ab. Besonders hoch ist die Schimmelpilzsporen-Konzentration, wenn es heiß und feucht ist, d. h. im Spätsommer und im Frühherbst.

Was kann man tun?

Schimmelpilzbefall in der Wohnung

- Lüften, lüften, lüften ...
- insbesondere in schimmelgefährdeten Räumen (Bad, Küche, Waschküche, Keller, Dachboden).
- So lüften Sie richtig: Lüften Sie vorwiegend nachts, tagsüber nur, wenn es draußen nicht wesentlich wärmer ist. Da sich die Luftfeuchtigkeit immer im kühleren Raum sammelt (Beispiel Kühlschrank), macht man z. B. einen Keller durch Lüften an warmen Sommertagen nur noch feuchter, als er schon ist.
- Beseitigung der Ursache für Feuchtigkeit (Schwitzwasser, aufsteigende Dämpfe, falsche Isolierung u. a.)
- Lassen Sie keine verschimmelten Nahrungsreste rumliegen (Milliarden von Sporen z. B. auf einer verschimmelten Orange)
- Klimaanlagen müssen peinlich sauber gehalten werden, sonst sind sie Schimmelsporenschleudern.
- Verzichten Sie auf Luftbefeuchter!
- Schimmelpilze hinter Tapeten?
- Schimmelpilze in Blumen- und Pflanzenerde! (Entfernen!)
- Vorsicht: Komposthaufen, Biotonne.

Schimmelpilze im Freien

Nach Regenschauer oder bei nebeligem Wetter nicht in den Wald!
Nähe zu verrottetem Laub meiden!
Keine Biotonne!

Merke:

- Der Hauptfeind heißt Feuchtigkeit!
- Sorgen Sie für eine gute Luftzirkulation (Lüften, Abstand z. B. Schrankwand – Wand).
- Mit »schwarzen Flecken« an Wänden Ihres Hauses oder im Keller werden Sie nicht gesund!
- Technischer Rat: Energieversorgungswerke

Wo kann man mir weiterhelfen?

Patientenvereinigungen / Selbsthilfegruppen / Wichtige Adressen

Patientenvereinigungen/Selbsthilfegruppen

Allergiker- und Asthmatikerbund e.V.
Bundesgeschäftsstelle
Hindenburgstr. 110
41061 Mönchengladbach
Tel.: 02161/183024, 183025, 183026

Allergie- und umweltkrankes Kind e.V.
Westerholter Str. 142
45892 Gelsenkirchen
Tel.: 0209/30530

Elternvereinigung asthmakranker Kinder und Jugendlicher e.V. (Bundesgeschäftsstelle)
Dorotheenstr. 174
22299 Hamburg
Tel.: 040/4604947

PAAR – Förderverein Prävention – Allergie – Asthma – Rehabilitation e.V.
Kuhlbacher Str. 30
51789 Lindlar
Tel.: 02266/7880

Patientenliga Atemwegserkrankungen e.V.
Geschäftsstelle PCM
Wormser Str. 81
55276 Oppenheim
Tel.: 06133/2023

Arbeitsgemeinschaft Allergiekrankes Kind
Hauptstr. 29
35745 Herborn
Tel.: 02772/92870

Weitere wichtige Adressen

Allergie-Dokumentations- und Informationszentrum (ADIZ)
Burgstr. 12
33175 Bad Lippspringe
Tel.: 05252/28760

Bad Reichenhaller Forschungsanstalt für Krankheiten der Atmungsorgane e.V.
Riedelstraße
83435 Bad Reichenhall
Tel.: 08651/772206

Deutsche Atemwegsliga e.V. in der Deutschen Gesellschaft für Pneumologie
Geschäftsstelle
Burgstr. 12
33175 Bad Lippspringe
Tel.: 05252/954505

Deutsche Lungenstiftung e.V.
Newtonstr. 11 b
81679 München
Tel.: 089/9989100

Stiftung Deutscher Polleninformationsdienst
Burgstr. 12
33175 Bad Lippspringe
Tel.: 05252/52081

Hinweise auf weiterführende Literatur

Die folgende, keinesfalls vollständige Aufzählung kann Ihnen vielleicht bei spezielleren Fragen weiterhelfen.

Patientenbücher zum Thema Asthma/ Atemwegserkrankungen

U. H. CEGLA: Atemtechniken. Physiotherapeutische, psychologische und apparative Hilfen zur Erleichterung von Atemnot. TRIAS 1992
L. GEISLER: Leben mit Asthma, Bronchitis, Emphysem. Dr. Werner Jopp Verlag 1992
T. HAUSEN: Endlich freier atmen. Über den Umgang mit chronischen Atemwegserkrankungen. Birkhäuser 1991
B. LAUBER: Chronische Bronchitis. Verlag Gesundheit 1996
N. NETZER, A. HIRSCHBICHLER, W. RANDELSHOFER: Befreit atmen trotz Asthma, Bronchitis und Emphysem. Helix 1993
D. NOLTE: Asthma: Verlauf, Ursachen, Behandlung. TRIAS 1995
J. SLAPKE: Asthma und Allergie. Verlag Gesundheit 1990
ST. THEILING, R. SZCEPANSKI, TH. LOBCORZILIUS: Der Luftikurs. Ein fröhliches Lern- und Lesebuch für Kinder mit Asthma und ihre Eltern. TRIAS 1994
A. WAGNER: Asthma und chronische Bronchitis. Humboldt 1994

Patientenbücher speziell zum Thema Allergien

E. FUCHS: Allergie – Was tun? Serie Piper 1992
U. KÜNKELE, J. LECHELER: Ratgeber Pollenallergie. Quintessenz 1992
B. NIGGEMANN, U. WAHN: Das allergische Kind – Wie Eltern helfen können. TRIAS 1994
H. SCHICKE: Hausstaubmilbenallergie erfolgreich behandeln. MZ-Verlag 1994

Zeitschriften

Der Allergiker. Informationsschrift für Allergiker, Verbandszeitschrift des Allergiker- und Asthmatikerbunds e. V., erscheint vierteljährlich (Anschrift s. S. 223)
Luftpost. Zeitschrift für Atemwegskranke. Hrsg. Patientenliga Atemwegserkrankungen e. V., erscheint monatlich (Anschrift s. S. 223)

Auch seitens der pharmazeutischen Industrie gibt es zahlreiche lesenswerte Patientenbroschüren sowie Patiententagebücher und Informationshilfen. Fragen Sie Ihren Arzt danach! Sie können sich aber auch direkt an diese Firmen wenden. (»Ich bin Asthmapatient und bin an Ihrem Patienteninformationsmaterial interessiert. Über eine kostenlose Zusendung würde ich mich sehr freuen.«) Die Adressen finden Sie z. B. im Beipackzettel Ihrer Medikamente.

Stichwörterverzeichnis